Sir Gawain

and the Green Knight

Les auteurs

Maître de conférences en lettres médiévales anglaises à Sorbonne-Université depuis 2009, **Tatjana Silec-Plessis** s'intéresse particulièrement aux représentations de la folie au Moyen Âge, et plus généralement à la manière dont on comprenait et représentait l'Autre dans la littérature médiévale. Elle travaille également sur la *fantasy*, notamment sur J.R.R. Tolkien, et, depuis peu, sur des précurseurs comme William Morris et Lord Dunsany.

Maître de conférences en littérature française à l'Université de Reims Champagne-Ardenne, **Justine Breton** étudie la *fantasy* et le médiévalisme, ainsi que les liens entre littérature et audiovisuel (cinéma, séries télévisées, jeux vidéo). Ses travaux portent sur la représentation du pouvoir et les enjeux d'adaptation et de transposition transmédiatiques, en particulier dans la légende arthurienne.

La collection *Clefs concours Anglais – Littérature* est dirigée par **Élisabeth Soubrenie**.

Direction scientifique des *Clefs concours* : **Philippe Lemarchand**.

Édition et mise en page : Diane Philips.

ISBN : 978-2-35030-920-0

CLEFS CONCOURS ANGLAIS

Tatjana Silec-Plessis Justine Breton

Sir Gawain and the Green Knight (Anonyme, traduction de Simon Armitage) et *The Green Knight* (David Lowery, 2021)

Atlande

SOMMAIRE

REPÈRES

ANALYSES THÉMATIQUES

Bibliographie

NOTICE

Des renvois entre chapitres et sous-chapitres sont proposés au fil du texte et repérés comme suit : (v. Titre du chapitre). Par exemple : (v. "Hony Soyt Qui Mal Pence").

Les renvois à la bibliographie figurent entre crochets. Ainsi, [PUTTER et STOKES, 2014, xiv] renvoie à la page xiv de l'ouvrage d'Ad Putter et Myra Stokes datant de 2014 qui figure dans la bibliographie. Les lettres suivant la date (a, b ou c) permettent de différencier les ouvrages ou articles publiés par un auteur la même année suivant leur ordre d'apparition dans la bibliographie.

Le texte médiéval au programme et sa traduction sont repérés, passée la première mention dans l'introduction, au moyen de l'abréviation *SGGK* dans le corps du texte.

D'autres abréviations sont également utilisées dans cet ouvrage :

MA : moyen-anglais

VA : vieil-anglais

AM : anglais moderne

AF : ancien français

AN : anglo-normand

FM : français moderne

INTRODUCTION

L'œuvre médiévale au programme de l'agrégation externe d'anglais (session 2024) cette année, intitulée *Sir Gawain and the Green Knight* (le titre est postérieur au texte de plusieurs centaines d'années), est un chef-d'œuvre de la littérature anglaise ; pour bon nombre de lecteurs, spécialistes ou non, il s'agirait même du meilleur texte que la période médiévale anglaise ait produit. C'est un poème qui, malgré sa petite taille (un peu plus de 2 500 vers) est extrêmement riche, ce qui explique la somme véritablement astronomique d'articles spécialisés qui lui ont été consacrés, et qui continuent à être écrits chaque année. Il n'y a guère que les *Canterbury Tales* de Chaucer qui puissent rivaliser avec lui à cet égard. Et pourtant, contrairement aux *Contes de Cantorbéry*, dont la postérité s'explique non seulement par la qualité de l'œuvre, mais aussi par le nombre de manuscrits dans lesquels celle-ci a été consignée du temps de son auteur et par la suite, le texte de *SGGK* nous est parvenu dans un seul et unique manuscrit, le Cotton Nero A.x., un manuscrit sans caractéristiques particulières (si ce n'est la présence d'illustrations en pleine page), lequel comporte également, outre deux homélies versifiées, un autre magnifique joyau de la littérature médiévale : *Pearl*. Si seul *SGGK* est au programme de l'agrégation d'anglais, il ne faudra donc pas s'étonner que référence soit faite, çà et là dans le présent ouvrage, aux autres textes du manuscrit. En effet, la brièveté de l'œuvre, l'anonymat de son auteur, le nombre de niveaux de lecture possibles (fait rare pour un texte médiéval), l'obscurité de certains passages, font qu'il est presque impensable d'étudier *SGGK* sans aller de temps à autre chercher dans les autres textes attribués au *Gawain*-poet (nous gardons la manière dont il est le plus souvent appelé en anglais plutôt que de recourir à une traduction française de type "le poète de *Gauvain*", puisque nous étudions l'œuvre en anglais) de quoi nourrir la réflexion. Cela ne signifie évidemment pas que l'on attende des agrégatifs qu'ils aient lu lesdits textes, mais il est bon qu'ils en connaissent l'existence, et, si possible, les thèmes principaux, ce que l'on pourra faire, entre autres, en allant feuilleter la traduction en prose de ces poèmes dans l'ouvrage de Andrew et Waldron [2014].

Le manuscrit qui contient *SGGK* fut acquis par Sir Robert Bruce Cotton (1570/1–1631), éminent collectionneur à qui nous devons également d'avoir préservé d'autres textes majeurs de la littérature médiévale anglaise, comme *Beowulf*, et dont la bibliothèque comportait des sections décorées de bustes de figures importantes de l'Antiquité (ce qui explique le nom donné au manuscrit qui contient *SGGK*, Cotton Nero A.x., qui signifie qu'il se trouvait dans la partie de la bibliothèque Cotton surmontée par un buste de Néron). S'il ne l'avait pas fait, notre connaissance de la littérature médiévale anglaise en aurait grandement souffert. Et pourtant, le manuscrit et les textes qu'il rassemble furent tout d'abord peu remarqués par les *antiquarians* (c'est ainsi que l'on nommait, à l'époque de Cotton et dans les siècles qui suivirent, les amateurs éclairés de manuscrits et autres artefacts des époques antérieures à la modernité, avant que le terme *archeologist* soit inventé et qu'il relègue les *antiquarians* au rang de collectionneurs un peu louches). Ce n'est qu'au XIXe siècle que le poème commence à bénéficier d'un certain intérêt, jusqu'à mériter une première édition en 1839. Suivent des éditions des autres textes figurant dans le manuscrit, ce qui ne suffit pas, dans un premier temps, à susciter d'autres études que celles des philologues [BREWER et GIBSON, 1997, 2], même après la sortie en 1925 de l'édition de *SGGK* par J.R.R. Tolkien et E.V. Gordon (maintes fois rééditée par la suite, d'où le 1967 de l'édition recensée dans la bibliographie et qui est également disponible en ligne).

L'une des raisons du peu de cas qui fut fait du poème jusqu'au milieu du XXe siècle tient au dialecte dans lequel le poème fut composé. Benson a bien résumé en son temps, dans la préface de son édition du *Stanzaic Morte Arthur* et de l'*Alliterative Morte Arthure* (deux œuvres dont il sera question plusieurs fois dans cet ouvrage, et pour lesquelles l'édition révisée de FOSTER, 1994, a été utilisée), le problème principal auquel se heurte l'apprenti médiéviste : "Middle English itself is not very difficult, but Middle English spelling is nearly impossible". Or, si cette remarque vaut pour le moyen-anglais de manière générale, elle est encore plus vraie pour le dialecte du nord-ouest des Midlands. En effet, il est non seulement très difficile à lire pour des étudiants non spécialistes, mais il reste quelque peu obscur pour de nombreux médiévistes ! Voilà qui explique pourquoi l'édition au programme [ARMITAGE, 2007] adopte un format bilingue présentant le texte moyen-anglais (dans une graphie modernisée) et la traduction en anglais proposée par Simon Armitage.

C'est d'ailleurs celle-ci, plutôt que l'œuvre-source, qui servira de texte de référence pour notre étude.

Le traitement des thèmes principaux du poème est grandement facilité par l'existence d'excellentes *Introductions*… et autres ouvrages du type *Companion to the* Gawain-*poet*… ayant été écrits ces dernières décennies, par exemple celui de D.S. BREWER et J. GIBSON [1997], qui rassemble un grand nombre d'articles sur le poète et qui, même datant d'il y a plus de vingt ans, reste une véritable bible, comme en témoignent les nombreuses citations tirées de cet ouvrage dans le présent volume, ou figurant dans d'autres synthèses plus récentes, mais également fort utiles, de la recherche sur *SGGK*. Nous pourrions citer en exemple celle de J.A. BURROW [2001] ou encore celle de J.M. BOWERS [2012], deux ouvrages qui traitent toutes les œuvres du Cotton A.x., et pas seulement *SGGK*, sans que cela enlève quoi que ce soit à leur utilité pour l'étudiant. La préface du poème écrite par Ad PUTTER et Myra STOKES dans leur édition des textes attribués au *Gawain*-poet [2014, 239-258], ainsi que l'introduction générale de l'ouvrage en question, pourront également être lues avec profit, de même que les études plus anciennes de PUTTER sur le poète [1996] et sur l'influence du roman français arthurien sur *SGGK* [1995].

Nous avons fait le choix de contextualiser au maximum le poème dans le présent volume, afin de permettre aux agrégatifs d'accéder le plus aisément possible aux différentes lectures qui en ont été faites, et de nous limiter, pour ce qui est desdites lectures, à celles qui nous paraissent les plus probablement envisagées par le *Gawain*-poet. Les étudiants trouveront donc dans les pages qui suivent de nombreuses informations concernant le milieu dans lequel *SGGK* fut produit et son lectorat/auditoire-cible, et plus largement la noblesse médiévale, telle que les historiens la décrivent, mais aussi (surtout) telle qu'elle se représentait elle-même, notamment dans les romances. En effet, l'une des difficultés qui attend l'agrégatif à qui l'on demande d'étudier une œuvre médiévale sans connaissances préalables tient au fait que le monde médiéval est fondamentalement *autre*, tant dans la manière dont il fonctionne que dans celle où il se pense : la "réalité", pour l'homme et la femme du Moyen Âge, est infiniment différente de ce qu'elle est pour nous aujourd'hui, ce qui n'apparaît pas forcément dès l'abord dans une œuvre comme *SGGK*, en raison de ce qui a souvent été considéré comme son proto-réalisme. Or il y a plus de ressemblances et de passerelles, pour donner un exemple qui parlera peut-être à des étudiants d'aujourd'hui, entre une œuvre japonaise médiévale comme le *Dit du Genji* et *SGGK*, qu'entre ce dernier et les livres de *fantasy* d'aujourd'hui, malgré les apparences. D'où la place qui est faite au rôle du symbolisme dans la pensée médiévale, ainsi qu'aux idéologies qui sous-tendent le roman chevaleresque et courtois médiéval dans les pages qui suivent, dont l'écriture s'est apparentée à un exercice d'équilibriste nécessitant de constants va-et-vient entre le Moyen Âge et notre époque moderne, ainsi que des comparaisons incessantes entre le texte médiéval d'une part et ses adaptations, au rang desquels nous comptons à la fois la traduction de Armitage et le film de Lowery.

The Green Knight, réalisé par David LOWERY en 2021, s'éloigne sur bien des points de sa source, mais d'une manière finalement assez médiévale pour ce qui est de la liberté avec laquelle il s'approprie le poème pour y intégrer des questions en prise avec les tensions parcourant nos sociétés postmodernes, sur le plan tant de la subjectivité que du rapport à la nature, pour citer deux exemples. Comme pour le texte-source, il s'agira de replacer le film dans son contexte de production et dans les enjeux spécifiques de sa réalisation, en tenant compte de la filmographie de David Lowery, des films de *fantasy* dont s'inspire *The Green Knight*, mais aussi plus spécifiquement des adaptations précédentes de *SGGK* sur petit et grand écrans : au même titre que le héros du romance médiéval contient en lui-même le souvenir des Gawain précédents, dont l'influence littéraire demeure dans la représentation du personnage, le protagoniste dépeint par Lowery doit se comprendre dans la perspective d'une longue lignée cinématographique. Certes, *The Green Knight* adapte librement *SGGK*, mais il le fait au prisme de ses propres références culturelles et politiques.

Par ailleurs, là où le texte médiéval a suscité de nombreuses interprétations et critiques au fil des siècles, le film de Lowery est particulièrement récent (2021), ce qui laisse peu de recul pour approfondir son étude et mesurer son effet sur les représentations arthuriennes. La recherche universitaire exigeant du temps, peu d'articles et aucun ouvrage complet ne sont parus pour le moment sur le sujet spécifique du film – on notera toutefois la parution prochaine d'un numéro spécifique de *The Year's Work in Medievalism,* dirigé par Renée Ward et Valérie B. Jonhson ; parce qu'il s'agit d'une adaptation d'un texte médiéval, et qui plus est arthurien, *The Green Knight* a malgré tout suscité un certain intérêt chez les médiévistes et médiévalistes (v. Médiévisme et médiévalisme). Contrairement à ce que suggère la SERCIA (Société pour l'Enseignement et la Recherche du CInéma Anglophone), il semble encore tôt pour établir que "l'importance [de ce film] dans le paysage cinématographique et culturel est très contestable" [Sercia, 2023], même si la rareté des analyses existant sur le sujet complique nécessairement le travail des agrégatifs et de leurs préparateurs. De plus, après maints reports, *The Green Knight* est finalement sorti durant le contexte troublé de la pandémie mondiale, ce qui a nécessairement eu une incidence sur sa réception et sur sa diffusion. La sélection du film au programme de l'agrégation aura au moins permis de favoriser l'étude et la publication de recherches sur ce film poétique, et souvent plus profond qu'il n'y paraît.

Une présentation rapide des deux adaptations (film et traduction), à la suite de celle du texte-source, sera faite dans la section "Repères", tandis que, dans la section suivante, l'étude du film sera intégrée aux différentes fiches, le plus souvent en seconde partie, les références à la traduction s'effectuant, quant à elles, en pointillé tout au long du présent ouvrage. Dans la troisième et dernière section, en revanche, nous effectuerons des allers-retours entre le poème et le film pour tenter de synthétiser au mieux les apports qu'une telle étude, interdisciplinaire par essence et qui mêle les époques tout autant que les supports, peut fournir à l'étude de chaque œuvre. Il s'agira aussi de proposer des pistes de réflexion susceptibles d'aider les agrégatifs à se préparer à des épreuves de type leçon.

REPÈRES

L'ŒUVRE MÉDIÉVALE ET SA TRADUCTION

Sir Gawain and the Green Knight (ci-après *SGGK*) est un poème qui nous est parvenu sous la forme d'une seule copie, préservée dans un manuscrit, le Cotton Nero A.x., lequel en contient trois autres intitulés *Pearl*, *Cleanness*, *Patience*, titres donnés par les éditeurs modernes qui n'ont fait que reprendre le premier mot de chacun d'entre eux. Ces textes ont tous été attribués au même poète à peu près sans contestation, certains spécialistes émettant tout de même l'idée (sans forcément y souscrire) qu'il aurait pu exister une petite coterie de poètes ayant partagé les mêmes intérêts et les mêmes formes poétiques [Brewer et Gibson, 1997, "Introduction", 1], de sorte qu'il aurait pu y avoir un sens à rassembler leurs œuvres dans un unique volume. Effectivement, l'attribution de ces poèmes à un seul auteur repose uniquement sur le fait qu'ils figurent dans un même manuscrit, qu'ils sont écrits dans le même dialecte et qu'ils partagent certaines caractéristiques stylistiques, ainsi qu'un talent certain pour créer des récits qui témoignent à la fois d'une connaissance fine de la doctrine chrétienne et d'une capacité peu commune, dans sa liberté et son inventivité, pour retravailler les *exempla* [Andrew et Waldron, 2014, ix]. À cela s'ajoute un "intérêt empreint de compassion pour les tribulations d'êtres humains confrontés au divin et au mystère", ainsi qu'un "sens de l'humour incisif" [*Ibid.*], visibles tout particulièrement dans *SGGK*, seul poème du recueil à appartenir au genre du romance – terme que nous utiliserons dans ces pages au masculin, selon l'usage proposé par André Crépin pour différencier ce genre de récit médiéval des textes modernes caractérisés comme étant des romances (au féminin, donc), à savoir des histoires où l'amour tient le premier rôle.

LE MANUSCRIT

Un écrin sans prétention

Le manuscrit, appelé British Library MS Cotton Nero A.x. (ou simplement Cotton Nero A.x.) date du tournant du XVe siècle. Les poèmes qu'il contient ont été composés dans les quarante ans qui ont précédé sa production, pas plus, étant donné que l'un d'entre eux contient une référence à un grand succès littéraire de la période, *Mandeville's Travels*, lequel a été écrit en 1356 ou 1367 [PUTTER et STOKES, 2014, ix]. Il est d'une taille modeste, donc facilement transportable, et assez fonctionnel dans sa disposition. Il contient douze illustrations (voir rubrique “manuscrit” dans la bibliographie pour un lien vers des photographies de certaines pages de l'ouvrage). Fait remarquable pour la période, toutes, sauf une, occupent toute la page sur laquelle elles figurent et, autre innovation, tentent de capturer un moment important de l'histoire plutôt que de simplement l'illustrer, quitte à s'éloigner de la lettre du texte (certaines d'entre elles ne représentant pas exactement ce qui est dit dans le poème), même si l'exécution reste assez maladroite [*Ibid.*, x].

Le travail du scribe

Les textes du manuscrit ont tous été copiés par le même scribe (et corrigés par au moins un autre copiste). Cette personne a fait du bon travail dans l'ensemble – ce qui n'était pas toujours le cas à l'époque, comme en témoignent les critiques de Geoffrey Chaucer à l'égard de son propre copiste. Son écriture est très particulière et ressemble peu à celle d'autres “mains” de la même période [PUTTER et STOKES, 2014, ix], ce qui est inhabituel, et explique en partie pourquoi certains chercheurs ont émis l'hypothèse qu'il s'agirait d'un manuscrit de travail, et qu'un autre plus élaboré aurait été prévu, et perdu (ou jamais produit).

La recherche s'intéresse depuis peu au rôle du scribe dans la transmission des textes médiévaux, et à la part plus ou moins grande jouée par celui-ci quand le texte à recopier était difficile à relire ou en mauvais état, ce qui pourrait avoir été le cas pour *SGGK*, et pourrait contribuer à expliquer la moindre régularité des vers de ce poème, comparé à *Patience* ou à *Cleanness*. Le scribe aurait pu se retrouver dans la situation où il lui fallait déchiffrer un mot, ou même remplir un espace devenu complétement illisible, ce qu'il aurait fait sans forcément tenir compte des contraintes métriques du vers long allitératif. Les spécialistes s'accordent en tout cas aujourd'hui sur le caractère en partie corrompu du texte figurant dans le manuscrit Cotton Nero A.x., qui explique le plus grand nombre de décisions éditoriales prises pour celui-ci que pour *Pearl*, par exemple, et l'absence de consensus sur certains vers particulièrement obscurs, et qui ont donné lieu à des interprétations et à des corrections différentes.

La langue de *Sir Gawain and the Green Knight*

• Le dialecte des Midlands du Nord-Ouest

SGGK (tout comme les autres textes du Cotton Nero A.x.) a été composé dans un dialecte du nord-ouest des Midlands dans la seconde partie du XIVe siècle. Ce dialecte devait être peu ou prou celui du copiste (certains manuscrits médiévaux contiennent des incohérences sur le plan linguistique qui peuvent être attribuées à des différences de dialecte entre auteur et scribe, mais ce n'est pas le cas pour le texte qui nous occupe). Il n'est pas utile d'entrer ici dans les détails, mais certains dialectologues considèrent que le poète venait d'une région des Midlands du Nord-Ouest située au sud de celle du scribe ; il pourrait également avoir été originaire d'un hameau situé quelque part à la jonction entre le Staffordshire et le Cheshire [DUGGAN, 1997, 240 et 242], même si les preuves linguistiques irréfutables manquent, de sorte que les travaux régulièrement cités en la matière doivent être considérés avec prudence [PUTTER et STOKES, 2007, 469 *et seq.*]. Duggan émet plusieurs hypothèses qui rendent plus complexe l'identification du dialecte, à savoir le fait que, en certains endroits, l'orthographe originelle de certains termes (qu'il est possible de deviner grâce à la métrique du poème et au système des allitérations) a été amendée par le scribe qui écrivait ces termes de manière un peu différente dans son propre dialecte [DUGGAN, 1997, 241] ; ailleurs, le poète a pu utiliser des mots issus d'autres dialectes parce que leur orthographe lui permettait de respecter la métrique [*Ibid.*, 240] (procédé courant au Moyen Âge), ou simplement tirer parti d'usages contradictoires en matière de prononciation du –e final (question sur laquelle nous choisissons de ne pas nous appesantir, car il s'agit d'un sujet trop pointu pour intéresser les agrégatifs) pour les mêmes raisons. De manière plus utile pour les agrégatifs, il semblerait que le poète ait fait usage de termes poétiques peu employés dans la langue commune, mais qui auraient pu venir d'un lot de mots et de formules utilisés par les poètes adeptes de la versification allitérée, ce qui pourrait expliquer par ailleurs pourquoi la langue de *SGGK* semble légèrement archaïque, au regard de sa date de composition probable [*Ibid.*, 239].

Enfin, DUGGAN note également (sans se hasarder à en tirer de conclusions) que le *Gawain*-poet semble avoir favorisé les constructions verbales là où Chaucer préférait les constructions nominales [*Ibid.*, 89], et que, pour ce qui est des caractéristiques communes aux poèmes du Cotton Nero A.x (auquel il ajoute *St Erkenwald*), à savoir archaïsme, goût pour les constructions verbales ou pour les termes d'origine germanique (comprendre vieil-anglaise ou norroise), *SGGK* se situe fermement dans la moyenne et ne se distingue en rien des autres textes du groupe [*Ibid.*, 90].

À ces difficultés, il faut ajouter le grand nombre de manières dont il était possible d'écrire à peu près n'importe quel terme en moyen-anglais, y compris à l'intérieur d'un même dialecte, et l'utilisation de lettres d'origine runique issues du vieil-anglais (encore que ce problème-là ne concerne pas les agrégatifs, puisque l'édition au programme remplace ces lettres par leurs équivalents modernes). Tout cela ne surprendra pas outre mesure quiconque a étudié un tant soit peu la diachronie de l'anglais et l'histoire de l'Angleterre : en effet, l'anglais moderne est issu du dialecte qui était parlé à Londres et dans les Midlands de l'Est, alors que la langue de *SGGK* appartient à une aire dialectale différente, les Midlands de l'Ouest, globalement plus conservatrice en termes d'évolution linguistique. Cela dit, il ne faut pas forcément en conclure, comme cela a pu être fait, que le dialecte dans lequel a été écrit *SGGK* ait pu nuire à sa postérité immédiate : en effet, tout porte à croire que le grand nombre de personnes issues du Cheshire qui gravitaient autour du roi Richard II (v. L'attraction de Londres) a contribué à familiariser le roi avec le dialecte de cette région, au point de susciter une certaine anxiété chez Chaucer. Ce dernier a peut-être voulu lui rappeler, dans son *Traité de l'astrolabe,* qu'il était "maître de la langue anglaise" (et donc responsable de son évolution !) [BOWERS, 2012, 5].

• **Un dialecte qui comporte nombre de mots ayant disparu**

La langue de *SGGK* comporte un grand nombre de termes qui n'ont pas survécu en anglais moderne, ou qui s'écrivent d'une manière qui ne les rend pas toujours aisés à reconnaître. Heureusement, il n'est pas attendu des étudiants qu'ils soient capables de reconnaître le dialecte du poème ni d'en décrire les spécificités, mais il leur faudra néanmoins retenir une partie non négligeable de ces mots disparus, en raison de la richesse des sens qui est souvent la leur. Or, celle-ci tient en partie, il faut le dire, à leur rareté, le manque d'occurrences sur lesquelles fonder une définition forçant les auteurs d'icelles à faire des suppositions, lesquelles seront susceptibles de variations suivant les dictionnaires, ou, pour revenir à *SGGK*, selon les éditions du poème consultées par les étudiants. On ne saurait trop leur conseiller, par conséquent, d'élaborer des listes de termes, formules, voire vers entiers dont le sens varie profondément suivant les éditions du texte-source, et de les confronter à la traduction proposée par Armitage (ou d'autres traductions antérieures).

La langue du poème comporte un plus grand nombre de mots provenant du vieil-anglais ou du norrois que de mots d'origine romane, à la différence de celle employée par Chaucer dans ses propres écrits (le ratio est d'environ 62 % de mots d'origine germanique pour 38 % de mots d'origine romane dans les œuvres du *Gawain*-poet, comparé à 42 % de mots d'origine germanique pour 57 % de mots d'origine romane dans celles de Chaucer), avec, chez ces deux poètes, une proportion infime de termes d'origine autre que ces deux grands groupes [HINTON, 1987, 14]. La part importante de mots d'origine germanique (vieil-anglaise ou norroise) dans le dialecte du poète explique en partie les difficultés rencontrées par tout lecteur non averti qui se mettrait en tête de lire le romance dans sa version d'origine. ELLIOTT [1997] note par exemple qu'ils sont particulièrement fréquents dans les descriptions des paysages traversés par Gawain, et leur sens n'est pas forcément toujours évident en raison de leur rareté et de leur spécificité. Elliott fournit ainsi comme exemples dans l'article cité *raged* ("givré"), *misy* ("marais"), *strothe* ("terrain marécageux couvert de buissons"), *thrich* (qui vient d'un verbe signifiant porter un coup, et qui aurait signifié ici "trouée"). Certains sont même si rares que le *MED* ne les répertorie pas, ou bien s'emploient d'une manière particulière dans ce dialecte, comme *knot*, dont l'un des sens dans *SGGK* (et que l'on ne retrouve nulle part ailleurs) serait "petite colline". On pourrait encore rajouter un terme comme *frith*, "terrain boisé", qui, dans ce sens-là, ne proviendrait pas du mot qui en VA signifie "paix", mais d'un terme apparenté issu du norrois, d'après le *MED*, et qui caractérise alors un type de forêt domaniale que l'on trouvait autour de Chester, par exemple. Certaines localités des environs pouvaient faire paître des animaux dans ce genre de forêt, moyennant le paiement d'une taxe appelée *frithmot*.

• Le cas des emprunts non transparents à des dialectes français (VF ou AN)

ELLIOTT [1997] relève aussi le terme *rasse* ("surplomb") comme mot propre au dialecte des Midlands de l'Ouest, mot qui, après vérification dans le *MED*, s'avère provenir de l'ancien français *ras*. Il semblerait d'ailleurs que les mots provenant de l'ancien français (ou anglo-normand) aient été plus nombreux dans *SGGK* que ne le pensaient les premiers éditeurs du texte (y compris Tolkien et Gibson). Si l'on en croit Olivier Simonin, auteur d'une édition et traduction françaises de *SGGK* qui paraîtra prochainement, certains mots jugés obscurs et remplacés par d'autres (au motif que le texte copié dans le Cotton Nero A.x. aurait été en partie corrompu) seraient en réalité parfaitement compréhensibles, une fois leur véritable origine identifiée, ce qui pourrait changer quelque peu les conclusions tirées par Duggan et d'autres spécialistes sur le nombre plus grand d'irrégularités observées dans *SGGK*, comparé aux autres poèmes du manuscrit. Au nombre de ces termes mal identifiés, il y aurait ainsi par exemple *felix(e)* ; *barlay* (qui serait dialectal, et qui dériverait de l'expression "Baillez(-moi)") ; ou encore *towche* ("touche de bois").

Hinton note avec étonnement, dans un autre article cité par Duggan, la proportion nettement moindre que ce que l'on supposait avant (avant l'emploi de l'ordinateur pour ce genre d'étude) de mots d'origine norroise dans le corpus de littérature appartenant au "Renouveau du vers allitéré" ("Alliterative Revival"), à savoir moins de 6 % [DUGGAN, 1997, 239]. Or, nous savons que le Nord de l'Angleterre ainsi que le pays de Galles furent soumis aux assauts des Vikings, principalement entre le VIIIe et le XIe siècle, tout comme le reste des îles Britanniques. Dans une grande partie de ces îles, les premiers raids furent bientôt suivis de l'établissement de communautés d'origine scandinave. Si le phénomène est relativement bien établi pour ce qui est du nord-est de l'Angleterre (ou pour l'Irlande), les chroniques médiévales sont moins prolixes en ce qui concerne la face ouest de la Grande-Bretagne, même s'il est bien fait mention d'une vague d'émigration d'Hiberno-Gaëls après la chute du royaume viking de Dublin en 902 (*Hiberno-Gaël* est le nom donné à la population d'origine mixte, scandinave et celte, issue de vagues plus anciennes d'émigration scandinave dans les îles Britanniques ; il est formé à partir du terme médiéval *Gall Gàidheal*, qui signifiait en gaélique "Étranger-Gaël"). Ces étrangers auraient d'abord peuplé le territoire qui leur avait été accordé par la Dame de Mercie (qui gouvernait la province du même nom, laquelle couvrait une grande partie des Midlands d'aujourd'hui) de manière paisible, avant de retrouver leurs ardeurs guerrières et d'attaquer Chester, ouvrant une nouvelle page dans l'histoire des invasions vikings en Grande-Bretagne. Leurs tentatives semblent toutefois s'être soldées par un échec, de sorte qu'il est difficile d'évaluer exactement leur impact sur la région [v. HARDING, 2002, sur le sujet].

Cela étant, le grand nombre de toponymes d'origine norroise dans cette région (à commencer par Anglesey), ainsi que le nombre de trésors ("hoards") qui y ont été récemment retrouvés et qui contiennent des objets d'origine scandinave ou réalisés dans un style scandinave, les restes d'habitation de style viking trouvés dans Chester même, tout cela laisse entendre qu'il y eut bien des échanges soutenus entre les communautés scandinaves établies en Irlande, le Danelaw et l'ouest de la Grande-Bretagne ; et aussi qu'un certain nombre de personnes d'origine nordique s'établirent dans la région [ROBINSON, 2003-2004], ce qui expliquerait la proportion d'emprunts aux langues du nord de l'Europe observée dans le dialecte des Midlands du nord-ouest. Il semblerait qu'il y ait même eu dans le Wirral des communautés scandinaves indépendantes et dotées de leur propre *Thing* ("parlement") peu après la fin du royaume scandinave de Dublin en 902, lorsque la Dame de Mercie accorda aux Hiberno-Gaëls qui s'étaient enfuis d'Irlande le droit de s'établir au pays de Galles. Les conséquences de cette immigration étaient encore visibles à la fin du XIVe siècle, soit à l'époque de la composition de *SGGK*, puisque ROBINSON [2003-2004, 34] donne pour exemple les patronymes formulés à la manière scandinave *Hondesson* ("fils de Hond") et *Hondesdogther* ("fille de Hond"), ou encore *Raynaldesdoghter* ("fille de Ragnald") retrouvés dans des documents de la Cathédrale de Chester.

Les mots d'origine norroise que l'on retrouve dans *SGGK* caractérisent souvent des configurations du terrain, naturelles ou déterminées par l'homme : ainsi *spenne*, terme que le *MED* donne comme venant du vieux norrois et dont le sens est incertain ; le *MED* recense en tout et pour tout huit occurrences de ce mot, dont trois dans *SGGK*, et en fait un terrain clos par une palissade, tandis que Elliott [1997, 109] le comprend comme signifiant un amas de ronces ; *kerre* ("marais"). Citons aussi *knot*, qui signifie parfois "petite colline ; protubérance" dans *SGGK*, sens rare en anglais et qui lui vient du terme apparenté en norrois, *knútr*. Nils Lennart Johannesson [in Harding, 2002, 182-3] donne également comme étant d'origine norroise *bole* ("tronc d'arbre") ; *bonk* ("bord de rivière ou de montagne ; colline") ; *felle* ("montagne") ; *gate* ("route") ; *myre* ("marais") ou encore *warthe* ("gué").

Plus intéressant encore, l'on trouve également des termes d'origine norroise caractérisant la vie domestique, et même la vie de cour dans ce dialecte, ce qui sous-entend une installation pérenne des Scandinaves dans cette partie de l'Angleterre – et probablement une influence plus grande qu'on ne le croit sur ses us et coutumes, y compris dans les classes supérieures de la population. La hache du Chevalier vert, qui rappelle fortement l'arme préférée des envahisseurs vikings, est dès lors moins exotique qu'il n'y paraît au premier abord, et contribue à inscrire le personnage dans l'histoire de la région, tout autant que dans son imaginaire. Les termes en question sont : *boun* ("habillé") ; *busk* ("se vêtir") ; *hendelayk* ("courtoisie" ; terme d'origine mixte : seule la deuxième partie du mot composé, - *layk*, est d'origine norroise) ; *menskful* ("gracieuse" ; adjectif utilisé pour s'adresser à une dame ; là encore, il s'agit d'un terme d'origine mixte, le suffixe *-ful* étant d'origine vieil-anglaise) ; *renk* ("chevalier, homme" ; apparenté au VA *rinc*) ; *won* ("demeure") ; *kayreth* ("va à cheval") ; *layketh* ("s'amuse" ; apparenté au VA *lacan*) ; *renneth* ("court, monte à cheval" ; apparenté au VA *ærnan* et au MA *iernan*) ; *carpeth* ("parle, se vante") ; ou encore "norne" ("parler" ; un terme que l'on retrouve uniquement, à en juger par les citations fournies par le *MED,* dans le manuscrit Cotton Nero A.x, ainsi que dans *St Erkenwald*, poème qui fut longtemps attribué au *Gawain*-poet. D'autres mots d'origine scandinave apparaissent également, mais il n'est pas utile de les énumérer tous ici ; il suffira de se souvenir qu'une grande partie d'entre eux étaient spécifiques à ce dialecte à cette époque.

LE POÈTE ET SON MILIEU

De l'anonymat et des frustrations qu'il engendre (chez les chercheurs)

Nous ne savons rien de l'auteur de *SGGK*, et tout ce que nous pouvons en dire tient à ce qui a pu être déduit des textes du Cotton Nero A.x., qui lui ont tous été attribués (seul *Pearl* est l'objet d'une petite controverse à ce sujet). On lui a également longtemps attribué la paternité d'un autre texte, *St Erkenwald*, du fait des qualités littéraires de ce dernier et de ce qu'il a été produit dans la même aire dialectale et à peu près à la même époque, mais cette attribution reste hypothétique. Le fait que les textes rassemblés dans ce seul manuscrit ne se retrouvent nulle part ailleurs laisse entendre que leur diffusion est restée relativement confidentielle, même s'ils ne sont pas totalement tombés dans l'oubli dans les décennies qui ont suivi leur composition, à en juger par les quelques textes qui s'inspirent de *SGGK*, comme le romance *Gawain and the Carl of Carlisle*, ou la ballade du XVe siècle *The Greene Knight*.

• Un homme du Nord

Le Nord, le Sud et leurs divisions

Le dialecte dans lequel le poète écrivait nous indique qu'il venait peut-être du Derbyshire, du Staffordshire, ou encore du sud-est du Cheshire. Les hésitations concernant son aire d'origine tiennent principalement au fait que, comme cela a déjà été dit (v. Le travail du scribe), son dialecte d'origine semble avoir été légèrement différent de celui du scribe qui a copié le manuscrit. Néanmoins, en l'absence de travaux historicistes récents sur la possibilité selon laquelle le poète pourrait avoir été originaire du Staffordshire plutôt que du Cheshire, l'on se concentrera ici sur l'hypothèse la plus communément admise, sachant qu'une partie des conclusions générales concernant le Cheshire – territoire en marge de la marge mais néanmoins important en raison de son statut de comté palatin – s'appliquent également au Staffordshire, en raison d'une géographie assez similaire (et aussi peu hospitalière par endroits) et de son appartenance, tout comme le Cheshire, au "Nord", entité déterminée au moins autant par la géographie que par l'histoire de l'Angleterre, et dont les conséquences se font encore sentir aujourd'hui.

Ainsi, les journaux anglais se font régulièrement l'écho d'inquiétudes relatives à un clivage Nord/Sud ("North/South Divide") et à ses conséquences délétères pour les habitants du Nord en matière d'accès aux services publics, à l'emploi ou au logement.

La frontière entre Nord et Sud a fluctué au fil des siècles. Elle s'établissait à la Renaissance le long d'une ligne reliant l'estuaire de la Severn à celle du Wash, plaçant fermement les comtés en question du côté Nord, et faisant de leurs habitants, dans l'imaginaire des gens du "Sud" (membres de la culture dominante depuis la fin de la période vieil-anglaise au moins), des êtres peu cultivés, obstinés, facilement sanguinaires et rétifs à l'autorité [Jewell, 1994]. Cette image caricaturale a d'ailleurs pu avoir des effets positifs pour les hommes de ces parties de l'Angleterre, que l'on retrouve souvent dans les armées anglaises (v. L'attraction de Londres). Elle semble aussi avoir comporté un fond de vérité dans certains endroits du nord-ouest, à en juger par le nombre de hors-la-loi ayant trouvé refuge dans le Wirral au Moyen Âge…

Le Cheshire, territoire singulier à plus d'un titre

Mais revenons-en au Cheshire : il s'agit d'un comté du nord-ouest des Midlands qui jouxte le pays de Galles, et qui était plus grand au Moyen Âge que maintenant. En effet, à l'époque du Domesday Book (inventaire commandé par Guillaume le Conquérant recensant ses possessions en Grande-Bretagne et auquel fut donné le titre de Livre du Jugement dernier car il servit de base à l'administration pour taxer la population), il comptait un certain nombre de villes qui font maintenant partie du pays de Galles à l'ouest, et était délimité à l'est par la Ribble, une rivière qui traverse aujourd'hui le Yorkshire et le Lancashire. Son nom vient du vieil-anglais *Legeceasterscir*, autrement dit "le comté de la ville des légions", les légions en question étant bien évidemment les anciennes légions romaines, et la ville, Chester.

Or, le Cheshire était, à l'époque qui nous occupe, un comté florissant du fait de son statut de territoire palatin, distinction qu'il partageait avec le duché de Lancastre (depuis 1351) et le comté de Durham, parmi les plus importants (et les plus stables dans le temps ; nombre de comtés situés dans la marche galloise eurent également, à un moment donné ou à un autre, le statut de palatinat, de même que ceux situés aux abords immédiats du pays de Galles). Le statut de palatinat faisait des nobles qui l'administraient quasiment des princes ou des rois; il leur donnait un pouvoir en adéquation avec la complexité de la tâche qui était la leur, à savoir défendre les frontières du royaume d'Angleterre. C'est la raison pour laquelle on trouve des palatinats principalement dans le nord et dans l'ouest de l'Angleterre. Pour ce qui est du Cheshire, il s'agissait pour le comte (*earl*) palatin de maintenir de l'autre côté de la frontière les "barbares" celtes (qui pourtant étaient les descendants des Bretons, présentés de manière élogieuse comme les habitants originels des îles Britanniques dans *SGGK*). Cela explique que la région ait prospéré en marge du reste de l'Angleterre (elle aura son propre parlement jusqu'à la Renaissance), et que s'y soient développées des caractéristiques propres, tant sur le plan culturel que sur le plan politique. Mais, sur ce sujet-là encore, comme sur la capacité qu'aurait eue la région d'héberger un poète de la stature de celui de *SGGK*, les avis diffèrent, avis que l'on peut ranger en deux grandes catégories.

Les uns – dont Putter et Stokes [2014, xi *et seq.*] – dressent un portrait flatteur de la région et de ses aptitudes à produire, et à retenir, artistes et hommes de lettres. Au sujet de ces derniers, et à la différence des premiers, il faut néanmoins se souvenir que, au Moyen Âge, l'écriture ne payant pas, ces hommes de lettres l'étaient à temps partiel, car ils avaient soit un emploi (dans la société civile, comme Chaucer, ou dans l'Église), soit une source de revenus personnelle (c'est-à-dire qu'ils étaient membres de la noblesse, grande ou petite, ou au moins de la bourgeoisie), laquelle nécessitait généralement que du temps fût consacré à la conserver. Bref, l'homme de lettres médiéval écrivait sur son temps libre, ce qui explique en partie pourquoi tant d'œuvres médiévales sont restées inachevées.

Les partisans d'une composition "provinciale" de *SGGK* insistent sur le fait que le Cheshire était parsemé de riches manoirs, monastères et abbayes, et que sa ville principale, Chester, était connue pour son travail des métaux (tant par ses joailliers que par les artisans qui y frappaient monnaie), sa production de tissus, mais aussi pour ses importations de produits de luxe qui y arrivaient par bateau. Ils décrivent Chester comme un centre culturel notable, où furent produits certains des manuscrits les plus importants de la période. La noblesse du Cheshire semble d'ailleurs avoir été remarquablement instruite et intéressée par la chose littéraire, puisqu'elle comptait en son sein un certain nombre de poètes, ce qui expliquerait comment une œuvre aussi sophistiquée que *SGGK* aurait pu y naître, mais également pourquoi celle-ci n'a, semble-t-il, pas eu de rayonnement au-delà de son aire de production d'origine [SPEARING, 1970].

L'attraction de Londres

Pour d'autres, par exemple BOWERS [2012, 2 *et seq.*, ici et pour le reste du paragraphe], qui suit en cela Bennett, le Cheshire ne comportait aucune cour capable d'accueillir un poète tel que l'auteur de *SGGK* et le public pour lequel il semble avoir écrit. Ils en veulent pour preuve la quasi-absence d'écoles ou de monastères de renom sur le territoire, et le fait que, en 1379, on recensait en tout et pour tout quatre détenteurs de diplômes universitaires capables d'apprécier, sans parler d'écrire, des poèmes de l'envergure de *SGGK* ou *Pearl* [BOWERS, 2012, 3]. D'où l'hypothèse avancée par Bennett dans son article de 1979, puis dans des travaux ultérieurs, à savoir que l'auteur de *SGGK* aurait émigré vers Londres, tout comme les nombreux soldats, archers, secrétaires, *etc.*, qui composaient le contingent non négligeable d'hommes du Cheshire travaillant soit directement pour le roi Richard II, soit pour les nobles du comté venus chercher avancement et fortune à la cour ricardienne. En effet, les natifs du Cheshire étaient renommés pour leurs aptitudes à se battre et leurs talents d'archers, et Richard II, en les employant en masse, ne faisait que perpétuer une tradition remontant déjà au moins à Édouard III, qui avait placé en son temps le Cheshire sous l'autorité du Prince Noir, son fils aîné et père de Richard II (v. BENNETT [1983] sur la question du recrutement des hommes du Cheshire et du Lancashire dans les armées d'Angleterre, pour cette information et le reste du paragraphe). Le même phénomène se produisit dans le comté voisin du Lancashire, mais pour la faction opposée, à savoir la maison de Lancastre, et la tradition se poursuit jusqu'à la Renaissance, les hommes du Cheshire ayant assuré la victoire d'Henri Tudor à Bosworth Field. Ainsi, vers la fin de son règne, l'armée de Richard II comptait soixante-dix chevaliers et sept cents archers issus du Cheshire, pour un total de deux mille combattants. Dans ce contexte, et bien que considérés à l'époque de la composition du poème comme des contrées peu peuplées et aux mentalités archaïques, le Cheshire et le Lancashire (ainsi que l'Anglie de l'Est) étaient liés de près aux dynasties royales (présentes et à venir), et comme on n'y trouvait pas de grand propriétaire terrien, les largesses royales furent distribuées directement à la petite noblesse locale.

Ainsi, la connaissance très fine des us et coutumes courtois de l'auteur de *SGGK*, alliée à son goût manifeste pour ce que la période pouvait produire de plus raffiné et de plus coûteux en matière de vêtements, armes, alimentation, *etc.*, viendrait de ce que le *Gawain*-poet gravitait dans cet univers, dans lequel il aurait trouvé une place en adéquation avec son éducation manifestement soignée (v. Un clerc). Si l'hypothèse paraît séduisante, et apparemment plus logique que celle d'une composition du poème par un auteur qui n'aurait pas quitté ses Midlands natales, il faut souligner néanmoins que Putter et Stokes s'appuient eux aussi sur les travaux de Bennett, aux conclusions pourtant tout autres, pour développer leur propos (aidés en cela par la disgrâce relative dans laquelle sont tombés les travaux de Bennett, au moins pour ce qui est des conclusions qu'il tira en son temps des informations rassemblées sur la noblesse du Cheshire et du Lancashire).

En effet, le Cheshire bénéficia d'une période de grâce, aussi courte qu'importante, qui pourrait avoir correspondu à la période de production de *SGGK*, voire aussi de *Cleanness* (autre poème dans lequel il est beaucoup question des codes courtois). Cette période coïncide avec les difficultés que connut Richard II avec la noblesse du sud de l'Angleterre. Celle-ci le poussa non seulement à nommer des hommes du Nord à des postes-clefs, par l'intermédiaire de Robert de Vere, comte d'Oxford, qui avait des liens avec une importante famille de magnats du Cheshire (laquelle comptait des poètes en son sein), les Stanley, mais aussi à passer plus de temps dans cette région-là de l'Angleterre, par exemple pendant l'été 1387 [Bowers, 2012, 4]. Et même si, comme le souligne Bennett, les quelques membres de la haute noblesse de la région n'y passaient que fort peu de temps, lui préférant la cour royale, la petite noblesse, elle, y semble avoir été férue de littérature, peut-être dans un but éminemment pragmatique : puisque la cour recrutait à tour de bras dans le Cheshire, il ne pouvait qu'être utile pour toute personne cherchant à s'y faire une place de se familiariser avec ses us et coutumes (v. *SGGK* : un *speculum* à destination de la classe moyenne tout autant que la noblesse ?). Or *SGGK* décrit le fonctionnement de la cour de Camelot et celle de Bertilak par le menu, de sorte qu'il aurait été possible pour son auditoire d'y glaner des informations fort importantes, informations que le *Gawain*-poet aurait pu rassembler lors de visites précédentes du roi dans la région, ou simplement de celles de Robert de Vere, qui séjourna à Chester avec toute sa maisonnée. Il est d'ailleurs possible que *SGGK* ait été composé pour les fêtes de fin d'année de 1398, que le roi célébra au château de Lichfield, dans le Staffordshire. Malheureusement pour Richard II, et pour tous les natifs du Cheshire qu'il employait, son règne touchait alors à sa fin, et, avec lui, la brève embellie politique qu'avait connue le Nord de l'Angleterre (c'est en effet sous les Tudor que disparaît la notion médiévale d'une cour itinérante, et que le pouvoir royal s'établit pour de bon à Londres).

• Un clerc

Le *Gawain*-poet, un théologien écrivant pour un public laïc ?

Il est évident que l'homme qui composa *SGGK* accordait une importance toute particulière aux codes courtois, qui, pour lui, participaient à créer et maintenir le caractère aussi riant que policé de la vie de château. L'importance qu'il accorde aux rituels et aux coutumes qui scandaient la vie à la cour, qu'elle fût royale comme à Camelot, ou provinciale comme à Hautdesert, témoigne d'une connaissance de ceux-ci qui provient très probablement d'une expérience personnelle de l'auteur, soit à Londres, soit dans les demeures des Midlands où le roi et ses nobles élisaient résidence quand il leur arrivait (peu souvent, il est vrai) de gagner le Nord.

Il accordait également beaucoup d'importance à la religion, ce qui n'a rien d'étonnant pour un homme du Moyen Âge, mais permet d'affiner le portrait qui peut être fait de lui. Ainsi, deux des poèmes du manuscrit sont des homélies, et l'on note, tant dans ces dernières que dans ses autres poèmes, une volonté de conjuguer au mieux les deux systèmes de pensée, courtois et chrétien. *Cleanness* et *Patience* dénotent une maîtrise non seulement de la Bible (ou des commentaires patristiques sur celle-ci), mais aussi des paraphrases versifiées qui existaient en latin, langue que leur auteur maîtrisait manifestement très bien aussi. Néanmoins, il n'était sans doute pas dans les ordres, ou alors seulement dans les ordres mineurs [Putter et Stokes, 2014, xiv], à en juger par les informations glanées dans les endroits des différents textes du manuscrit où figure l'emploi de la première personne. Ainsi, il pourrait avoir été marié et père, à en croire *Pearl*, un poème du type *dream-vision* consacré à la perte d'une toute jeune enfant qui est présentée comme la fille du poète. Si l'on en croit certains vers de *Patience*, il a connu la pauvreté, ce qui n'aurait pas été étonnant pour un clerc officiant dans les ordres mineurs [*Ibid.*, xv]. Il n'est pas inutile ici d'insister sur le fait qu'être dans les ordres ne représentait pas forcément une castration symbolique pour les prêtres, puisque certains pouvaient se marier, ou entrer dans les ordres une fois veufs, sans compter que "[l]es membres du clergé s'inquiétaient qu'on mît en doute leur masculinité et pratiquaient donc 'la lutte et la fornication [qui] constituaient les deux principaux symboles de la masculinité dans le monde civil' afin de s'affirmer en tant qu'hommes" [KARRAS, 2014, 110].

Or *SGGK* est bien un romance dans lequel les thèmes de la lutte et de la fornication sont évoqués avec insistance – mais il s'agit, dans les deux cas, de se battre avec discernement et de résister à la tentation de la chair, surtout quand elle se présente sous la forme tentatrice d'une dame déterminée à vous perdre. La réprobation perceptible du poète décrivant la robe très décolletée de Dame Bertilak (v. 1740-41) le place du côté des partisans d'une chasteté bien ordonnée – qui ne se confondrait donc pas avec la virginité ou le célibat – plutôt que de celui de ces membres du clergé soucieux d'affirmer leur virilité dont parle Karras. Il faut néanmoins avancer avec prudence dans ce domaine, car il n'est pas sûr que la voix du poète se confonde toujours avec celle du *narrateur* du romance (v. L'influence de la tradition orale sur la structure de *SGGK*). Cela étant, le désir auquel doit résister Gawain est clairement illicite, parce qu'il l'éprouve pour une femme mariée. Et c'est bien la notion de sexe hors du cadre légal qui est critiquée dans *Cleanness*, où l'on trouve par ailleurs une présentation très positive du mariage (y compris dans ses aspects physiques) peu susceptible d'avoir été produite par un prêtre qui n'aurait qu'une connaissance purement intellectuelle de ses délices.

Toutefois, la liberté avec laquelle le poète met ses connaissances en matière de théologie au service de considérations parfois très personnelles [PUTTER et STOKES, 2014, préface de *Cleanness* ; SILEC-PLESSIS, 2021-2022] et son intérêt pour la vie à la cour pourraient faire penser que nous avons tout de même affaire à un clerc laïc. Peut-être s'agissait-il de l'un de ceux qui travaillaient dans un évêché, et qui aurait ainsi pu assister aux banquets et aux célébrations des membres du haut-clergé de l'époque, dont nous savons que le mode de vie, tout comme les goûts littéraires, n'avait souvent rien à envier à ceux de la noblesse séculière.

Le poète connaissait également fort bien la littérature française, ce qui prouve un peu plus, s'il était nécessaire, le caractère soigné de son instruction, ou l'accès qu'il avait à une bibliothèque bien fournie (comme celle d'un évêque, par exemple). Il était capable de paraphraser aussi bien les œuvres morales connues de la bonne société de l'époque, comme *Le Roman de la Rose*, que les *Voyages de Sire Mandeville* dont il a déjà été question, ou encore une bonne partie de la littérature arthurienne française, tant les textes les plus célèbres, comme les récits de Chrétien de Troyes, que des œuvres moins connues aujourd'hui comme *Ipomedon* (de Hue de Rotelande), un roman français en vers dont il sera question plusieurs fois dans cet ouvrage en raison des nombreux emprunts et parallèles, discrets mais évidents, du poète à ce texte (v. La littérature arthurienne française et anglo-normande).

"Hony Soyt Qui Mal Pence"

La devise qui figure à la fin du poème en caractères majuscules n'a pas manqué de susciter nombre d'interprétations, tant pour le sens à lui attribuer que les possibilités qu'elle ouvre pour les historiens qui ont tenté d'expliquer son apparition à la fin du texte (où elle fut ajoutée plus tard); ceux-ci prêtent le plus souvent au poète un mécène tentant de faire avancer sa cause auprès du roi Richard II, fils du créateur de l'Ordre de la Jarretière. Certains vont même jusqu'à poser l'éventualité que poète et mécène aient été une seule et même personne [ANDREW, 1997; CARRUTHERS, 2010].

Il se pourrait toutefois que la référence à l'ordre créé par Édouard III en 1344 (ou 1348, suivant que l'on se réfère soit à la date d'apparition des premiers chevaliers de l'Ordre de la Jarretière, soit à l'année où sa création fut formalisée par proclamation) ait été apposée en fin de romance pour des raisons qui ont à voir, en réalité, avec sa composition et son sens final. Dans cette optique, la devise fournirait l'une des clefs possibles pour son interprétation – et, du fait de sa position, il pourrait s'agir de la plus importante. Rien que le terme même d'"Ordre", auquel la devise renvoie, fournit un indice important, l'ordre étant une notion capitale au Moyen Âge : un monde ordonné est un monde qui respecte son statut de création divine. Créer l'ordre, puis le conserver, c'est faire œuvre de chrétien, et c'est l'une des raisons pour lesquelles les premières structures monastiques prirent ce nom, les ordres de la noblesse l'adoptant par la suite pour bénéficier du capital symbolique positif qui y est associé. Mais les ordres de chevaliers créés par les rois européens au Moyen Âge étaient beaucoup plus lâches que leurs équivalents monastiques, et leurs règles beaucoup moins strictes. Il s'agissait plutôt de créer, à l'intérieur de la noblesse, des sous-groupes en partie indépendants des hiérarchies déterminées par le lignage et fondés sur des idéaux largement inspirés par la littérature courtoise et chevaleresque, ainsi que sur l'exigence d'excellence qui donnait à la noblesse sa raison d'être. Ainsi, selon l'une des traditions relatives à la création de l'Ordre de la Jarretière, le roi Édouard III aurait été inspiré par une anecdote concernant la vie de Richard I, qui aurait décoré de bandes semblables à des jarretières les jambes de ses chevaliers, après une bataille particulièrement difficile en Terre sainte. L'anecdote date du XVIIIe siècle et est sujette à caution ; il est plus probable que la jarretière ait en fait été choisie pour ses similitudes avec les bandes de tissu utilisées pour relier les différentes parties de l'armure des chevaliers, et pour la quasi-homonymie de "band" et "bond" à l'époque [ROGERS, 2018, 139 *et seq.*]. Les ordres chevaleresques adoptent un fonctionnement non hiérarchique semblable à celui des chevaliers de Camelot, et créateur de (con)- fraternité, mais l'émulation entre pairs au sein de ces confréries est également valorisée. En résultent des difficultés d'ordre psychologique semblables aux difficultés que peuvent éprouver les individus de nos sociétés modernes à exprimer leur subjectivité face à la pression sociale [CRANE, 2002, 133].

Il existe une autre explication au choix de la devise de l'Ordre de la Jarretière plutôt qu'une autre pour clore le poème. D'après des récits que les historiens considèrent comme sujets à caution, mais qui avaient largement cours à l'époque de composition de *SGGK*, cette confrérie aurait été créée suite à la perte par une dame de la cour dudit élément de lingerie. Pour lui épargner tout embarras, le roi aurait ramassé la jarretière et l'aurait ensuite portée en public pendant de longs mois, ce qui aurait suscité diverses rumeurs (la dame aurait été sa maîtresse ; plus grave encore, elle aurait été de petite noblesse, et donc indigne d'une telle faveur). C'est pour mettre fin aux commérages, et aussi pour affirmer la capacité de la puissance royale à créer des traditions susceptibles de mettre de l'ordre là où le commun des mortels ne voit que son opposé, que le roi aurait créé l'Ordre de la Jarretière, et qu'il lui aurait donné pour devise une phrase exprimant en toutes lettres tout le mal qu'il pensait des commères de la cour, et la place qu'il leur réservait (le verbe *honnir*, qui vient du vieux-francique, signifie précisément "vouer à la réprobation publique"). Selon cette légende, le roi aurait donc, par son intervention, fait d'un sujet de ricanements un signe de distinction, et transformé, tel l'alchimiste transmuant le plomb en or, la honte de la dame en honneur accordé à une poignée d'élus. Évidemment, le parallèle avec Gawain saute aux yeux, depuis le sentiment de honte qu'il éprouve au retour de Hautdesert, jusqu'à la décision de ses pairs, poussés par Arthur, de transformer le signe qu'il s'est choisi pour exprimer son sentiment d'échec en son exact opposé. Mais la devise pourrait figurer comme un rappel d'un événement finalement assez peu glorieux de la vie du roi Édouard III : si effectivement la dame en question était bien sa maîtresse, il aurait imposé une interprétation positive à l'événement décrit plus haut dans le simple but de faire taire les rumeurs par la seule force de son statut royal. Dès lors, le sens à donner à l'action d'Arthur, ainsi qu'à la gaieté de la cour de Camelot à la fin du roman, devient tout autre (v. La faute de Gawain).

Les paysages du Cheshire, source d'inspiration pour le *Gawain*-poet

• Le Nord, entre réel et imaginaire

L'origine provinciale, "nordique", du texte, pourrait aussi expliquer la conjugaison peu commune de scènes d'extérieur qui décrivent une nature âpre et menaçante et de scènes d'intérieur de nature courtoise, où évolue une société si sophistiquée qu'elle en paraît parfois presque décadente. C'est d'ailleurs la thèse de Moorman [1981]. Ce dernier sépare la littérature en vers allitératifs du sud des Midlands de celle produite dans le nord des Midlands. (Nous emploierons ici le terme *Nord* pour caractériser le nord culturel, et *nord* pour celui proprement géographique). Pour lui, à la différence de celle du nord des Midlands (et du Yorkshire), la littérature du sud des Midlands (territoire mieux relié au sud du pays), qui comprend l'une des autres grandes œuvres du Moyen Âge, le *Piers Plowman* de William Langland, se caractérise par des textes principalement religieux ou politiques, et contient des descriptions similaires à celles trouvées dans la littérature de la moitié sud de l'île (v. Le Nord, le Sud et leurs divisions), donc chez Chaucer et bien d'autres, à savoir des paysages riants et printaniers. Dans les textes produits dans le Nord, en revanche, l'accent serait mis sur la rudesse du climat et des paysages, et sur leur influence sur la culture des gens de ces contrées.

- **Un territoire inhospitalier mais bien connu du poète**

Si la thèse de Moorman mérite sans doute d'être nuancée, force est de constater qu'il en est bien ainsi dans le poème. Le personnage principal entreprend, à la suite du pacte conclu avec le Chevalier vert, un voyage périlleux à la fin de l'automne et en hiver (période peu propice aux déplacements en tous genres), sur un territoire dont le caractère inhospitalier apparaît notamment dans le nombre de mots d'origine dialectale caractérisant des paysages marécageux envahis de broussailles et desquels suinte un brouillard givrant et salé en raison de la proximité de la mer, percé çà et là de formations rocheuses à l'aspect menaçant. Son caractère principal, essentiel pourrait-on dire, tient à ce qu'il s'agit d'un univers qui "ignore l'homme autant qu'il le peut" [Rudd, 2013, 52]. Or, pour Harding [2002, 185], "seul un homme (ou une femme) cultivé et originaire de là région ou des environs aurait pu connaître le caractère désertique du Wirral". L'article de Elliott [1997], qui a déjà été cité et que résume le reste de la présente étude (sauf mention contraire), fait beaucoup pour appuyer cette hypothèse, puisque, en lieu et place d'une description conventionnelle et symbolique, nous avons, à partir du vers 691, une représentation précise des lieux traversés par Gawain qui est manifestement fondée sur l'expérience du poète, et qui se réfère à des endroits précis. Gawain parcourt ensuite un chemin qui lui fait traverser le nord du pays de Galles avec l'île d'Anglesey sur sa gauche, puis l'estuaire de la Dee par le gué de Holy Head ("Holy Hede" dans le texte originel). D'autres théories rapprochent plutôt ce toponyme de Holywell, lieu de pèlerinage gallois où était vénérée sainte Winifred, réputée pour avoir été décapitée par un prétendant malheureux, puis être revenue à la vie quand saint Beuno – ou Bruno – eut replacé sa tête sur son corps. (Winifred, qui n'apparaît qu'en filigrane dans le poème, devient un personnage majeur de *The Green Knight*.) Gawain finit par arriver dans le Wirral et atteindre le château de "Hautdesert", nom approprié s'il en est, puisque le Wirral a été qualifié peu avant de "wildernesse", c'est-à-dire de "désert" (au Moyen Âge, le terme qualifiait tout étendue dépourvue de population digne de ce nom et donc inculte, au sens propre comme au sens figuré). Elliott suppose que Gawain a suivi, pour arriver au château, une route médiévale appelée The Earl's Way, qui partait de Chester. Cette ville n'est pas mentionnée dans le poème par ailleurs, alors qu'elle existait déjà à l'époque romaine, mais on peut supposer que le faire aurait nui à l'impression de solitude et de désolation de cette partie du récit, dans laquelle les toponymes font place à des indications beaucoup plus vagues qui insistent sur le caractère étrange des chemins et paysages parcourus. La disparition des repères toponymiques contribue à créer un sentiment intense de désorientation, ainsi qu'à superposer un paysage imaginaire, symbolique [Rudd, 2013, 53] (v. Symbolisme "progressif" et symbolisme "séquentiel"), sur ce qui, par ailleurs, fonctionne également comme une représentation assez précise d'un territoire bien connu par le poète, et qu'il souhaitait très probablement évoquer à son auditoire.

Ce qui ne l'empêche pas par ailleurs de conjuguer ces indications toponymiques contemporaines (et finalement peu aptes à exciter l'imagination de son auditoire) avec d'autres mêlant réalisme historique et mythe, par exemple lorsqu'il mentionne le royaume de Logres. Ainsi que le souligne Rudd, de nombreux éditeurs du poème (dont Tolkien) ont remarqué que le nom venait de Locrine, que Geoffroy de Monmouth (auteur de l'un des premiers textes à mentionner les légendes arthuriennes, l'*Historia Regum Britanniae*, qui date de 1135-38) présente comme le fils de Brutus ; or le poème mentionne Brutus au début et à la fin, ce qui laisse entendre que la référence à Logres est plus importante qu'il n'y paraît. Ce royaume est "un espace en marge… qui n'est pas le pays de Galles, mais qui y est pourtant associé" ; "[p]erhaps one cannot name one without thinking of the other, thus blurring the certainty of which is myth, which is real" [Rudd, 2013, 58]. De même, la mention de "Holy Head" rappelle également Holywell, et, de manière subliminale et par un phénomène d'associations d'idées dont les gens du Moyen Âge étaient friands (v. La création de symboles au Moyen Âge : petit détour par l'étymologie), sainte Winifred. Pour Rudd, le mythe sert principalement de "courroie de transmission", d'espace liminal sauvage entre le monde humain et le monde non humain (végétal et animal), assurant le passage de l'un à l'autre, mais aussi la séparation entre les deux [*Ibid.*, 63].

• Sources possibles d'inspiration pour la Chapelle verte et pour Hautdesert

Si Gawain suit bien le Earl's Way à partir de Chester, comme l'a suggéré Elliott, cette voie l'aurait mené dans la lande séparant le Staffordshire du Derbyshire et du Cheshire. Ce territoire comptait un grand nombre d'endroits pouvant avoir servi d'inspiration pour la Chapelle verte, mais aucun autant que Ludchurch ("Lud's Church"), une faille naturelle entaillant une colline aux formes arrondies proche de la rivière Dane, et tenant autant de la grotte que de la crevasse, tout comme la Chapelle verte qui, dans le poème aussi, est entourée par des rochers aux formes tourmentées qui en font véritablement une "chapelle de mauvaise fortune" (v. 2195 ; v. ELLIOTT [1997, 116]). Or, cette "grotte" se trouvait sur les terres d'une abbaye cistercienne fondée à Poulton, près de Alford, c'est-à-dire près du gué sur la Dee que traverse Gawain ; ses moines possédaient également une ferme (qui pourrait avoir été de la taille d'un manoir, sans atteindre les proportions de celui de Hautdesert toutefois) surplombée par des rochers appelés aujourd'hui "The Roaches", terme de dialecte qui n'a rien à voir avec les insectes du même nom, mais que l'on retrouve dans *SGGK*. Les seigneurs de Chester y possédaient, non loin de là, un pavillon de chasse situé sur une éminence rocheuse. Tous ces lieux auraient été facilement identifiables par un auditoire local ; leur évocation laisse transparaître une "volonté d'authenticité" assez inhabituelle dans la littérature médiévale, ce qui n'empêche pas par ailleurs l'usage de symboles également clairement identifiables dans les descriptions (v. Comprendre le symbolisme médiéval).

Techniques poétiques relatives au renouveau allitératif

• La tradition allitérative en Angleterre

SGGK est écrit en vers allitératifs, soit un type de versification pratiqué essentiellement au nord-ouest de l'Angleterre à l'époque où le poème fut composé, mais dont l'origine est bien plus ancienne, l'exemple le plus connu de poème anglais écrit dans ce type de versification étant *Beowulf*. On retrouve ce type de versification dans un grand nombre de traditions poétiques germaniques, dans la poésie vieux-norroise notamment. Le Cotton Nero A.x. est d'ailleurs le seul manuscrit ayant survécu à la période moyen-anglaise qui rassemble uniquement des poèmes respectant ce type de mètre [EDWARDS, 1997, 197]. En effet, le reste de la production littéraire versifiée de l'époque en Angleterre suit, pour l'essentiel, des modèles issus de la poésie latine ou française. *SGGK* s'inscrit, lui, dans ce que l'on a coutume d'appeler "The Alliterative Revival" ("le Renouveau [du vers] allitératif"), c'est-à-dire la renaissance de formes de poésie héritées de la période vieil-anglaise, et dans lesquelles les vers sont structurés de manière interne par des consonnes récurrentes placées à des intervalles réguliers (en début de syllabe), plutôt que par des rimes en fin de vers – lesquelles, par ailleurs, ne sont pas forcément absentes dans ces poèmes. Ainsi, *SGGK* comporte également des vers rimés, mais (sauf exception) uniquement dans la partie appelée “bob and wheel” en anglais et qui conclut chaque strophe, le reste de celle-ci étant structuré par des allitérations ou, beaucoup plus rarement, des assonances. L'exemple le plus ancien de poème allitératif médiéval serait *Wynnere and Wastoure*, qui fut composé vers le milieu du XIVe siècle dans le Nord de l'Angleterre [HOGG *et al.*, 1992, 520].

L'expression “Alliterative Revival” fait l'objet d'intenses discussions dans le milieu des médiévistes, car nombreux sont ceux qui considèrent que ce type de poésie a existé tout au long du Moyen Âge, et qu'il aurait même profité d'un effacement progressif des séparations entre poésie et prose aux XIe et XIIe siècle [Blake, cité par SALTER, 1978, 26 ; les points principaux de cet article sont résumés dans le reste du paragraphe]. On le trouve utilisé de manière courante dans les hymnes et les prières des XIIIe et XIVe siècles, mais il arrive qu'il apparaisse, sans introduction ni séparation d'aucune sorte, dans des textes en prose ; ainsi, par exemple, dans une épître de Richard Rolle (important mystique du Yorkshire) datant du milieu du XIVe siècle, ou dans un volume de sermons datant du dernier quart du XIVe siècle et écrits dans le dialecte du Cheshire [SALTER, 1978, 33]. D'où l'hypothèse selon laquelle ce type de versification, fondée sur l'accentuation tonique de certaines parties d'un vers, se serait prêtée plus naturellement à des combinaisons avec la prose, de sorte que le “renouveau” allitératif devrait plutôt être considéré comme la formalisation de ce type de vers au XIVe siècle [*Ibid.*, 29].

L'aspect mnémotechnique de la versification allitérative a sans doute aussi joué un rôle dans la survie de cette forme poétique ancienne, malgré les coups de boutoir des structures métriques importées de France ou de la littérature latine. Nous avons déjà mentionné (v. Un dialecte qui comporte nombre de mots ayant disparu) l'aspect archaïque, voire archaïsant de la langue employée par le poète, qui pourrait venir de ce qu'il aurait puisé dans une réserve poétique de termes reliés par leurs sonorités qui se serait transmis au fil des décennies (la langue du poète serait ainsi antérieure de soixante-dix ans à celle de Chaucer, qui lui était pourtant contemporain, et qui pourrait même l'avoir côtoyé). Cela lui aurait permis de construire plus rapidement ses vers, grâce à des formules organisées de manière lâche au sein d'un vers long, et donc non discernables comme telles dès l'abord (puisque, dans cette hypothèse, les termes de ces formules seraient reliés par l'allitération plutôt que par leur proximité immédiate).

Comme la traduction de Simon Armitage respecte les contraintes de la versification allitérative (de même que la structure des vers rimés qui viennent clore chaque strophe), il est utile ici de décrire rapidement les principes de ce type de versification, tels qu'ils sont observés dans le texte d'origine, et, de manière un peu plus lâche, dans la traduction. Les lignes qui suivent résument (sauf mention contraire) l'article de DUGGAN [1997] sur la question, ainsi que les travaux plus récents de WEISKOTT [2015], et ne gardent que ce qui est utile pour les agrégatifs.

• Spécificités du vers long allitératif

SGGK est écrit dans ce que l'on appelle en anglais "the alliterative long line". Ce vers est dit "long" parce qu'il se compose de deux parties ou hémistiches, appelées "a-verse" et "b-verse" en anglais et séparées par une césure, laquelle peut être visuellement représentée par un espace dans les manuscrits (mais ne l'est pas dans celui qui nous occupe). Chaque hémistiche est structuré par une série d'accents métriques, ainsi que par des allitérations qui se superposent en partie aux accents métriques. Si la règle générale, dans le vers long allitératif au XIVe siècle, était de relier au moyen de l'allitération les sons à l'initiale des trois premiers mots portant l'accent métrique, le *Gawain*-poet semble avoir tenu pour acceptable également le fait de relier par l'allitération les deux termes portant l'accent métrique qui se situent immédiatement avant et après la césure [SIMONIN, 2024, à paraître]. Les accents métriques sont au nombre de deux par hémistiche et la longueur de chaque vers peut varier, mais le premier hémistiche est généralement plus long que le second. Les accents métriques sont appelés "lifts" (ils correspondent à des syllabes complètes accentuées), et ils sont séparés par des "dips" (c'est-à-dire des syllabes atones, lesquelles peuvent se suivre – dans ce cas on parle de "long dip", en anglais [WEISKOTT, 2015, 153]). Attention : les termes *lift* et *dip* utilisés plus haut ne signifient pas que la voix monte ou descend, mais concernent seulement "l'accent métrique", qui est à prendre au sens large et ne se résume pas à l'acception que lui donnent les phonologues aujourd'hui, lorsqu'ils parlent des accents de mot. Ainsi, cette forme d'accentuation comprend toutes les manières dont il était possible pour un locuteur de mettre en relief un terme dans une phrase :

> Stress is less an acoustic phenomenon than a psychological one, a perceptual clue created not only by relative volume but also at various times by duration, (dis)juncture, and in poetry by metrical expectation. In general word stress is subordinate to phrasal stress, and phrasal stress in alliterative poetry, as in normal speech, tends to fall on the tonic syllable of semantically important words. [Duggan, 1997, 223]

Cette précision faite, les agrégatifs qui ne souhaiteraient pas se perdre dans les méandres de la versification allitérative pourront se contenter des quelques paragraphes sur le sujet figurant dans leur édition du poème. Ils se souviendront simplement que le type de vers allitératif employé par le *Gawain*-poet contient généralement quatre syllabes accentuées situées de part et d'autre de la césure, et que le poids des trois premières est renforcé par l'allitération qui les relie entre elles, système que Armitage s'efforce autant que possible de reproduire dans sa traduction. Certes, il s'octroie plus de libertés que d'autres traducteurs avant lui en ce qui concerne les accents métriques, mais il part du principe que le *Gawain*-poet fait lui aussi preuve de souplesse en la matière [Armitage, 2022, 220 *et seq.*].

LA TRADUCTION

Présentation de l'auteur et genèse de la traduction

Simon Armitage, né en 1963 dans le Yorkshire, est un homme de lettres dont le renom lui a valu d'obtenir en 2019 le poste de Poet Laureate of the United Kingdom (titre honorifique remontant au XVIIe siècle, et dont le tout premier bénéficiaire fut Ben Jonson). Il existe un site internet à son nom : https://www.simonarmitage.com/, qui recense ses publications et fournit une biographie succincte. Principalement connu pour son œuvre poétique, il est également dramaturge (l'une de ses pièces, inspirée d'Euripide, fut jouée sur la scène du Globe en 2014), romancier, professeur à l'université de Leeds et DJ à ses heures perdues. Il a la particularité d'être issu d'un milieu très modeste : son père était électricien, avant de devenir contrôleur judiciaire ("probation officer"), profession qu'exerça Armitage également jusqu'en 1994, parallèlement à son activité de poète. Il est l'auteur de vingt recueils de poésie à ce jour, le premier, *Zoom!*, ayant paru en 1989. Son œuvre poétique est marquée par l'hyperréalisme et par une grande richesse de vocabulaire due à l'emploi de différents registres de langue et aux régionalismes, ainsi qu'à ce qu'il voit comme l'intersection entre le rural et l'urbain chez lui : "a lot of my poems exist at that uncomfortable linguistic intersection where the back street meets the sheep dip. The swineherd talking back-slanq" [Armitage, cité par THAIN, 2001, 58]. Cette dernière caractéristique est particulièrement visible dans sa traduction de *SGGK*, qui passe avec insouciance du registre le plus élevé à l'argot le plus moderne. Lui-même voit également la marque dans ses poèmes d'un certain "réalisme magique" propre à la culture du Nord de l'Angleterre [ROENSCH et WEEDON, 2017, 27] et qui pourrait avoir contribué à son attachement pour *SGGK*, lequel comporte lui aussi ce que l'on pourrait appeler "visionary magic" [*Ibid.*] (v. Symbolisme et naturalisme et Le merveilleux). Il a récemment (2016) publié la traduction de l'autre grand poème du Cotton Manuscript A.x., *Pearl*.

Armitage considère la traduction de textes anciens comme une activité de "démocratisation" de la littérature : "if such poems are not mediated into contemporary registers, they become minority interests, the preserve of experts and specialists" [ARMITAGE, 2022, 219]. En cela, il est le digne descendant des poètes médiévaux, pour qui l'activité littéraire consistait principalement à rendre intelligibles les œuvres anciennes et reconnues pour leurs qualités, ainsi que le stipule John Gower (un contemporain du *Gawain*-poet) dans le préambule à sa *Confessio Amantis*. Mais son intérêt dépasse la simple volonté de transmission (aussi noble soit-elle). En effet, il avoue, dans un entretien pour le *Guardian*, avoir toujours eu la conviction suivante : "I was put on the planet for no other reason than to translate this poem" [Armitage, cité par SÁNCHEZ-MARTÍ, 2010, 119]. Il y a donc quelque chose de mystique dans la relation de Armitage au poème, dont le texte doit plutôt être pris comme un "métapoème" [*Ibid.*] : une réécriture, certes aussi fidèle que possible au texte d'origine, et qui vise à permettre aux lecteurs de faire l'expérience du poème avec autant de simplicité et d'immédiateté que l'aurait fait l'auditoire-lectorat originel du *Gawain*-poet, mais une réécriture tout de même – avec tous les problèmes que cela suppose. En effet, un poète de la stature de Armitage ne pouvait qu'imprimer sa "patte" à l'œuvre-source, de sorte que le produit final tient autant de l'adaptation que de la traduction et qu'il se différencie presque autant de *SGGK* que *The Green Knight*, même si cela n'apparaît pas forcément au premier coup d'œil.

Forces et faiblesses de la traduction

L'utilisation d'une traduction plébiscitée à juste titre par la critique, si elle a le mérite de faciliter l'accès au texte médiéval, efface très souvent ce qui, dans le texte-source, renvoie aux spécificités de la pensée et de la culture médiévales. Nous avons, dans la mesure du possible, tenté de faire ressortir ce qui ne figure pas dans la traduction et d'expliciter ce qui a motivé l'effacement de certains mots dans le présent ouvrage, mais les agrégatifs pourront également aller consulter la traduction en prose proposée par ANDREW et WALDRON [2014] pour mesurer la distance qui existe entre une traduction destinée à un public universitaire et une autre destinée au grand public.

De fréquents retours au texte originel s'avéreront souvent nécessaires, en commentaire comme en leçon, pour plusieurs raisons, dont trois principales. Premièrement, il sera nécessaire d'examiner les choix faits par le traducteur en de nombreux endroits, car le texte d'origine est parfois malaisé à comprendre, et les interprétations possibles des vers concernés nombreuses, et même contradictoires, dans certains cas. Deuxièmement, le retour aux termes originels permettra aussi d'accéder à certains niveaux de lecture du texte, ce qui ne sera pas toujours possible à partir de la traduction, car une partie non négligeable du vocabulaire employé par le poète n'existe plus en anglais moderne (même si Armitage, en tant qu'homme du Nord, tire le meilleur usage des formes dialectales de certains mots ayant survécu dans cette partie de l'Angleterre). Troisièmement, la traduction de Armitage fait souvent le choix de la fluidité et de la lisibilité aux dépens de la fidélité au texte-source (c'est une caractéristique de la traduction littéraire professionnelle, il faut le dire ; pour des exemples précis, on pourra consulter l'article de SÁNCHEZ-MARTÍ [2010] déjà cité plus haut). Les problèmes posés par ce choix stylistique seront surtout visibles dans la section consacrée à la courtoisie, notamment en ce qui concerne l'effacement quasi systématique des épithètes relatives aux vertus courtoises et dont le *Gawain*-poet qualifie généreusement ses personnages. Armitage semble être parti du principe qu'il ne s'agissait que de formules servant à meubler les intervalles entre les mots portant l'accent métrique, et c'est parfois le cas, mais, le plus souvent, la formule s'avère porteuse d'une charge ironique, ou à tout le moins ambivalente pour ce qui est du sens à lui donner, ce qui aurait justifié qu'elle fût conservée (v. entre autres pour des exemples Les (quasi-)synonymes de la courtoisie). De même, il supprime l'alternance entre la forme plurielle du pronom de la deuxième personne (marque de politesse, quand elle est utilisée pour s'adresser à une personne unique), et la forme singulière, alors que l'apparition de cette dernière dans la bouche de Bertilak est extrêmement importante dans le poème (v. La courtoisie comme socle de l'éducation d'un homme (ou d'une femme) de bien).

Il est de ce fait essentiel que les étudiants tirent le meilleur parti de l'édition bilingue au programme, et qu'ils se familiarisent avec le moyen-anglais autant que faire se peut, au moins sur le plan du vocabulaire (par exemple en feuilletant les pages consacrées au moyen-anglais, et plus spécialement au dialecte des Midlands de l'ouest, dans l'ouvrage de Denis FREEBORN [2006 (3e éd.)]), et aussi sur le plan de la prononciation de l'anglais médiéval (même s'il ne leur est rien demandé de plus à l'oral qu'une capacité à reproduire celle-ci de manière approximative, dans le cas où ils souhaiteraient se référer à un passage ou à un mot du texte-source lors d'une micro-analyse). Ensuite, les plus curieux pourront jeter un coup d'œil aux éditions qui fournissent le texte dans sa graphie d'origine, par exemple celle de Tolkien et Gordon dont il a déjà été question, qui est également disponible en ligne (à l'adresse suivante : htpp://name.umdl.umch.edu/Gawain), dans la collection électronique intitulée *Corpus of Middle English Prose and Verse* de la Bibliothèque de l'université du Michigan, laquelle héberge également le *Middle English Dictionary* (https://quod.lib.umich.edu/m/middle-english-dictionary/dictionary), ressource essentielle pour la compréhension, tant du texte originel que de certains choix de traduction faits par Armitage.

LE FILM

ÉLÉMENTS DE PRÉSENTATION

Médiévisme et médiévalisme

Pour aborder au mieux les rapports qu'entretiennent le romance médiéval *SGGK* et son adaptation cinématographique *The Green Knight*, il convient de s'arrêter sur les enjeux terminologiques reliant le médiévisme au médiévalisme. Le médiévisme consiste en un domaine d'études, notamment universitaire et scientifique, qui porte sur les sources et les traces du Moyen Âge : archives, chartes, manuscrits, vestiges archéologiques, *etc*. Il fait écho à la médiévistique, le domaine de l'historiographie consacré à l'étude de ces sources. En tant qu'œuvre du XIVe siècle, *SGGK* appartient au champ du médiévisme : il est étudié par des médiévistes, spécialistes notamment de la langue, de la littérature et de la culture du bas Moyen Âge, qui analysent le texte en le plaçant dans son contexte médiéval de création et de diffusion. Cela ne l'empêche pas d'être lu et apprécié à des époques ultérieures.

Ce domaine scientifique est prolongé par un autre, le médiévalisme, dont la perspective spécifique se révèle nécessaire pour étudier un film comme *The Green Knight*.

> [Par] ce terme, qui commence à s'imposer dans la presse et les médias, on désigne toute la lente construction et l'étude de ce que nous percevons comme "le Moyen Âge", fruit d'une élaboration à la fois érudite (par l'historiographie, la philologie, l'archéologie…) et créative, à travers l'ensemble des fictions qui renvoient, explicitement ou non, à une période historique identifiée comme telle : les romans, films, séries, jeux, bandes dessinées qui s'y réfèrent ou s'y déroulent. [Besson, Blanc et Ferré, 2022, 5]

Le terme "médiévalisme" désigne donc à la fois les usages et productions qui font appel au Moyen Âge – comme le film de David Lowery –, et l'étude de ces usages et productions.

Du point de vue de la terminologie, l'on qualifiera ainsi *The Green Knight* de film médiévaliste. Le choix de cet adjectif permet d'éviter de parler de film "médiéval", terme inapproprié : un film ne peut pas, par définition, avoir été conçu pendant le Moyen Âge. L'adjectif "médiéviste" ne fonctionne pas non plus, puisqu'il renvoie exclusivement aux spécialistes de la période, tous domaines confondus. L'on conviendra également d'éviter l'adjectif "moyenâgeux", pour ce qu'il est devenu une forme aux connotations largement négatives, renvoyant la période médiévale à un temps obscur, voire arriéré et pensé comme inférieur. De même, l'appellation encore fréquente de "médiévalisant" comporte un certain nombre de connotations, suggérant une volonté de "faire médiéval" sans toutefois parvenir à un résultat probant. Afin de limiter les jugements de valeur et d'adopter une terminologie précise, l'adjectif "médiévaliste" fait l'objet d'un consensus parmi les spécialistes du sujet [HAYDOCK, 2008 ; CHANOIR, 2023, 67-68]. Ce terme a par ailleurs l'avantage de permettre des rapprochements entre des œuvres d'ambition historique, qui adoptent une démarche de reconstitution, et des œuvres de *fantasy*, qui puisent plus librement dans l'imaginaire. "En dépit de la diversité des productions (titre historique, épique, comédie musicale, *etc.*), c'est d'abord la présence de marqueurs récurrents (armures, château avec des parapets, croix…) et les attentes du public ensuite, habitué à ces éléments, qui fondent l'identité générique de cette filmographie" [CHANOIR, 2023, 69]. Si *The Green Knight* n'adopte pas l'ensemble de ces marqueurs traditionnels – ou "réplicateurs visuels et sonores", pour reprendre l'expression largement répandue de Gérard CHANDÈS [2010] –, il en propose toutefois un très grand nombre, prolongeant ainsi clairement l'ancrage médiévaliste établi par le choix d'adapter une œuvre médiévale. Par conséquent, l'on désignera sans inquiétude *The Green Knight* comme un film médiévaliste.

En tant que discipline universitaire, le médiévalisme se développe depuis plus de quarante ans [FERRÉ, 2020] : s'il a pris de l'ampleur aux États-Unis et dans le monde anglophone, notamment pour ce qui est des études audiovisuelles, il s'impose également de plus en plus en France, avec une reconnaissance accrue depuis les années 2010. Le but de cette discipline n'est pas d'établir un comparatif entre Moyen Âge et médiévalisme, en recherchant par exemple dans les productions médiévalistes les traces d'anachronismes à fustiger, face à des éléments qui seraient jugés "corrects" car "historiquement avérés". Cette liste de bons et de mauvais points, en plus de n'avoir que peu de pertinence, entrerait en contradiction avec la plupart des résurgences du Moyen Âge dans les productions ultérieures. Qu'il s'agisse du *Don Quichotte* (1605) de Cervantès ou des nombreux films sur la légende arthurienne – pour ne citer que ces exemples dans un océan d'usages médiévalistes –, l'objectif n'est pas de recréer une version documentaire de la période médiévale, mais de concevoir un récit qui puise dans l'imaginaire du Moyen Âge.

La quête de "réalisme" ou de "véracité historique" est donc vaine [SALIH, 2009], et gagne à être remplacée par une interrogation sur les enjeux et les buts de la représentation : l'important n'est pas tant d'établir ce qui est historique ou non, mais plutôt de comprendre pourquoi et comment ces éléments sont effacés, déformés ou conservés. De fait, les usages du Moyen Âge constituent avant tout un reflet contemporain, qui fait appel à la période médiévale pour mieux illustrer ses propres attentes, peurs et contraintes. C'est ce qu'une vaste et déjà ancienne bibliographie a bien montré [AMY DE LA BRETÈQUE, 2004] : "il est important de garder à l'esprit que chaque œuvre médiévaliste nous apprend sans doute plus sur son époque de production que sur celle qu'elle est censée représenter" [BLANC, 2022a, 53].

Adopter une perspective médiévaliste consiste donc à mettre en relation le Moyen Âge et l'époque de conception de l'œuvre étudiée, en prenant en compte leurs intermédiaires parfois nombreux. Pour *The Green Knight*, cette démarche exige à la fois de faire dialoguer le romance médiéval et le film lui-même, afin de comprendre les liens qui les unissent et les divergences qu'ils proposent ; de les contextualiser en fonction de leurs périodes de création respectives ; et de considérer les maillons qui relient ces deux extrémités de la chaîne d'adaptation médiévaliste (réécritures de *SGGK*, adaptations audiovisuelles précédentes, œuvres ayant mené le réalisateur à ce projet, *etc.*). L'interprétation qui est faite du texte-source éclaire notre propre réception – contemporaine – de l'œuvre. En retour, la lecture proposée par le réalisateur peut offrir des perspectives nouvelles et pertinentes sur le romance médiéval : "Lowery's adaptation will be a guide for not only throwing a new light on the medieval classic but also for perhaps opening new pathways of interpretation for [the] questions which remain crucial in our day and age" [KAMČEVSKI, 2023, 2].

Fantasy et fantastique

Dernier point de définition, avant d'entrer plus avant dans l'étude cinématographique : le film de David Lowery appartient par ailleurs à la *fantasy*, genre transmédiatique étroitement lié – mais non limité – au médiévalisme. La *fantasy* regroupe l'ensemble des récits d'imaginaire qui accordent une place prépondérante à la magie et au surnaturel [Besson, 2018 ; Sangster, 2023] ; elle se distingue en cela de genres cousins comme la science-fiction, qui est davantage tournée vers les enjeux éthiques et philosophiques de la science et de la technologie, ou comme le fantastique, genre du doute inquiétant, qui se caractérise par une hésitation narrative entre réalité et surnaturel (le personnage rêve-t-il, ou fait-il véritablement face à un fantôme ?). Avec son ennemi merveilleux apte à porter sa propre tête décapitée, ses géants et sa quête initiatique, *The Green Knight* s'inscrit dans une *fantasy* assez sombre, proche de la *dark fantasy*, un sous-genre défini par l'ambivalence morale des personnages et la valorisation de thématiques violentes, voire morbides.

Mais cette inscription du film dans un genre spécifique n'empêche pas des effets de va-et-vient avec d'autres formes narratives. Ainsi, le film joue à plusieurs reprises avec la frontière du fantastique [Todorov, 1970], en laissant planer le doute quant à la réalité de certaines séquences, par exemple le montage final de la vie de Gawain qui se déroule alors que le héros est agenouillé devant le Chevalier vert, ou la rencontre de géants qui n'a lieu qu'après que le chevalier a avalé d'étranges champignons.

CARACTÉRISTIQUES GÉNÉRALES

Fiche technique du film

Titre : The Green Knight

Réalisateur : David Lowery

Date de sortie : 30 juillet 2021 aux États-Unis (cinémas) ; 24 septembre 2021 au Royaume-Uni (cinémas et Prime Video) ; 3 janvier 2022 en France (Prime Video)

Durée : 2 h 10

Pays d'origine : États-Unis et Canada (production en anglais – États-Unis)

Classement thématique : Aventure, Drame, Fantasy, Médiévalisme

Scénario : David Lowery, d'après SGGK

Production : Toby Halbrooks, James M. Johnston, David Lowery, Tim Headington et Theresa Steele Page ; A24, Ley Line Entertainment, BRON Studios, Wild Atlantic Pictures et Sailor Bear

Production exécutive : Edmund Sampson, Tomas Deckaj, Macdara Kelleher, Eoin Egan, Aaron L. Gilbert, Jason Cloth ; co-production exécutive : Anjay Nagpal, Ashely Levinson

Photographie : Andrew Droz Palermo (collaborateur fréquent de David Lowery)

Montage : David Lowery

Musique : Daniel Hart (collaborateur fréquent de David Lowery)

Son : Johnny Marshall

Effets spéciaux : Eric Saindon (Le Seigneur des Anneaux, 2001-2003)

Direction artistique : Louise Matthews et Christine McDonagh

Distribution : Louise Kiely

Décors : Jenny Oman

Costumes : Malgosia Turzanska

Réalisateur équipe secondaire : James M. Jonhston

Budget de production : $15 millions.

Recettes : $18,9 millions.

Distribution principale :

Gawain : Dev Patel

Essel / the Lady : Alicia Vikander

The Lord : Joel Edgerton

Mother : Sarita Choudhury

King : Sean Harris

Queen : Kate Dickie

The Green Knight : Ralph Ineson

The Scavenger : Barry Keoghan

Winifred : Erin Kellyman

Youngest Sister : Atheena Frizzell (belle-fille de David Lowery)

Middle Sister : Tara McDonagh

Older Sister : Nita Mishra

Sightless Woman : Helena Browne

Gawain's Young Queen : Megan Tiernan

Magician : Emmet O'Brien

Helen : Anaïs Rizzo

Paris : Joe Anderson

Détails de la distribution et de l'équipe technique :
www.imdb.com/title/tt9243804/fullcredits/?ref_=tt_cl_sm

David Lowery et son parcours

David Lowery est né le 26 décembre 1980 à Milwaukee (Wisconsin), avant de déménager avec ses parents et ses huit frères et sœurs cadets à Irving (Texas), où il mène l'essentiel de sa scolarité. S'il écrit et réalise son premier court-métrage, intitulé *Lullaby*, en 2000, sa carrière cinématographique débute surtout par son rôle de monteur : il travaille sur de nombreux courts-métrages depuis 2000 (*Le Tunnel*, 2001 ; *Merrily, Merrily*, 2008), auxquels s'ajoutent des longs-métrages pour la télévision et le cinéma, de plus en plus nombreux à partir de 2010. Il s'essaie lui-même bientôt à la réalisation, de nouveau en débutant par des courts-métrages (*My Daily Routine*, 2012), souvent avec un projet ou plus par an, et plusieurs courts-métrages pour lesquels il prend en charge à la fois la réalisation et le montage (*Some Analog Lines*, 2006 ; *St. Nick*, 2009 ; *Pioneer*, 2011 ; *etc.*).

Il accède à une renommée critique grâce aux *Amants du Texas* (*Ain't Them Bodies Saints*, 2013), qu'il écrit, réalise et monte. Le film est nominé pour de nombreux prix lors de festivals internationaux, et lauréat de plusieurs récompenses : il obtient notamment le Prix spécial du Jury pour sa cinématographie au Festival du film de Sundance en 2013 et, la même année, est sélectionné pour la Semaine internationale de la critique au Festival de Cannes. Il se fait davantage connaître du grand public quelques années après, lorsqu'il réalise le *reboot* en prises de vues réelles *Peter et Elliott le dragon* (*Pete's Dragon*, 2016), qui propose une nouvelle perspective sur le classique mixte de Disney réalisé par Don Chaffey en 1977. Comme le premier film, celui de Lowery mêle prises de vues réelles et incrustations animées, qui sont désormais des effets numériques et non plus des dessins. Ce film familial peine à retrouver la magie de l'original, et l'on n'y retrouve que partiellement le goût du mystère et de l'ambiguïté qui caractérise le réalisateur ; mais il reçoit des critiques globalement positives, ce qui permet à Lowery du moins de présenter son travail à un large public et à de nouveaux producteurs.

Dès lors, Lowery mène deux parcours de réalisation parallèles : d'une part, il propose des films plus personnels, parfois sombres ou contemplatifs, comme le très touchant *A Ghost Story* (2017), ou *The Old Man and the Gun* (2018) ; d'autre part, il réalise des œuvres plus commerciales à destination d'un public familial, comme *Peter Pan & Wendy* (2023), adaptation du dessin animé *Peter Pan* (1953) de Walt Disney Pictures. À chaque fois, ses films se caractérisent par une tendance à la nostalgie et un rapport affectif au temps. Le réalisateur se décrit lui-même comme quelqu'un de nostalgique, entretenant un lien fort avec des éléments associés à son enfance, même s'il refuse d'idéaliser le passé : "j'aime ce qui résiste à l'épreuve du temps. J'aime cette permanence, elle me donne un sentiment de confort et j'essaie de l'évoquer dans mes films" [Lowery, 2019]. Ses réalisations visent en effet à faciliter un rapport libre et fluctuant à la notion de temporalité, en fixant des instants hors du temps que l'on peut revivre sans cesse : "Les films préservent des périodes du temps et nous font voyager dans le temps. On crée un fac-similé du passé [...]. C'est du voyage dans le temps à différents niveaux" [*Ibid.*]. Ces notions transparaissent déjà dans les premiers éléments diffusés autour de son prochain projet, le film dramatique et musical *Mother Mary*, produit comme *The Green Knight* par A24.

Les films de Lowery traduisent des influences diverses, que le réalisateur revendique souvent lui-même : Claire Denis (influence surtout perceptible dans la façon de traiter les sentiments complexes des personnages), David Fincher (notamment dans l'art parfois détaché d'aborder le *thriller*), Robert Altman (dans les choix de cadrage et de mouvements de caméra, entre autres), ou encore Paul Thomas Anderson (notamment pour ce qui est d'explorer le thème de la solitude et d'user de longs plans de caméra mobile). Si Lowery développe également ses compétences en réalisant quelques épisodes de séries télévisées (*Rectify*, saison 2, épisode 4, 2014 ; *Breakthrough*, saison 2, épisode 1, 2017), son talent de réalisateur s'exprime surtout sur le grand écran, qui conserve sa préférence.

Ses films ne sortent toutefois pas toujours sur grand écran, même s'ils sont généralement présentés et bien accueillis en festivals. C'est la réception encourageante de *A Ghost Story,* lors du Festival de Deauville en 2017, qui permet par exemple son exploitation dans les salles obscures, dans un second temps. *The Old Man and The Gun* est projeté uniquement au festival des Champs-Élysées, tandis que *Peter Pan & Wendy* est directement diffusé sur la plateforme Disney+. Il précise valoriser la diffusion en salle de cinéma : "Pendant longtemps, j'ai été assez puriste et ne voulais pas voir un film s'il ne passait pas sur grand écran" [Lowery, 2019]. Néanmoins, l'évolution des modes de diffusion et de réception ainsi que les contraintes imposées par la pandémie de 2020 le mènent à changer de perspective en adaptant ses propres méthodes de visionnage et ses pratiques de réalisateur. Ainsi de *The Green Knight*, prévu pour les salles obscures et longtemps retardé du fait de la pandémie. Si le film sort au cinéma dans certains pays, il s'accompagne aussi de diffusions sur différentes plateformes : A24 propose une séquence exceptionnelle en ligne pour le public états-unien, tandis que le film sort à la fois au cinéma et sur Prime Video au Royaume-Uni, et qu'il est exclusivement disponible sur cette plateforme pour le public français. Malgré cette ambivalence dans les modes de diffusion, les films de Lowery laissent apparaître un goût prononcé pour le grand spectacle, avec des visuels très travaillés, qui donnent à voir moins une succession d'actions qu'une contemplation. Sa filmographie met en évidence une attention toute particulière accordée à l'art de l'étalonnage, qui consiste à modifier les jeux de couleur et de lumière afin d'harmoniser la photographie sur l'ensemble d'un film. Il privilégie des teintes froides, bleues et vertes, auxquelles il confère le plus souvent des connotations positives et réconfortantes, comme autour de la maison dans *A Ghost Story*, ou dans les tenues du couple dans *The Old Man and the Gun*. De façon intéressante, trois de ses longs-métrages, et parmi les plus ouverts au grand public, sont centrés sur des personnages aux teintes vert sombre : *Pete's Dragon*, *The Green Knight* et *Peter Pan & Wendy*. Le choix de protagonistes verts semble faire écho à toute l'ambiguïté recherchée par Lowery dans ses films, par l'intermédiaire d'une couleur aux connotations extrêmement diverses.

Enfin, parmi les préférences de tournage de Lowery, il est à noter qu'il préfère mener ses projets avec une équipe familière, tant devant que derrière la caméra. Si, pour *The Green Knight*, il fait appel à une distribution entièrement nouvelle, il s'entoure malgré tout d'une équipe technique avec laquelle il a l'habitude de travailler, afin de faciliter le travail conjoint et de garantir une collaboration efficace sur le tournage : "J'ai eu la chance de pouvoir travailler avec mon équipe habituelle derrière la caméra : le même chef-opérateur, le même production-designer, tous les techniciens qui avaient travaillé sur *A Ghost Story* étaient là" [*Ibid.*]. Cette familiarité contribue à renforcer l'impression de confort perceptible dans ses films, malgré une volonté de jouer sur des sentiments ambigus ; dans *The Green Knight*, le choix d'une distribution différente, et exclusivement européenne, apporte également une fraîcheur au film, unique dans la filmographie du réalisateur.

À qui *The Green Knight* s'adresse-t-il ?

Comme le romance médiéval, le public de *The Green Knight* est large et varié. Par bien des aspects, le film de Lowery apparaît comme un film d'auteur, réservé à une élite intellectuelle. Il s'agit en effet d'un long-métrage adapté d'une œuvre médiévale, incontestablement célèbre, mais relativement peu diffusée auprès du grand public – notamment par rapport à d'autres textes arthuriens, par exemple (v. La Matière de Bretagne). Le texte est surtout étudié par des médiévistes et leurs étudiants, même si l'existence d'une traduction contemporaine par J.R.R. Tolkien (1892-1973) a également contribué à diffuser l'œuvre auprès du grand public. La complexité formelle, thématique et symbolique de *SGGK*, qui fait certes son charme, n'en rend pas l'œuvre plus accessible. Il est donc possible de considérer que Lowery s'appuie ici sur une matière disposant de nombreux spécialistes à travers le monde, mais pas nécessairement d'un large public intéressé par le texte lui-même.

The Green Knight est par ailleurs produit par A24, une société états-unienne fondée en 2012, dont la reconnaissance critique ne s'étend que depuis peu de temps au grand public : la production de succès acclamés par l'Académie, à l'instar de *The Lobster* (2015), *Moonlight* (2016) ou encore *Everything Everywhere All at Once* (2022), sur grand et sur petit écrans – comme avec la série *Euphoria* (HBO, depuis 2019) – ont récemment permis à A24 d'atteindre une place de premier plan dans le milieu cinématographique. Cependant, cette diffusion internationale va de pair avec une vision parfois élitiste de la société de production, dont les œuvres s'adressent d'abord à un public cultivé ; cette vision mériterait d'être nuancée, mais elle synthétise les enjeux de A24 et des films que celle-ci produit. Il s'agit d'œuvres ambitieuses, qui invitent à la réflexion et qui accordent notamment un grand soin à la photographie. Le fait que *The Green Knight* soit produit par A24 lui confère automatiquement cette image, notamment d'ambition intellectuelle, qui peut parfois constituer un frein pour le grand public ; ce n'est pas la complexité du film elle-même qui représente une barrière, mais l'imaginaire construit autour du film avant même sa sortie en salles.

Enfin, la question de l'accessibilité du film de Lowery doit également être envisagée dans son acception concrète. La diffusion initiale du film a en effet été compliquée par la pandémie mondiale, qui a quelque peu limité sa portée (v. David Lowery et son parcours). De fait, le film génère près de 19 millions de dollars au box-office mondial, mais pour un budget de 15 millions de dollars : les profits obtenus sont réels, et soutenus par une très bonne réception critique et populaire, mais ne sont pas exceptionnels.

Toutefois, derrière cette apparence d'élitisme du film, d'autres arguments mettent en évidence sa volonté d'ouverture à un large public. Les films de Lowery alternent d'ailleurs régulièrement entre films d'auteur et spectacles familiaux, ce qui souligne bien leur complémentarité dans l'esprit du réalisateur. *The Green Knight* appartient par ailleurs au genre de la *fantasy*, particulièrement en vogue depuis plusieurs dizaines d'années, et qui connaît une importante ouverture auprès d'un grand public adulte et en recherche de récits audiovisuels sombres, en particulier depuis les années 2010 (v. Fantasy et fantastique). S'il ne s'agit certes pas d'une recette merveilleuse, garantissant le succès commercial et critique de toutes les productions de *fantasy*, l'inscription du film dans la *fantasy* consacrée à la chevalerie lui permet cependant de se construire dans la lignée d'autres grandes productions cinématographiques à succès, du *Excalibur* (1981) de John Boorman, adapté du *Morte Darthur* de Malory, à l'adaptation du *Seigneur des Anneaux* de J.R.R. Tolkien par Peter Jackson (2001-2003). Le parallèle avec cette dernière trilogie n'a rien d'anodin : les effets spéciaux de

The Green Knight sont conçus par Eric Saindon et Weta Digital (v. Fiche technique du film), une branche de Weta, un studio de post-production reconnu et particulièrement dynamique, à qui l'on doit notamment les effets spéciaux du *Seigneur des Anneaux*.

Enfin, pour donner de la valeur à son film, David Lowery fait appel à une distribution solide, dont plusieurs grands noms du cinéma international : Dev Patel, l'interprète de Gawain, jouit d'une reconnaissance internationale depuis *Slumdog Millionaire* (2008), de même que Sean Harris (le roi), Joel Edgerton (le seigneur Bertilak) et Alicia Vikander (Essel et l'épouse de Bertilak). Lors de la sortie du film, l'interprète de Winifred, Erin Kellyman, bénéficie déjà d'une certaine reconnaissance populaire, notamment par son rôle dans *Solo: A Star Wars Story* (2018). Le film de Lowery tisse par ailleurs des liens étroits avec la tradition médiévaliste audiovisuelle en mettant en scène Kate Dickie (la reine), figure remarquable des séries *Les Piliers de la Terre* (Starz, 2010) et *Game of Thrones* (HBO, 2011-2019). *The Green Knight* s'appuie ainsi sur le travail, devant et derrière la caméra, de personnes déjà reconnues, ce qui rassure le public et contribue à une plus large diffusion du film.

STRUCTURATION ET FRAGMENTATION DU RÉCIT FILMIQUE

Prologue et introduction

Outre la séquence initiale, elle-même divisée en plusieurs parties, le film de David Lowery est structuré par neuf encarts de texte, généralement fragmenté, qui reprennent en partie les "*fitts*" du romance médiéval (v. L'influence de la tradition orale sur la structure de *SGGK*). Ces encarts découpent ainsi le film en différents chapitres de longueur inégale et s'achèvent par l'annonce finale du titre, dans une structure circulaire – le film se clôt par son titre d'ouverture – qui n'est pas sans rappeler la tradition du théâtre élisabéthain, notamment des pièces shakespeariennes, qui prennent pour derniers mots leur propre titre. *The Green Knight* s'ouvre sur un prologue annonciateur, qui semble même doté d'une dimension prophétique : "Look, see a world that holds more wonders than any since the Earth was born. And of all who reigned o’er, none had renown like the boy who pulled sword from stone. But this is not that king… nor is this his song” (00 min). Un décalage se construit ainsi entre la voix, proche mais aux sonorités de plus en plus rauques et inquiétantes, et l’image d’inspiration hagiographique présentant Gawain avec la tête enflammée (v. *SGGK*, un poème religieux ?). La séquence introductrice qui suit ce prologue semble d’ailleurs entretenir cette logique de contraste : nulle aventure épique n’est ici mise en scène. À l’inverse, *The Green Knight* propose une série de plans urbains dans un cadre médiéval, entrecoupés du générique introducteur rédigé en lettres blanches sur un fond de ciel gris et enneigé. Le cadre hivernal et les teintes froides brisent la chaleur annoncée par les flammes du prologue, et la focalisation sur les animaux de ferme, aux côtés d’un homme endormi près d’une cabane, donne au film un point de départ nettement trivial. Pour s’élever, le protagoniste devra partir du plus bas, hiérarchiquement et symboliquement.

L’encart suivant permet de clore le générique introducteur fragmenté, en lançant véritablement le film : “A FILMED Adaptation OF/ THE Chivalric Romance/ BY Anonymous” (4 min). Ces éléments informatifs adoptent une police d’écriture gothique [Besson, 2024], qui rappelle à la fois l’ancrage médiéval du contexte et sa dimension littéraire. D’ailleurs, le titre du romance médiéval est présenté, comme les encarts précédents et le générique initial, de façon tronquée, mais, contrairement aux autres éléments de chapitrage, il est présenté par différentes polices d’écriture qui convoquent toutes des imaginaires médiévalistes : “Sir Gawain and…” (5 min). Cet encart de titre alterne des caractères blancs, dorés et beiges sur un fond uniforme noir, adoptant parfois des écritures calligraphiées, parfois des lettres rappelant la flore – notamment des fleurs et des feuillages, thématique centrale dans ce récit consacré au Chevalier vert –, et chaque fois des majuscules plus travaillées, évoquant les lettrines des manuscrits médiévaux. Le titre est multiple, changeant et incertain, tout comme la personnalité du héros qu’il présente, lui-même inscrit dans une logique du doute et de l’hésitation. Cet encart met par ailleurs en attente de la fin du titre du romance médiéval, qui, dans sa version réduite, correspond également au titre du film de David Lowery. Cette séparation des noms de Gawain et du Chevalier vert a le mérite de réorienter l’intrigue : si le titre adopté renvoie au mystérieux cavalier, le parcours central est bien celui de Gawain, ce que Lowery souligne particulièrement bien tout au long de son film.

Déclenchement (retardé) de l'aventure

Le chapitre suivant est consacré à l'élément déclencheur de l'intrigue : "… the Christmas Game" (10 min). Ce titre renvoie certes au défi lancé par le Chevalier vert aux membres de la cour arthurienne, qui lance toute la quête de Gawain. Toutefois, ce jeu morbide n'est proposé que sept minutes plus tard, lors de l'arrivée du cavalier dans la cour. Et ce n'est qu'après un long résumé de l'année écoulée, reprise dans la séquence "…a Too Quick Year", que la quête de Gawain, qui se met en route pour la Chapelle verte et le défi lancé par le Chevalier, débute véritablement (v. *The Green Knight :* Aiôn et temps cyclique). Le chapitre qui suit s'intitule ainsi "The Journey Out" (35-36 min). Les portes du château, sombres et vues à contre-jour, s'ouvrent sur un paysage vide, simplement occupé par quelques collines au loin et par de lourds nuages gris. Pour le héros, il s'agit d'un paysage à construire et à remplir de ses propres expériences. Gawain quitte les signes de civilisation : la ville et son château situés à l'arrière-plan, les vestiges d'une ancienne construction, le groupe d'enfants et le berger menant ses moutons. De façon éloquente, ses rencontres suivantes sont animales : il apparaît en compagnie de Gringalet, son cheval (37-38 min), et il croise le renard qui l'accompagnera par la suite (41 min). Les seules présences humaines sont détournées et trompeuses : Essel n'est plus qu'un souvenir, mise en scène lors de séquences analeptiques, et le soldat adossé à l'arbre est mort, transpercé par plusieurs flèches (41 min). Gawain ne peut plus s'appuyer sur les codes habituels ni sur les enjeux de la civilisation : il lui faut mener son aventure par lui-même, ou bien trouver d'autres alliés. Si ce chapitre est bref, il pose toutefois radicalement le nouveau décor dans lequel évolue le protagoniste : une terre désolée, souvent aride, et une forêt inquiétante.

Soi-même et les autres : apprentissage de la générosité

Le chapitre "… a KINDNESS" permet justement d'interroger ce rapport à la civilisation et aux autres êtres humains, car il est marqué par deux rencontres ambivalentes et particulièrement dangereuses pour le héros. Il s'agit également de deux défis successifs pour Gawain qui, ayant échoué une première fois avec le pillard (*scavenger*), se voit proposer une deuxième tentative auprès de Winifred. Il est chaque fois confronté à la violence de l'humanité et à ses victimes : le jeune homme pille les cadavres tombés sur le champ de bataille (42 min), survivant grâce aux conséquences de la guerre, et, l'on serait tenté de dire, des luttes et volontés d'expansion territoriale (v. L'aventure comme réalisation de soi dans *SGGK*, ou la progression impossible). Il n'affiche d'ailleurs aucune émotion particulière lorsqu'il se souvient que deux de ses frères ont péri lors de cette bataille (42 min), laissant à penser que même les liens familiaux et fraternels, *a priori* parmi les plus forts, sont brisés par la violence du cadre médiéval. Quant à Winifred, le personnage renvoie à une sainte galloise, Winefride de Treffynnon, décapitée par un prétendant pour avoir repoussé ses avances [Breton, 2023a, 13-14] – Lowery choisit donc ici de suivre une hypothèse alternative à celle d'Elliott sur le sens à donner au repère toponymique Holy Head (v. Un territoire inhospitalier mais bien connu du poète). La source qui jaillit du lieu de son martyr est ici interprétée comme une mare, où Gawain doit plonger pour retrouver la tête de la sainte (1 h-1 h 02) (v. *SGGK*, un poème religieux ?).

Ces deux personnages incarnent des défis supplémentaires et intermédiaires pour le héros, dont il doit triompher avant de poursuivre sa quête initiatique. Le voyage devient ici, dans l'interprétation de Lowery, une expression des différentes qualités suggérées par le pentacle comme étant celles de Gawain, que *SGGK* décrit comme parfait (sans que cela soit toujours montré dans les faits, d'ailleurs), qualités que le protagoniste doit apprendre à respecter pour devenir un chevalier digne de ce nom. Dans *The Green Knight*, ces défis sont incarnés, pour matérialiser de façon concrète la progression (ou non) du héros. D'abord, il ne se montre pas suffisamment généreux avec le pillard (44 min), refusant d'abord une récompense, puis en accordant une jugée trop maigre par ce dernier (47 min). Gawain paie les conséquences de son manque de largesse en se faisant dépouiller par le pillard et sa troupe de bandits : sans cheval ni équipement, la suite de son périple se trouve compliquée, mais contraint le héros à adapter ses attitudes vis-à-vis des autres personnages, notamment des plus humbles. Il est gratifié d'une nouvelle tentative de prouver sa valeur auprès de Winifred. Pourtant, il achoppe de nouveau en réclamant un paiement pour son aide (1 h), avant de se résoudre à adopter une attitude considérée comme chevaleresque. De fait, Gawain obtient en récompense la hache du Chevalier vert, même si l'arme n'est jamais présentée comme un cadeau à proprement parler (1 h 03-1 h 04). Comme dans une structure de conte de fées, l'ajout d'un nouvel objet aux propriétés merveilleuses permet de relancer l'intrigue, et confirme le héros dans sa quête.

Dans le chapitre intitulé "… an INTERLUDE", Gawain continue à apprendre la générosité et à l'étendre au-delà du genre humain : il tente d'abord de chasser un renard à coups de cailloux, mais il finit par l'accueillir auprès de lui, et les deux êtres s'entraident dans leur périple. En parcourant les montagnes, il s'accroche au souvenir d'Essel, tenant serré entre ses doigts le grelot qu'elle lui a laissé (1 h 06-1 h 07). Cependant, ce n'est pas le bon système de valeurs auquel le héros doit se rattacher : perdu dans ses pensées pour la jeune femme, il trébuche et dévale toute une pente, lâchant dans sa chute à la fois la hache du Chevalier vert et le grelot d'Essel (1 h 07). Si la suite du film suggère qu'il a ramassé ce gage d'affection avant de reprendre sa route, la scène ne le montre toutefois pas, et le montage insiste au contraire sur le côté dangereux de cet objet. Le léger zoom en très gros plan sur le grelot, tombé par terre entre les cailloux, se dissout dans un fondu sur le plan suivant, dans un mouvement de superposition des deux images accentué par la continuité du zoom lent (1 h 07). Or, ce second très gros plan met en évidence un bouquet de champignons qui pousse dans une grotte humide, où Gawain cherche un abri et de quoi subsister. Il mange les champignons avec avidité, en nourrit également le renard ; le film souligne ainsi le développement progressif de sa générosité. Mais le héros est bientôt malade et victime d'hallucinations, permettant au film de basculer dans une parenthèse fantastique : les visions maladives de Gawain se limitent-elles aux aspérités mouvantes sur sa main (1 h 08) ? Faut-il d'ailleurs y voir un signe de châtiment pour la main qui tenait si étroitement serré le grelot d'Essel ? Ou bien l'image furtive que le héros distingue, laissant apparaître brièvement la silhouette du Chevalier vert au loin, est-elle également le produit de son imagination (1 h 08-1 h 09) ? David Lowery laisse planer le doute et étend les effets fantastiques dans toute la séquence suivante, lors de la rencontre du protagoniste avec les géants (v. *The Green Knight* : merveilleux cinématographique).

Comme son titre l'indique, le chapitre "… an Exchange of Winnings" (1 h 16) est construit sur la répétition du motif de l'échange, et se déroule entièrement dans le château et sur les terres du seigneur qui accueille Gawain. La dame offre un livre au héros et réclame un baiser en retour (1 h 20), renforçant à la fois l'hésitation et le trouble du protagoniste ;

et le seigneur lui offre le butin de sa chasse (1 h 23), puis lui propose d'échanger leurs gains du jour, l'un à la chasse, l'autre enfermé dans la demeure (1 h 23). Les interactions entre Gawain et ses hôtes sont principalement relancées par des questions posées par le héros, qui affiche à plusieurs reprises son incompréhension. Le seigneur s'en amuse d'ailleurs ouvertement : "You are not very good with questions" (1 h 28). De fait, le seigneur et sa dame tiennent souvent des propos volontairement mystérieux, voire cryptés, qui ajoutent au mystère du chapitre. Ainsi, le seigneur entretient le doute de son invité en rappelant : "This house is full of strange things" (1 h 24). Gawain comprend peu, et ne semble pas avoir conscience des avertissements qui ponctuent son chemin, tout particulièrement dans ce château. Pourtant, les mises en garde ne manquent pas : le seigneur invite le héros à réfléchir aux enjeux de sa quête et à la portée de son voyage de retour (1 h 23-1 h 25 et 1 h 28) ; la dame le met en garde contre l'ambivalence de la couleur verte, incarnée par le Chevalier qu'il doit affronter (1 h 25-1 h 27) ; et la vieille dame aveugle, figure miroir de la mère de Gawain avec le même type de bandeau sur les yeux, semble chercher à le protéger par des gestes aimants (1 h 29-1 h 30). Tout au long de ces séquences, Gawain reçoit beaucoup, aussi bien des gains matériels que métaphoriques et chargés d'informations, mais il donne peu en échange ; là où le romance insiste surtout sur l'absence d'humilité du héros (v. La faute de Gawain), le film de Lowery met avant tout en évidence son manque de générosité. Ici, le titre du chapitre est ainsi biaisé, reprenant le texte de *SGGK* et s'appuyant sur le jeu d'échanges mis en place par le seigneur Bertilak, mais illustrant surtout, de nouveau, le caractère faillible de Gawain. Pris au piège par les manipulations de la dame et l'ambivalence du seigneur, le héros ne peut que quitter le château pour poursuivre, seul, sa quête vers la Chapelle verte.

"Is this… really all there is?"

La seconde rencontre de Gawain avec le Chevalier vert est résumée, dans le titre de chapitre, à la seule violence de l'échange de coups : "… a Beheading at the Green Chapel" (1 h 37). Le parcours initiatique du héros semble toucher à sa fin – même si le chapitre suivant constitue en réalité une étape supplémentaire dans son évolution et dans son élévation vers la chevalerie. Cette impression d'aboutissement est marquée par le changement de paradigme lumineux : l'image se teinte d'une lumière chaude, dont le jaune amplifie les touches ocres associées à Gawain tout au long du film, et forme ainsi un contraste avec le titre présentant la Chapelle verte. Cet espace ne semble pas subir le même hiver que le reste du paysage : les décors sont chauds et la végétation dense, dans une image plus traditionnelle du printemps (v. Merveilleux et sauvagerie). Ce décalage apparaît comme une ultime mise en garde pour le héros et le spectateur, comme le confirment à la fois l'augmentation du brouillard qui trouble le cadre forestier, et les grognements, puis les avertissements articulés du renard (1 h 37). La voix rauque de l'animal rappelle d'ailleurs le prologue, avec la même portée prophétique :

> Go that way and your doom is at hand. You will find no mercy. No happy end. [...] He you seek is as wild as I, but knows no measure. [...] If any man truly knew, he would bear his shame happily and turn away, head held high, to end his song as he saw fit (1 h 37-1 h 38).

Les propos du renard reprennent les grandes thématiques qui caractérisent Gawain tout au long du récit : la nécessité de construire son propre récit par des aventures, l'articulation de l'honneur et de la honte, la quête condamnée à l'échec et une globale incompréhension. Le héros ignore tout ou presque, de même que le spectateur, et poursuit son chemin, malgré des avertissements répétés et de plus en plus évidents. Il faut en effet que le renard attire nommément l'attention de Gawain sur sa ceinture (1 h 38), doublement offerte par sa mère (35 min) et par la dame (1 h 31-1 h 32), pour qu'il comprenne, certes tardivement, la nécessité d'accepter la mort. Ce n'est qu'une fois dans la Chapelle que la couleur verte reprend progressivement le pas sur le jaune, ramenant Gawain vers les conséquences bien réelles du défi qu'il a accepté l'année précédente : le film transmet les enjeux narratifs issus du poème au moyen des couleurs et des jeux de lumière (v. La combinaison du vert et du jaune). Faisant face au Chevalier, le protagoniste s'interroge enfin sur la pertinence et sur la portée de sa quête : "Is this... really all there is?" (1 h 46-1 h 47). Ces mots résonnent avec l'ensemble de la structure du film : l'aventure, tout comme la narration, semble toucher au but, et il convient de s'interroger sur les enjeux. Après une longue vision proleptique (v. *The Green Knight :* prolepse et variantes de récits), ou peut-être prophétique, Gawain finit par accepter son sort et le défi qu'il avait prétendu relever en retirant sa ceinture, avant de se porter volontaire pour recevoir à la fois le coup de hache du Chevalier et l'approbation de ce dernier (2 h 03). Le dernier encart, dont l'apparition est ponctuée par un tintement de clochette, vient, à première vue, clore toute la structuration du film en lui donnant son titre : "… the GREEN KNIGHT" (2 h 04). Les points de suspension initiaux sont de nouveau répétés, mais ici, le texte complète l'ouverture du premier encart, "Sir Gawain and…" (5 min), séparée par près de deux heures de récit. En accédant à la Chapelle verte et en accomplissant le jeu de Noël, Gawain rejoint son adversaire et comprend enfin ses attentes et les enjeux de son défi. Les deux parties du titre du romance médiéval se rejoignent, bouclant ensemble le début et la fin de *The Green Knight* par une reconfiguration du titre de *SGGK*.

LES SOURCES DE *SGGK* ET *THE GREEN KNIGHT*

APERÇU GÉNÉRAL

Les sources littéraires de *SGGK* et *The Green Knight*

SGGK emprunte en partie au conte populaire, mais aussi et surtout à la littérature arthurienne des siècles précédents, principalement française [Brewer et Gibson, 1997, ici et pour le reste de la présente étude, sauf mention contraire], et les retravaille avec une ingéniosité et un penchant pour l'innovation sans comparaison dans toute la littérature médiévale anglaise, si ce n'est, peut-être, chez Chaucer. *The Green Knight,* en tant qu'adaptation du poème, comporte évidemment une bonne partie des mêmes emprunts, mais en ajoute d'autres également, ou encore les retravaille dans une perspective nourrie par la littérature de *fantasy*, ainsi que par les adaptations antérieures du poème à l'écran (des tentatives assez peu réussies et qui pourraient lui avoir servi de repoussoirs plutôt que de modèles (v. Avant *The Green Knight* : tentatives cinématographiques).

• La Matière de Bretagne

Une connaissance fine de tous les emprunts, certains et possibles, n'est pas absolument nécessaire pour les agrégatifs, de sorte qu'il ne sera fait mention ici que des plus importants. La légende arthurienne avait déjà sa tradition en Angleterre, au moment de la composition de *SGGK*. Le premier opus de ce corpus est l'œuvre latine en prose intitulée

Historia Regum Britanniae, soit "l'Histoire des rois de Grande-Bretagne", de Geoffroy de Monmouth (1135). D'autres textes, en vers ceux-là, avaient promptement suivi *HRB*. Tous intègrent le matériau arthurien à une histoire de la Grande-Bretagne remontant aux Romains et aux Grecs (dans laquelle Arthur est présenté comme un descendant des Troyens). Ils sont souvent recensés sous le nom collectif Matière de Bretagne (par opposition à la Matière de Rome, soit des romans en prose ou en vers médiévaux de tradition latine, et à la Matière de France, centrée sur Charlemagne et ses preux). Les plus importants sont le *Roman de Brut* de Wace (AN), inspiré de Monmouth, et le *Brut* de Layamon, une adaptation en anglais du poème de Wace datant du tournant du XIIIe siècle et faisant la part belle aux aventures d'Arthur et de ses chevaliers. La Matière de Bretagne compte aussi des romances plus courts et qui se concentrent sur la matière arthurienne, tel le *Stanzaic Morte Arthur* (qui date probablement du milieu du XIVe siècle) ; le *Morte Arthure* allitératif (à ne pas confondre avec le *Morte Darthur* en prose de Thomas Malory), probablement composé au tournant du XVe siècle, ou encore le beaucoup plus rustique *The Awntyrs off Arthure at the Terne Wathelyne*. Ces derniers poèmes ont pour particularité de faire la part belle au personnage de Gawain, et d'avoir été écrits dans différents mètres allitératifs et dans le Nord de l'Angleterre, voire en Écosse pour *The Awntyrs off Arthure at the Terne Wathelyne*.

• La littérature arthurienne française et anglo-normande

Comme on vient de le voir plus haut, une partie des romans arthuriens écrits dans un dialecte anglo-normand appartient à la Matière de Bretagne et correspond à une volonté des élites normandes d'apprendre l'histoire des îles Britanniques : il est généralement admis que Wace, qui était né sur l'île de Jersey mais qui avait été élevé en Normandie, écrivit son *Roman de Brut* dans le but d'instruire Aliénor d'Aquitaine et ses gens, ce qui explique que son texte tienne à la fois de la chronique historique et du roman de chevalerie. Comme le *Gawain*-poet plus tard, il adapte la matière tirée de l'*Historia Regum Britanniae* de Monmouth et la met à jour, que ce soit dans les scènes de combat et de bataille, dans lesquelles il incorpore des détails tirés des techniques militaires de son époque, ou pour ce qui est du nouvel *ethos* courtois et du *fin'amor*, qui fait véritablement son apparition dans la littérature arthurienne d'Angleterre chez lui et qui se lit dans la place toute nouvelle qui y est accordée aux relations personnelles, qu'elles soient amoureuses ou amicales. Comme le *Gawain*-poet encore, il accorde une importance particulière au décorum et à la splendeur de la cour du roi Arthur. Il est aussi l'inventeur du concept de la Table ronde. Le *Roman de Brut* eut une influence considérable sur toute la littérature arthurienne, y compris sur les romans de Chrétien de Troyes (qui était contemporain de Wace), même si, dans ce cas précis, l'influence de Chrétien est également perceptible dans l'œuvre de Wace.

SGGK est donc dans une large mesure l'héritier de Wace, mais il s'inspire également de la littérature arthurienne française, notamment de Chrétien de Troyes. Il y puise l'inspiration, tant pour ce qui est des motifs et des mythèmes (ces unités fondamentales et génériques des mythes définies par Claude Lévi-Strauss) qu'il emploie, que pour ce qui est de la fonction qui revient au roman courtois pour le noble auditoire auquel il est avant tout destiné. Mais il modernise celui-ci d'une manière qui reflète l'affaiblissement des barrières entre la noblesse et la classe des marchands, ainsi que l'interpénétration de différents types de culture, celle des clercs et celles des chevaliers, à la cour [PUTTER, 1995, 230].

Pour ce qui est des emprunts précis à des romans français, on notera principalement l'usage que le *Gawain*-poet fait de l'un des épisodes de la *Première Continuation* du *Perceval* de Chrétien de Troyes, à savoir *Le Livre de Caradoc* (Carados en anglais), qui existait en différentes versions plus ou moins longues et qui contient le motif du Jeu de la Décapitation (lequel apparaît également dans d'autres sources françaises, par exemple dans *Perlesvaus*). Il y est raconté d'une manière très proche, dans *SGGK* [E. BREWER, 1997] (v. Le Jeu de la Décapitation). On notera également l'influence d'un roman anglo-normand en vers composé par Hue de Rotelande et intitulé *Ipomedon*, dont une version très fidèle à l'original, *Ipomadon*, fut produite en moyen-anglais sans doute quelques années après *SGGK*. Il semblerait que le *Gawain*-poet y ait trouvé matière à inspiration pour la place accordée à la chasse, le motif du baiser échangé entre la maîtresse de maison et le jeune chevalier notamment, et, plus généralement, l'utilisation du roman comme prétexte à un questionnement de l'*ethos* chevaleresque et courtois.

• **Le conte populaire**

SGGK reprend en grande partie les éléments saillants du conte de type 313 dans la classification Aarne-Thompson (à laquelle il faut ajouter, depuis 2004, le travail livré par Hans Jörg Uther, ce qui explique que l'acronyme pour cet index soit récemment devenu ATU), soit la rencontre entre le héros et un inconnu souvent habillé de vert, rencontre qui prend la forme d'un jeu ou d'un défi au cours duquel le héros perd, et promet de se rendre au château de l'inconnu un an et un jour plus tard. D'après Claude Luttrell, qui fut le premier à identifier ces éléments folkloriques, l'auteur de *SGGK* conjugue ces derniers avec d'autres que l'on retrouve couramment dans la littérature arthurienne, tels le jeu impliquant une manière de décapitation ("the beheading game") et l'épisode qui voit une belle jeune fille retrouver le héros dans son lit, que ce lit se situe dans la chambre d'un château ou dans cet habitat temporaire favorisé par les nobles du Moyen Âge, à savoir le pavillon (de toile) [E. BREWER, 1997, 243-44]. Dans ce type de conte, le personnage féminin est donc un auxiliaire du héros plutôt qu'un adversaire, changement qui aurait pu provenir des romans français et anglo-normands dans lesquels Gawain (ou d'autres chevaliers) sont soumis à la tentation sous la forme de ravissantes damoiselles en détresse (ou tout simplement esseulées). Dans les premiers textes, Gawain résiste à l'appel de la chair, comme dans le *Perceval* de Chrétien de Troyes ou *Perlesvaus*, mais, plus tard (v. Les deux visages de Gawain), il y succombera. Ainsi en est-il dans la *Première Continuation* (du *Conte du Graal*), aussi appelée Continuation-Gauvain, dans laquelle il échoue par ailleurs à ressouder l'épée brisée du Roi Pêcheur.

Dans ces conditions, si l'on peut effectivement reconnaître certains éléments des contes populaires dans la trame de *SGGK*, l'on aurait tort de considérer qu'il obéit aux mêmes règles que ceux-ci : le personnage principal du poème étudié, bien loin de montrer les qualités requises de tout héros de conte populaire, à savoir la débrouillardise et un certain mépris des conventions, est plutôt un antihéros. S'il n'obéit pas totalement aux attentes de sa classe sociale, comme lorsqu'il se résout à cacher à Bertilak le cadeau que lui a fait l'épouse de ce dernier, c'est par lâcheté, ce qui suscite chez lui un fort sentiment de culpabilité largement absent dans les récits folkloriques. Il faut donc se méfier des comparaisons trop faciles avec le conte, et plus largement avec ce que l'on nomme folklore, lequel inclut "the customs, folkways, superstitions, and beliefs of a culture… every writer incorporates folklore in his work, for he places his narrative (or lyric) within a culture, or develops it from his own tradition" [ROSENBERG, 1976, 325].

Avant *The Green Knight* : tentatives cinématographiques

Comme pour la littérature, tout film se construit sur des fondations, sources et modèles qui inspirent différents aspects de sa conception. Dans le cas de *The Green Knight*, si l'on a déjà évoqué les étapes du parcours de Lowery qui peuvent entrer en résonance avec le film au programme de l'agrégation (v. David Lowery et son parcours), il convient également de mentionner les rares adaptations cinématographiques qui lui préexistent, et dont Lowery a eu connaissance – notamment parce que, justement, ces mises en scène de *SGGK* sont très peu nombreuses et qu'elles sont aisément accessibles en format DVD, ce qui facilite le travail de tout réalisateur souhaitant imprimer sa propre marque sur la transposition du romance médiéval sur grand écran. De façon intéressante, deux de ces premières adaptations en film sont le fait du même réalisateur et scénariste britannique, Stephen Weeks, qui, outre quelques courts-métrages, a réalisé un total de six films entre 1971 et 1984 [BRETON, 2019, 57-58]. La première, intitulée *Gawain and the Green Knight* (1973), présente le héros comme un jeune page de la cour d'Arthur, qui, seul, accepte de relever le défi du Chevalier vert, avant de partir en quête de son ennemi aux côtés de son écuyer. En chemin, il verse de l'eau sur le perron d'une fontaine, déclenchant une série d'aventures issues du roman *Yvain ou le Chevalier au Lion*. Le film conserve également la présence d'un narrateur, et tente de reproduire une esthétique préraphaélite, mais qui se dilue amèrement dans l'orientation familiale que le studio United Artists impose à l'œuvre de Weeks. À propos de ce film, Kevin Harty précise :

> Ostensibly indebted to the anonymous fourteenth century romance *Sir Gawain and the Green Knight*, this film also borrows heavily from Chrétien de Troye's twelfth century romance, *Yvain*. But it is one thing to borrow, and another thing to know how to use what has been borrowed. Weeks manages here to reduce great literature to silly cinema [HARTY, 1999, 201].

De fait, une fois les péripéties empruntées à Yvain résolues, Gawain fait face au Chevalier vert qui, sans raison, tombe en poussière, permettant au héros – qui n'a en réalité accompli que peu d'actes héroïques pendant le film et qui n'a pas plus compris que le personnage de Lowery ce qui lui arrivait – de vivre sereinement avec Linet, la demoiselle rencontrée au château du Chevalier noir. La profondeur du texte d'origine disparaît largement, dans une interprétation qui souffre par ailleurs d'une distribution parfois défaillante et de costumes et accessoires de maigre qualité. Le film insiste lourdement sur la jeunesse de Gawain, "a green youth determined to return a man" ; c'est d'ailleurs cette immaturité qui justifie le délai d'un an (et non plus un an et un jour) qui lui est accordé [Blanch et Wasserman, 2002, 189-190]. De toute évidence, le film n'est pas une réussite, ni critique ni populaire.

Stephen Weeks renouvelle pourtant son expérience d'adaptation des aventures de Gawain en 1984, dans *Sword of the Valiant : The Legend of Sir Gawain and the Green Knight*, mais il manque toujours des clefs d'interprétation de cette pensée par images typique de *SGGK*, et, plus largement, la culture médiévale de cette époque fait défaut. Le film cherche cette fois à mettre en valeur le rôle héroïque du chevalier, qui devient un archétype de *heroic fantasy* aux allures de Musclor, la figurine développée par Mattel au début des années 1980. Avec sa coupe blonde et ses muscles saillants, Gawain fait face à un Chevalier vert de plastique. Le scénario ne puise plus autant dans l'œuvre de Chrétien de Troyes, mais le résultat demeure décevant par rapport au texte-source. Comme le premier film, les séquences de tentation, pourtant essentielles dans la dynamique de l'œuvre médiévale, disparaissent entièrement, tout comme la profondeur psychologique de Gawain, qui constitue pourtant un intérêt central de l'ensemble du récit. Les enjeux sont par ailleurs mis à mal, puisque le Chevalier rassure le héros en lui précisant que, s'il ne parvient pas à le trouver dans le délai imparti, lui-même saura le rejoindre ; toute la quête et sa pertinence sont ainsi dévaluées. Au sujet de ce deuxième film de Stephen Weeks, Kevin Harty se montre d'ailleurs encore plus critique : "Somehow with this film, Weeks manages to make an even sillier version of what is arguably the finest Middle English romance, *Sir Gawain and the Green Knight*, than he did in his 1973 film *Gawain and the Green Knight*" [Harty, 1999, 495]. Pourtant, le film multiplie les décors extérieurs prestigieux, avec des séquences tournées au château de Pierrefonds, au Palais des Papes d'Avignon, aux châteaux de Caerphilly et de Cardiff (pays de Galles) [BRETON, 2019, 606]. Et la dimension de *fantasy* est accentuée par rapport au premier film ; le succès entre-temps de films comme *Excalibur* (1981) de John Boorman est sûrement pour quelque chose dans cette réorientation générique. Cependant, la magie ne prend pas, et le film ne semble ni véritablement s'adresser aux spectateurs contemporains amateurs de *fantasy*, ni respecter les lecteurs de *SGGK*. La présence au *casting* de Sean Connery, déjà connu à l'époque pour le rôle de James Bond qu'il tient de 1962 à 1971, et qui interprète ici un Chevalier vert qui n'apparaît que brièvement au début et à la fin du film, ne suffit à donner ni pertinence ni profondeur au film. Ce choix de distribution est intéressant : "Week's attention is still not fully fixed on Gawain" [BLANCH et WASSERMAN, 2002, 190]. La profondeur psychologique n'est pas plus développée que dans la précédente tentative du réalisateur. *Sword of the Valiant* adopte une esthétique nébuleuse, qui laisse à penser que le brouillard de l'image suffit à créer l'impression d'ambiguïté et de mystère perceptible dans le texte-source.

Il convient enfin de mentionner le dernier intermédiaire direct entre *SGGK* et le film de David Lowery, puisque le romance médiéval a également été adapté par John Michael Phillips pour la télévision en 1991, sous le titre transparent de *Sir Gawain and the Green Knight*. Le film ne débute que lors du départ du héros de la cour, tandis que sa première rencontre avec le Chevalier vert est mise en scène sous la forme de séquences analeptiques (*flashbacks*), une structure chronologique fragmentée dont semble en partie s'inspirer Lowery pour son propre film : "the unexpected chronological rearrangement serves several purposes, the least of which is to inject a type of temporal circularity that reflects the myriad circles and cycles that are the hallmark of the original" [*Ibid.*, 192]. Plus qu'un élément déclencheur, la décapitation devient un moteur et un élément structurant du récit filmique. En étant uniquement perçu du point de vue interne de Gawain, dans ses souvenirs, le défi du Chevalier vert contribue à approfondir la réflexion personnelle du protagoniste, et devient une part de lui-même – d'autant que la séquence de *flashback* semble parfois comme issue d'un rêve, où les actions sont menées au ralenti, où la correspondance du son et de l'image déraille par instants, et où les voix paraissent venir d'ailleurs : "remembrance is overtly a construct, one that calls us to consider among other things the possibility of its falsity as well as psychological forces which determine its re-creation" [*Ibid.*]. Le téléfilm de John Michael Phillips fait appel à différentes techniques de mise en scène, de cadrage et de montage pour se focaliser entièrement sur l'expérience vécue par Gawain et sa propre évolution tout au long de l'intrigue. De fait, cette interprétation semble beaucoup plus proche de l'esprit du texte médiéval que les adaptations de Weeks, et propose un traitement à la fois original et pertinent de l'œuvre-source [*Ibid.*, 191-196].

Si ces films ne sont jamais revendiqués par Lowery comme des sources d'inspiration – le réalisateur étant de toute façon resté discret sur son processus créatif –, ils demeurent toutefois des intermédiaires majeurs entre *SGGK* et *The Green Knight*, au sens où ils constituent de premières tentatives pour transposer ce texte si riche (v. De la difficulté d'adapter *SGGK*). Bien entendu, cela ne signifie pas que les agrégatifs devront visionner ces films pour étudier – ni pour apprécier – l'adaptation de Lowery. Il suffit d'avoir en tête que *The Green Knight* n'est pas la première tentative de transposition audiovisuelle de cette œuvre médiévale, mais qu'elle en est probablement la plus aboutie à ce jour.

GROS PLAN SUR QUELQUES EMPRUNTS

Les deux visages de Gawain

Le personnage de Gawain est beaucoup plus changeant que d'autres chevaliers de la Table ronde. En effet, selon les œuvres, il est déterminé soit par ses qualités de guerrier, soit par celles qu'il démontre dans le champ amoureux, à la manière d'un Tristan ou d'un Lancelot, plus rarement les deux à la fois.

• Le guerrier

La figure de preux sans reproche est la plus ancienne. Elle trouve son origine dans l'*Historia Regum Britanniae*. Gawain y est représenté comme le parfait chevalier, fils de la sœur d'Arthur, que Monmouth nomme Anna (mais que l'on retrouve dans d'autres sources sous le nom de Morgause) et qui est l'épouse du roi des Orcades et du Lothian, Lot. "Morgause" vient probablement du nom donné à la mère de Gawain dans des textes français du XIIIe siècle, tandis que "Morcades" constitue probablement une déformation du nom "Orcades". Gawain est donc associé au Nord, et cela a son importance, dans un romance qui apparaît à certains spécialistes comme une apologie de la culture du Nord de l'Angleterre (v. Le Nord, entre réel et imaginaire).

Il a pour frère Mordred, qui sera responsable de la mort du roi Arthur et de la chute de Camelot. D'autres sources lui donnent plusieurs autres frères : Agravain, Gaheris, et enfin Gareth (qui, dans *Le Morte Darthur,* bénéficie d'un traitement très positif, à la différence de ses trois frères, Gawain compris). Son prototype se trouve dans des sources galloises, dans lesquelles il est appelé Gwalchmei. Geoffroy ne dit pas grand-chose de Gawain, mais bientôt, le chevalier se voit propulsé au rang de protagoniste d'un certain nombre de romances, à commencer par le bien-nommé *De Ortu Waluuanii Nepotis Arturi* (soit "l'essor (ou les origines) de Gawain, neveu du roi Arthur"), un roman chevaleresque en latin datant du XIIe ou du XIIIe siècle qui développe les quelques maigres informations données par l'*Historia Regum Britanniae*, dans laquelle il est mentionné que Gawain fait un voyage à Rome à l'âge de douze ans. Le roman latin amplifie ce détail et fait de Gawain un jeune guerrier élevé à Rome, qui ne connaît pas son lignage. Après des aventures de jeunesse en Méditerranée, ce Gawain de culture romaine se retrouve en Grande-Bretagne. Là, il défend le royaume de Camelot contre des incursions nordiques, et il est récompensé en trouvant place à la cour du roi Arthur, où son origine lui est enfin révélée.

On retrouve cette version de Gawain dans les œuvres de Wace et Layamon en Angleterre, mais aussi en France et en Allemagne, où il devient même celui qui trouve le Graal (plutôt que Galahad) ; il en est ainsi dans le *Diu Crône* de Heinrich von dem Türlin, écrit dans le premier quart du XIIIe siècle, lequel contient par ailleurs des éléments narratifs très anciens qui feraient remonter Gawain au héros légendaire irlandais Cú Chulainn (dans les légendes irlandaises, Cú Chulainn est testé de différentes manières par un roi sorcier, capable de changer d'apparence, Cu Roi Mac Daire, et par la femme de celui-ci). On retrouve ces éléments dans des romances anglais beaucoup plus tardifs et contemporains de *SGGK*, tel *Sir Gawain and the Earl of Carlisle* (v. 1400).

• L'amant

Gawain, non content d'être l'un des meilleurs chevaliers d'Arthur, voire le meilleur, est aussi présenté comme le défenseur des demoiselles en détresse, et c'est là que sa postérité se fait plus compliquée. En effet, les sources les plus anciennes le présentent comme le champion des femmes en général, et une descendance nombreuse lui est attribuée (qui compte dans ses rangs Gigalain, héro de *Libeau Desconus*). Il a ceci de différent de Tristan et Lancelot, toutefois, que les romances qui se focalisent sur ses exploits amoureux lui donnent à chaque fois une autre amante : dans *The Wedding of Sir Gawain and Dame Ragnelle*, il sauve ladite Ragnelle du sort qui la défigure en lui accordant d'avoir la souveraineté dans leur relation ; dans *Perlesvaus,* il est la proie d'une femme aliénée, Orguelleuse, qui tente de le tuer pour s'unir à lui dans la mort (une autre Orguelleuse, saine d'esprit celle-là, devient son épouse dans *Parzifal*) ; dans *Diu Crône,* il épouse une certaine Amurfina, apparentée à Arthur, *etc.*

L'abondance de sa progéniture, ainsi que les épouses variées qui lui sont attribuées suivant les sources, explique peut-être pourquoi, petit à petit, Gawain perd son aura de parfait chevalier dans les récits arthuriens postérieurs à Chrétien de Troyes, et devient au contraire un guerrier amoindri par ses frasques amoureuses. Ses aventures prennent alors un tour burlesque. Cette évolution s'accélère avec le tour mystique pris par les romans arthuriens se focalisant sur la quête du Graal, dans lesquels il est déchu de son statut de meilleur chevalier du roi Arthur, de sorte qu'il ne réussit pas à trouver le précieux calice [E. BREWER, 1997, 244]. L'évolution du personnage sur un mode comique était probablement connue de l'auditoire du *Gawain*-poet, lequel semble jouer avec les deux visages du héros, celui de parfait chevalier, et celui d'amant parfois dépassé.

Dernier élément important concernant le personnage : il est souvent associé à l'Autre Monde. Non content d'avoir pour tante la magicienne Morgan le Fay, d'après plusieurs sources, dont *Le Bel Inconnu* et *Libeau Desconus*, son adaptation en anglais par Thomas Chestre (XIVe siècle), il est également l'amant d'une fée.

Aux origines du Chevalier vert

Un très grand nombre d'études ont été consacrées à la figure du Chevalier vert, sans en épuiser le mystère. Nous donnons ici uniquement les sources d'inspiration les plus importantes du *Gawain*-poet, et celles sur lesquelles nulle contestation n'est possible (d'autres, plus hypothétiques, seront abordées ailleurs, v. Le Chevalier vert comme figure apparentée à Merlin), à savoir son rapport à la Nature non domestiquée, qui, au Moyen Âge, était principalement représentée sous les traits de deux figures stéréotypées qui se partagent un certain nombre d'attributs : l'Homme vert et l'Homme sauvage.

• L'Homme vert

L'Homme vert est principalement un motif esthétique, fréquent dans les églises médiévales [voir Basford, 1978, pour des reproductions de cet élément décoratif], sous la forme d'une décoration sculptée dans le bois ou la pierre qui agrémente les piliers ou sur les miséricordes, ces saillies disposées au revers de l'assise pliante des stalles et qui servaient de repose-fesses (d'où le caractère souvent très fantaisiste, voire humoristique des sculptures que l'on pouvait y trouver). L'Homme vert y est le plus souvent représenté sous la forme d'une *tête de feuilles*. Comme le nom l'indique, il s'agit d'une tête aux caractéristiques humaines, des feuilles et des lianes lui sortant de la bouche, plus rarement des oreilles, du nez ou du front. Le tout émerge du feuillage. Si le visage, moins expressif et dépourvu d'appendices cette fois, disparaît dans la végétation qui l'entoure, on parle alors de *masque feuillu* [Block, 2000, 16-17]. Il s'agit d'un motif très ancien, que l'on le retrouve communément dans le monde entier, et qui a donc des origines païennes, d'où sa relégation par l'Europe chrétienne du Moyen Âge dans les endroits les plus sombres ou les moins nobles des églises, au-dessus ou au-dessous de la ligne du regard : en haut des piliers, sous les stalles pliantes, sur les côtés des fonts baptismaux, *etc*. Pour ce qui est de la culture occidentale, notons par exemple sa présence aussi bien sur les casques et les harnais des guerriers celtes que dans la statuaire romaine à partir du Ier siècle après Jésus-Christ [Block, 2000, 15-16].

L'Homme vert devient, à partir du VIIIe siècle et sous l'influence de certains théologiens, un symbole d'impureté à mille lieues des représentations populaires contemporaines de la Nature comme quelque chose de pur en soi, que l'homme corrompt par insouciance ou par cupidité. La figure cachée dans le feuillage acquiert dès lors des caractéristiques démoniaques (yeux exorbités, langue pendante, sourire narquois) et devient l'une des représentations du péché, source de damnation pour les hommes [BASFORD, 1978, 11-12]. Une fois pourvu d'un corps entier (à la Renaissance), il rejoint l'immense cohorte des monstres de légende, et perd alors son statut d'émanation du monde végétal et une grande partie de sa puissance symbolique [BLOCK, 2000, 24].

Comme on peut le voir, le Chevalier vert de *SGGK* n'a en réalité que peu de points communs avec la figure grimaçante décrite plus haut, mais il est entièrement vert, et c'est un homme (très grand, certes, mais de proportions parfaites, nous dit le poète au v. 145). C'est principalement la couleur de sa peau, et surtout la branche de houx qu'il tient (v. 206) qui signalent son appartenance au monde sylvestre [LECOUTEUX, 1999, 79] ; et plus encore le lieu où il retrouve Gawain à la fin du poème qui le rattache au monde naturel : en effet, la Chapelle verte, "like a kind of old cave or crevice in the crag" (v. 2181-82), ressemble plus à un trou creusé dans la roche et recouvert de mousse et d'herbes folles qu'à une construction faite par l'homme, même si, du fait des ouvertures sur trois de ses côtés (v. 2180), elle tient également de la chambre funéraire de type celte ou même viking. Cette image est amplifiée dans le film de Lowery, où la Chapelle apparaît comme une construction bien humaine mais en ruines (1 h 40), où la végétation semble avoir repris ses droits et efface, progressivement, les marques humaines ; c'est cet espace, ni tout à fait civilisé, ni tout à fait sauvage, qui tient lieu de (dernière ?) demeure à un Chevalier vert plongé dans ce qui ressemble à une forme d'hibernation, ce qui constitue l'un des changements les plus signifiants que le réalisateur effectue par rapport à son matériau-source. Loin de n'être qu'un simulacre, un enchantement temporaire accompli par Bertilak (avec ou sans l'aide de Morgan), le Chevalier vert de Lowery acquiert une existence pleine et entière, mais fondamentalement différente de celle des hommes (v. Déclenchement (retardé) de l'aventure).

La place bien plus grande tenue par le personnage dans le film (sur le plan symbolique, si ce n'est sur le temps à l'écran), s'explique en partie par la popularité du mythème de l'Homme vert, qui a survécu dans l'imaginaire et dans la culture populaire de manière quasiment inchangée et qui connaît une certaine vogue dans nos sociétés contemporaines, comme en témoignent les têtes en résine vendues comme décoration de jardin, les personnages faits de branchages et de mousse que l'on retrouve aux ronds-points de certains villages d'Europe l'été, ou encore les personnages de la culture populaire contemporaine, tel "The Incredible Hulk" des *comics* américains (1962). Celui-ci n'est pas seulement vert ; c'est un homme vert et, du fait de sa mutation, une merveille, au sens médiéval du terme. Il ne se réfugie plus forcément dans les bois, mais dans le désert (comme dans le film d'Ang Lee de 2004), ce qui revient au même, puisque le mot "désert", en vieux français, signifie n'importe quel espace non habité. Il n'est pas étonnant, dans ces conditions, que le film *The Green Knight* ait fait disparaître *Gawain* de son titre, focalisant ainsi l'intérêt du public sur son extraordinaire adversaire – même si l'articulation de la place du Chevalier et de celle de Gawain reste à approfondir, dans cette interprétation cinématographique (v. *The Green Knight* : apparences et illusions chevaleresques). Mais le Chevalier vert de Lowery doit plus à l'Ent de Tolkien tel qu'il fut représenté par Peter Jackson dans ses films adaptés du *Seigneur des Anneaux* (2001-2003), ou même au Groot des plus récents encore *Guardians of the Galaxy* (v. La Nature, nouveau visage du divin dans *The Green Knight* ?) qu'au *masque feuillu*, même s'il est aussi mystérieux que lui.

• L'Homme sauvage

L'Homme sauvage est parfois confondu (à tort) aujourd'hui avec l'Homme vert en raison des similitudes du personnage avec le précédent, et du fait qu'il apparaît souvent aux mêmes endroits dans les églises, car, tout comme lui, il est l'inverse de l'homme civilisé (et chrétien). On aurait donc tort de considérer, comme le firent en leur temps Benson et d'autres à sa suite, que les deux figures sont antithétiques : l'une positive (l'Homme vert qui représenterait la Nature comme symbole de vitalité et de jeunesse), l'autre négative (l'Homme sauvage, symbole d'agressivité aveugle). En réalité, on l'a vu, l'Homme vert devient, dès le VIIIe siècle, une figure ambiguë, qui peut certes représenter le monde naturel dans ce qu'il a de plaisant (auquel cas il est rattaché à la symbolique du printemps et du renouveau) mais qui peut tout aussi bien signifier, en raison de ses racines païennes, tout ce qui est impur dans l'homme qui n'a pas été sauvé par le Christ, c'est-à-dire tous les péchés. Et c'est sous cet aspect-là qu'il se confond peu ou prou avec l'Homme sauvage, pour ce qui est de ce qu'il représente, même si, en apparence, il ne lui ressemble guère et ne fait que partager avec lui les espaces non domestiqués, dit *déserts* ou *gaste* en MF, et *waste* en MA (le terme MA venant du français *gaste*).

Tout comme l'Homme vert, il s'agit d'un type de mythème universel : "able, as it were, to reinvent himself polygenetically" [NEIL, 2000, 29]. C'est un motif artistique et littéraire très courant au Moyen Âge et à la Renaissance. Il est représenté sous les traits d'une créature presque entièrement recouverte de poils, les cheveux longs et hirsutes. Ceux-ci lui servent de vêtements ; sinon, des feuilles sont utilisées pour cacher les parties de son anatomie que les artistes ne sauraient montrer. Il a souvent une massue avec lui, ce qui le rapproche du fou médiéval (v. Merveilleux et sauvagerie). Comme l'Homme vert, on le retrouve aussi bien sur les tapisseries et les objets de la vie courante que dans les églises, romanes et gothiques [BERNHEIMER, 1952, 2]. En tant qu'habitant des espaces non domestiqués par l'homme, il appartient au merveilleux, mais il est également rattaché au guerrier par son côté agressif [YAMAMOTO, 2000, 187], et il s'insère dans une dialectique entre le civilisé et l'inculte tout autant qu'entre le domestiqué et le sauvage.

Il n'est donc pas étonnant que l'on trouve dans la littérature médiévale deux types d'homme sauvage, tous deux représentés dans *SGGK :* le premier tient de la merveille, le second n'est qu'un homme ensauvagé, du genre de ceux rencontrés par Gawain lors de son périple vers la Chapelle verte. Ceux-là sont appelés *wodwos* (v. 720) dans le texte-source, terme que Armitage choisit de reprendre dans sa traduction, bien que celui-ci soit incompréhensible pour un lecteur moderne qui n'aurait pas lu Ted Hughes et son poème intitulé… *Wodwo*. En effet, si la première partie de ce mot composé est relativement transparente (*wod* deviendra en anglais moderne *wood*), la seconde l'est moins pour qui n'a pas étudié l'histoire de la langue anglaise : *wos* vient probablement du VA *wesan*, qui signifie "être". Ce type d'homme sauvage est donc une créature des bois, et il pourrait bien avoir été l'un de ces hors-la-loi qui peuplaient les coins reculés du pays de Galles et qui serait retourné à un état de nature, peut-être sous l'effet d'une folie provoquée par la vie dans ces espaces sauvages, ou qui l'aurait poussé à s'y réfugier. L'Homme sauvage est ainsi appelé *walttor* ("fou des bois") par Hartmann d'Aue ; Chrétien de Troyes, quant à lui, ne voit en lui qu'un paysan particulièrement inculte [LECOUTEUX, 1999, 79].

L'Homme sauvage apparaît dans la Bible sous les traits de Nabuchodonosor, ce roi païen qui, sous le coup d'une punition divine, se voit contraint de fuir la civilisation et de se nourrir à la manière d'un herbivore. La nudité du monarque signale son état bestial et son aliénation [YAMAMOTO, 2000, 154-55]. John Gower, qui était contemporain du *Gawain*-poet, utilise une autre version de l'histoire du roi de Ninive dans sa *Confessio Amantis* (v. 2785 à 3066), dans laquelle ce dernier est transformé en bœuf. Gower ajoute que l'humiliation de la transformation se double de celle qui voit Nabuchodonosor éprouver un grand plaisir à manger de l'herbe. Dans la première version de l'histoire à avoir été évoquée, le prophète Daniel écrit de Nabuchodonosor qu'il finit par avoir des poils sur tout le corps ; des poils bien particuliers, et semblables aux plumes d'un aigle. L'image pourrait avoir un lien avec les représentations de certains fous celtiques, dont Suibhne, roi irlandais légendaire. D'après le *Buile Suibhne*, son corps se couvrit de plumes après qu'il eut perdu la raison à la mort de nombre de ses hommes lors d'une bataille, et il se mit à voler de place en place, aiguillonné par la détresse.

Tout cela pour indiquer qu'il existe des parallèles entre l'Homme vert, l'Homme sauvage, et le fou des bois. La possibilité d'une transformation d'un homme civilisé en créature *insane* faisait partie des craintes de l'homme et de la femme du Moyen Âge, toutes classes sociales confondues, et la littérature s'en fait l'écho. On citera en exemple deux fragments de romance intitulés *Folie Tristan* de Berne et *Folie Tristan* d'Oxford, consacrés à l'épisode d'intense mélancolie qui affecte Tristan lors de sa séparation avec Iseult et à la manière dont il réussit à la revoir en adoptant l'apparence d'un fou (l'auteur d'*Ipomedon*, l'une des sources possibles de *SGGK*, pourrait s'en être inspiré). L'homme sauvage de type paysan inculte ou hors-la-loi bestial que combat Gawain lors de son voyage trouve d'ailleurs un équivalent de noble lignage en la personne du jeune Perceval, dans les romans arthuriens. Perceval, bien que de noble naissance, est emmené loin de toute civilisation par sa mère (qui a perdu son mari et ses autres fils à la guerre, et qui tente ainsi de protéger son dernier enfant) ; il en gardera les stigmates toute sa vie durant (les textes français le qualifient souvent de "nice", c'est-à-dire "benêt" ou "fou").

• Le Malin

De la merveille au maléfice il n'y a qu'un pas, allègrement franchi (si l'on peut dire) par Gawain à la fin du poème. En effet, il compare la Chapelle du Chevalier vert à l'antre du Diable ("the fende", v. 2193, qui devient "Satan" dans la traduction de Armitage). Or le diable, de même que les démons de l'Enfer, était souvent représenté habillé en vert au Moyen Âge, ce dont Chaucer se fait l'écho dans ses *Canterbury Tales* [RANDALL, 1960, 481]. Cette association pourrait venir tout simplement de l'analogie entre la figure d'un démon qui cache sa véritable nature pour manipuler les hommes et celle du chasseur, qui était souvent habillé de vert pour mieux se fondre dans la forêt et y attraper ses proies. C'est en tout cas le raisonnement tenu par Pierre Bersuire dans le *Repertorium Morale* qu'il écrivit au XIVe siècle et qui demeura très populaire durant tout le Moyen Âge. Or le Chevalier vert, qui est en réalité Bertilak, est un chasseur émérite, que ce soit lorsqu'il poursuit le gibier sur ses terres ou lorsqu'il manipule Gawain lors de leurs entretiens, le conduisant là où il le souhaite, de sorte que la comparaison a souvent été faite entre le jeune homme, pris en étau entre le maître de Hautdesert et sa femme, et les bêtes aux abois des scènes de chasse de *SGGK* – ce que *The Green Knight* illustre d'ailleurs de façon explicite en établissant un parallèle entre Gawain et le renard capturé par le seigneur ; parallèle rendu encore plus convaincant par le fait que, dans la mythologie celtique et la littérature médiévale qui s'en inspire, les êtres féeriques sont souvent présentés comme des chasseurs dont les proies préférées seraient humaines plutôt qu'animales (notamment dans *Sir Orfeo*, v. Le merveilleux). De plus, Satan était maître dans l'art de se transformer, en géant notamment (comme l'explique saint Antoine, ou encore Saxo Grammaticus [RANDALL, 1960, 483]). Enfin, dans les pays germaniques tout comme dans le Nord de l'Angleterre (qui gardera plus longtemps que le reste de l'Angleterre la mémoire des récits et croyances préchrétiennes, en raison de la vague d'émigration scandinave dans cette région des îles Britanniques au moment des invasions vikings), les collines rappelant les tombes funéraires anciennes étaient parfois considérées comme des tombes de géants. Ainsi, on trouve dans les environs de Dalton, dans le Yorkshire, une colline dénommée The Giant's Grave [*Ibid.*].

Le Jeu de la Décapitation (“The Beheading Game”)

Les sources les plus anciennes du mythème sont celtiques et se rapportent à Cú Chulainn, qui, selon deux traditions dont les détails varient, se retrouve, lors d’un banquet, forcé d’accepter le défi d’un être capable de changer son apparence, et qui, après avoir été décapité par Cú Chulainn, quitte l’assemblée, la tête sous le bras. Toutefois, au lieu de retourner la faveur à Cú Chulainn (ce qui se produit dans des circonstances légèrement différentes suivant les traditions), son adversaire se contente de lui taper légèrement la tête [Brewer et Gibson, 1997, 245 et pour le reste de la présente étude, sauf mention contraire].

Le poète connaissait de toute évidence ce motif, et avait très probablement lu ou entendu l’une des trois versions du *Livre de Caradoc*, dans lequel il apparaît sous des traits légèrement différents de la légende celtique : la créature métamorphe y devient un chevalier de haute stature qui entre à cheval dans la grand’salle de Camelot le jour de la Pentecôte, et exige des chevaliers rassemblés que l’un d’entre eux lui coupe la tête avec l’épée qu’il a apportée, à charge pour lui de faire de même un an plus tard. Son offre ne trouve tout d’abord pas preneur, et ce n’est qu’après s’être moqué de la cour qu’il obtient satisfaction : un jeune chevalier nommé Caradoc accepte de le décapiter, mais, ensuite, l’étrange chevalier se contente de replacer sa tête sur son cou avant de s’en aller. Revenu un an plus tard réclamer son dû, au grand dam de la cour, il se contente de frapper Caradoc du plat de son épée, avant de révéler à l’assemblée qu’il est le père du jeune chevalier.

D’autres textes ayant Gawain pour protagoniste contiennent le motif de la décapitation, mais c’est la manière dont celui-ci est utilisé dans le *Livre de Caradoc* qui se rapproche le plus de ce que l’on trouve dans *SGGK*, avec quelques différences notables toutefois : le banquet auquel s’invite le chevalier métamorphe se tient le jour de l’An plutôt qu’à la Pentecôte (ce qui change de beaucoup les auspices de la rencontre, le jour de l’An étant souvent consacré à la fête des Fous, alors que la Pentecôte célèbre l’effusion du Saint-Esprit sur les premiers disciples du Christ, v. Silec-Plessis [à paraître]) ; le Chevalier vert, malgré le titre qui lui est donné dans le poème, apparaît armé d’une hache “danoise” plutôt que d’une épée, ce qui, ajouté à son étrange couleur, contribue à le rattacher à un certain type de sauvagerie (v. L’Homme sauvage) plutôt qu’à l’univers chevaleresque (ou alors, dans une tout autre perspective, à la symbolique religieuse, puisqu'un grand nombre de saints, dont sainte Winifred, furent décapités) ; enfin, il propose un jeu qui ne mentionne pas spécifiquement une décapitation, mais simplement un échange de coups non définis : ce point, extrêmement important, sera traité plus loin (v. La faute de Gawain).

Les origines troyennes de la Grande-Bretagne

Il s'agit d'un véritable *topos* des textes médiévaux sur l'histoire de l'Angleterre, qui semble avoir eu une importance particulière pour le *Gawain*-poet. Celui-ci, non content d'ouvrir son poème sur ce thème, en fait également mention à la fin [E. Brewer, 1997, 248 *et seq.* pour le reste de l'étude en cours ici, sauf mention contraire]. Le mythe selon lequel la Grande-Bretagne aurait été "fondée" par le petit-fils d'Énée, Brutus, nous vient d'un moine gallois nommé Nennius, auquel est attribué l'*Historia Brittonum*, soit l'une des sources de Monmouth pour son *Historia Regum Britanniae*, particulièrement les éléments de la légende arthurienne centrés autour de Merlin et de Vortigern. Dans cette tradition, Londres devient la "Troya Nova" ("Nouvelle Troyes") fondée par Brutus en arrivant en Grande-Bretagne. D'autres romances mentionnent les origines troyennes de la Grande-Bretagne, notamment le *Morte Arthure* allitératif, ou encore *Wynnere and Wastoure*.

ANALYSES

THÉMATIQUES

SGGK ET LA TRADITION DU ROMANCE

LE ROMANCE ET LA PLACE DE L'ORALITÉ DANS LA LITTÉRATURE MÉDIÉVALE

Le texte au Moyen Âge est écrit pour être dit plutôt que lu

Les formes prises par le romance médiéval sont indissociables du caractère largement oral de la littérature de l'époque, au moins sur le plan de sa diffusion, sinon sur celui sa composition. Or certaines caractéristiques formelles du récit en vers découlent directement de la manière dont le texte était dit et reçu au Moyen Âge. Nous entrons ici dans le domaine du ménestrel, à une époque où le manuscrit, même après l'apparition dans les centres urbains des premiers "ateliers" professionnels, qui se mirent dès le XIVe siècle à faire concurrence aux monastères pour la réalisation d'ouvrages, était un produit de luxe réservé aux plus riches. Si la question du rôle du ménestrel dans la composition des romances médiévaux reste sujette à controverse, il est reconnu aujourd'hui qu'il eut un grand rôle à jouer dans la transmission et la préservation des récits qui nous sont parvenus, sous une forme plus ou moins fidèle à celles qu'ils devaient avoir eues à l'origine. Heureusement pour nous, la question de la plus ou moins grande fidélité à un texte-source disparu n'est pas très importante en ce qui concerne *SGGK*. Certes, la plus grande irrégularité des vers de ce poème, comparés aux autres textes du Cotton A.x., laisse supposer qu'il y eut une étape intermédiaire au moins entre sa composition et le moment où il fut recopié – même si nous ne pouvons totalement exclure l'hypothèse selon laquelle le poète ne se serait pas senti tenu d'adopter une aussi grande rigueur sur le plan de la prosodie pour son romance que pour ses homélies ou pour *Pearl*, dont le sujet est lui aussi religieux (et qui, pour certains spécialistes, pourrait avoir été écrit par quelqu'un d'autre que le *Gawain*-poet, on le rappelle). Certes, la complexité de *SGGK* le différencie des autres romances de la période, et il pourrait avoir été composé en vue d'une lecture publique plutôt que d'une interprétation du texte fondée sur sa mémorisation préalable par un professionnel. Mais il reprend un certain nombre des traits en rapport avec l'oralité que l'on trouve dans d'autres romances de qualité bien inférieure qui nous sont parvenus et dont la forme trahit les transformations (parfois les dégradations, à en croire certains contemporains, v. Formes prises par le récit en vers médiéval et place de *SGGK* parmi celles-ci et La théorie d'un soi qui se résume à la somme de nos *personae* sociales et *SGGK*) subies par eux lors du processus de transmission d'un conteur à un autre. Il est probable que le poète respecte ces caractéristiques pour mieux inscrire son romance dans une tradition littéraire ancienne, mais aussi parce que les principes d'écriture propres à faciliter la mémorisation d'un texte par un ménestrel sont les mêmes que ceux qui permettent à un auditoire de suivre un récit sans se perdre en route (vu qu'il lui est impossible, à la différence d'un lecteur, de remonter un paragraphe plus haut quand son attention faiblit). Baugh résumait déjà bien le trait principal de la poésie médiévale, voilà plus de cinquante ans : "With books as expensive as they were anything like a reading public did not exist. Since poets and versifiers were aware of this, they wrote with oral presentation in mind, adopting a style, so far as they were capable of it, natural to live presentation" [BAUGH, 1967, 10]. Le *Gawain*-poet lui-même fait d'ailleurs allusion à cet entrelacement de l'oral et de l'écrit dans la production littéraire de son époque en introduction à son récit lorsque, tout en donnant à son poème la puissance de l'héritage arthurien en même temps que celle du livre ("and I'll tell it [...]/ and as it has been inked/ in stories bold and strong"), le narrateur/conteur dont il tient la place affirme dans le même mouvement qu'il va déclamer son récit "as it's told in the town where it trips from/ the tongue" (v. 31-34).

L’influence de la tradition orale sur la structure de *SGGK*

Sur le plan du langage, une ambition comme celle qu’il exprime implique de ne pas faire perdre le fil du récit à l’auditoire en employant des termes trop compliqués ou trop rares, de privilégier une syntaxe fluide et proche de la langue parlée (“as […] it trips from/ the tongue”) – toutes choses qui ne sont pas immédiatement apparentes au lecteur moderne s’attaquant au poème dans sa version originelle, mais que la traduction de Armitage a le grand mérite de reprendre (v. Forces et faiblesses de la traduction).

Sur le plan de la forme employée, il s’agit de faire ressortir les différentes parties du récit, de les structurer d’une manière qui sera perceptible à l’oral. Les vers du poème sont divisés en strophes d’inégale longueur, qui vont de 12 à 37 vers [Duggan, 1997, 237], lesquelles sont rangées en sections comportant un nombre là aussi inégal de strophes. La tradition allitérative nomme ce type de section “*fitt*”, terme qui nous vient du vieil-anglais et qui pourrait se traduire par “chapitre” ou “chant”; certaines éditions du poème utilisent le terme latin *passus*, “passage”, à la place de *fitt*. Dans un poème comme *Beowulf* (qui fut probablement composé au VIIe siècle, puis en partie réécrit plus tard), la logique ayant présidé à l’organisation du poème en *fitts* continue à nous échapper, puisque rien, tant sur le fond que dans la forme, ne justifie les séparations entre des groupes de vers aux longueurs très variables. Heureusement, tel n’est pas le cas dans *SGGK*, qui est divisé en quatre *fitts* principaux, délimités dans le manuscrit d’origine par de grandes capitales ornementées. Les divisions pourraient avoir suivi un schéma précis, fondé sur le symbolisme numérologique, chose qui continue de fasciner les spécialistes, mais qui laissera sans doute de marbre la plupart des agrégatifs; nous n’en dirons donc pas plus ici. Il leur suffira de noter que les *fitts*, bien que d’inégale longueur, correspondent peu ou prou aux subdivisions (parties ou chapitres) du roman moderne: le premier (v. 1-490) présente les protagonistes du poème, campe l’univers de Camelot, et se clôt sur la reprise des danses et des chants, comme si de rien n’était, après l’interlude proposé par le Chevalier vert; le deuxième (v. 491-1125) décrit l’année qui s’écoule ensuite, le départ de Gawain pour la Chapelle verte, son arrivée au château de Bertilak et le nouveau pacte qu’il y conclut; le troisième (v. 1126-1997) se concentre sur les différents pièges tendus par la dame et sur la manière dont Gawain tente, tant bien que mal, de jouer le rôle qui lui est demandé auprès des uns et des autres sans trahir personne ; le dernier chapitre (v. 1998-2530) est, lui, consacré tout entier à l'épreuve vécue par Gawain dans la Chapelle verte et à son retour à Camelot.

Dans le cas d'une récitation/lecture publique du poème, la structuration en *fitts* présente dans le manuscrit n'aurait pas été perceptible à l'oral. C'est là qu'apparaît le narrateur du poème, dont les interventions jouent le même rôle que les titres de chapitres dans un roman moderne, ou, mieux encore, les résumés fournis en début d'épisode dans les séries télévisées d'aujourd'hui : c'est ainsi qu'il faut prendre le prologue du poème (v. 1-29), qui résume très brièvement la tradition arthurienne depuis ses origines jusqu'au romance qui va être conté maintenant par un poète déguisé en ménestrel. Cela implique aussi d'insister sur les qualités visuelles du poème, plus aptes à faire impression sur l'auditoire (le terme "schaue" figure dans le texte originel au v. 27, mais est rendu par le verbe "spin" dans la traduction, ce qui a pour effet malheureux de gommer en partie ce qui résonne comme une déclaration d'intention très précise de la part du poète au début de son œuvre). La fin des sections est, de même, signalée à l'auditoire par la réapparition du narrateur/conteur en fin de *fitt*, dans les quatre derniers vers rimés, d'une manière qui tranche avec ce qui précède. À la fin du premier *fitt*, le narrateur refait surface pour s'adresser, de manière surprenante, à Gawain lui-même, comme si le personnage se dressait devant lui (le poème prenant brièvement les caractéristiques de l'hallucination – v. *Fantasy* et fantastique), et lui enjoindre de respecter la promesse qu'il vient de faire. À la fin du deuxième *fitt*, qui se démarque des autres en ce que la première personne n'y est pas employée (peut-être parce que la coupure entre le deuxième et le troisième *fitt* est moins significative que les autres, puisqu'il n'y a pas de changement de lieu, et que l'action principale, entamée à Hautdesert, est à cheval sur les deux), le point important de la fin de cette partie, à savoir le pacte conclu entre Gawain et son hôte, est rappelé à l'auditoire. Le troisième *fitt,* quant à lui, se clôt sur la vision de Gawain ruminant de sombres pensées dans son lit, et sur une annonce dont on dirait aujourd'hui qu'elle fait durer le suspense : "In time I'll tell if tricks/ work out the way they ought" (v. 1996-97). Évidemment, de telles respirations dans le récit auraient été nécessaires d'un point de vue pratique, le récitant ayant besoin de se ménager des pauses. La fin du troisième *fitt* en particulier semble indiquer qu'un temps de repos était nécessaire, avant d'aborder la suite de l'histoire. Le quatrième et dernier *fitt* se conclut comme il aurait été d'usage, par une prière, mais précédée (chose beaucoup moins courante) d'un retour aux thèmes brièvement énoncés au début du poème : les origines troyennes du cycle arthurien, et l'inscription du poème dans une tradition qui regorge d'histoires du même genre (v. 2521-28), à une différence (notable) près : ces histoires à la fin du poème sont ici présentées comme écrites plutôt que racontées, dans des romans ou dans des chroniques (v. 2521 et v. 2523). Faut-il y voir une manière discrète pour le poète de faire de *SGGK* l'un de ces "bons" livres aptes à transmettre la légende arthurienne sans que celle-ci soit déformée par le temps (et les ménestrels) ?

Le début de chaque *fitt* comporte lui aussi une manière d'introduction et de rappel des événements précédents qui eût été particulièrement justifiée, si une pause plus ou moins longue (un entracte pourrait-on dire) avait été ménagée entre les *fitts*. Ainsi, le deuxième *fitt* s'ouvre sur une série de vers qui, de même que le *fitt* précédent avait fait disparaître la barrière invisible entre le récit et l'auditoire au moyen d'une adresse directe du conteur au personnage principal, gomme les distinctions entre l'auditoire du poème et les gens de Camelot qui viennent d'assister au Jeu de la Décapitation, et qui retournent, préoccupés, à leurs bancs (v. 492-493). Ce jeu du poète avec son public est suivi par un passage qui emprunte à la poésie de l'époque sur la ronde des saisons et qui lui permet de donner une forme, un corps, au temps qui s'écoule entre la première partie de l'aventure de Gawain et la seconde. Un tel passage, par ses qualités poétiques et sa rhétorique traditionnelle, aurait également permis au conteur-ménestrel de reprendre la main sur son auditoire, et d'instaurer une atmosphère particulière, avant la poursuite de l'action entamée au *fitt* précédent (procédé réutilisé, d'une manière plus condensée, au début du dernier *fitt*). Le *fitt* trois, au contraire, dans la lignée de la conclusion du *fitt* deux, embraye sur la première scène de chasse sans aucune forme de procès, ce qui tendrait à prouver qu'aucune pause n'était prévue entre cette section du poème et la précédente.

Les phénomènes de rappels d'un *fitt* à un autre se retrouvent sous une forme évidemment beaucoup plus condensée dans les passages d'une strophe à une autre, au moyen d'une série de vers courts rimés nommée "bob and wheel" en anglais (expression pour laquelle André Crépin proposa en son temps la jolie traduction de "pendeloque et coda"). Chaque terme de l'expression "bob and wheel" renvoie à un type de mètre bien précis : le *bob* (mot qui caractérise un mouvement abrupt ici, un peu comme un signe de ponctuation audible) est un vers très court de deux syllabes qui introduit le *wheel*, série de vers un peu plus longs que le *bob*, mais néanmoins beaucoup plus ramassés que le vers long allitératif du reste de la strophe, et dont la métrique peut varier selon les œuvres et les époques. Dans *SGGK,* la coda, ou *wheel,* prend la forme de quatre vers en rimes alternées.

La pendeloque-et-coda qui termine chaque strophe, de par son type de versification, sert à structurer le récit de manière audible, et à signaler la fin de chaque strophe, qu'elle résume le plus souvent. Elle peut aussi annoncer la suite des événements. Elle le fait parfois dans une tonalité différente de celle de la strophe, souvent plus ironique ou simplement amusée, tonalité qui se prête naturellement au rythme enlevé de ces vers courts (qui, dans d'autres poèmes, servent parfois de refrains). Ainsi, par exemple, aux v. 916-26, un lecteur ou auditeur qui aurait déjà lu/entendu le poème ne peut que sourire devant l'empressement de la maisonnée de Bertilak autour de Gawain et le caractère prophétique de leurs paroles : oui, ils entendront de sa bouche paroles courtoises et amoureuses, mais celles-ci coûteront beaucoup plus à Gawain qu'elles ne le devraient à quelqu'un d'aussi chevronné en la matière, et elles n'empêcheront pas pour autant le chevalier de décevoir ses hôtes ainsi que lui-même…

On voit donc bien la dextérité avec laquelle le poète fait usage des contraintes qui pesaient sur la composition de son poème, en raison de son inscription dans une tradition littéraire marquée par l'oralité. Voyons maintenant rapidement les autres caractéristiques majeures du roman en vers de langue anglaise, et la manière dont il joue avec les attentes de son public en la matière.

LA LITTÉRATURE MÉDIÉVALE À L'ÉPREUVE DU GENRE

Le romance, texte protéiforme

Ainsi que le rappelle Paul Strohm [1971 ; les lignes qui suivent résument son propos], il n'existait pas dans la littérature moyen-anglaise de mot précis pour caractériser le récit de fiction, *narratioun* étant apparu à la fin de la période seulement. Les auteurs usaient, pour classer les différents genres de textes, de termes qui les départageaient en récits inventés (*fable*) ou historiques (*storie*), en narrations privilégiant l'action (*geste*) ou inversement la réflexion (*treatise*), en histoires qui se terminaient bien (*comedie*) ou mal (*tragedie*). Le terme *romaunce* était bien utilisé, mais pas de manière systématique comme aujourd'hui : il qualifiait des histoires en langue romane (ou, plus tard, simplement d'origine romane), et était également employé pour différencier ce type d'histoire de la *legend*, ou *lyf*, laquelle racontait la vie de personnages ayant réellement existé (ou que l'on pensait avoir réellement existé), dans un but d'édification morale. Les divisions entre des catégories strictement définies et apparemment discrètes, romance, fabliau, ou encore *dream-vision* (terme récent qui n'existait pas en moyen-anglais), sont donc des inventions modernes, qui masquent sous leur apparente simplicité la grande richesse en matière de terminologie en moyen-anglais, et par là même "a potentially rich source of understanding of the form and purpose of the literary works themselves" [Strohm, 1971, 348]. Ainsi, mieux vaut considérer que, à l'époque médiévale, un texte de fiction (pour prendre un terme moderne qui n'aurait pas été employé à l'époque) est un écrit ne se présentant pas comme exclusivement de nature didactique (homélies et tout texte de nature scolastique, philosophique ou encyclopédique), et non destiné à être joué (cela pour exclure les mystères et autres moralités médiévaux). Il présente des caractéristiques qui peuvent dériver de l'une ou l'autre des catégories suivantes : la fable (inspirée de modèles latins et qui met des animaux en scène, le plus souvent) ou le conte ; la vie de saint (qui emprunte un grand nombre de ses caractéristiques au romance) ; le romance chevaleresque, et, enfin, le romance courtois.

Or, l'un des aspects les plus fascinants de *SGGK* tient au fait qu'il contient une mise en abyme de l'œuvre elle-même, ou en tout cas du genre dans lequel elle semble s'inscrire. En effet, il est dit, tout au début du poème, une fois le décor planté (la cour du roi Arthur), que le jeune roi a fait serment de ne jamais faire honneur au banquet du jour de l'An sans avoir auparavant entendu "some far-fetched yarn or outrageous fable,/ the tallest of tales, yet one ringing with truth,/ like the action-packed epics of men-at-arms" (v. 93-95). Manifestement, le goût d'Arthur le porte plutôt vers les chansons de geste que vers les histoires d'amour, ce qui ne surprend pas de la part d'un roi qui est également le chef d'une armée de guerriers et qui se doit de maintenir les valeurs qui assurent la cohésion du groupe. Dans le texte d'origine, le terme "aventurus" revient deux fois (v. 93 et 95). Il est glosé par PUTTER et STOKES [2014] comme signifiant "chance event, incident, generally of a dramatic and storyworthy kind". Ce n'est évidemment pas par hasard que le mot fait une première apparition ici et qu'il est répété deux fois en l'espace de trois vers (v. 27 et v. 29), dans un passage où le narrateur/ conteur explique à son auditoire qu'il va lui raconter une histoire extra-ordinaire remontant au règne du roi Arthur. Ce procédé est repris de façon similaire au début du film *The Green Knight* : à la manière d'un bateleur présentant un spectacle à un auditoire rassemblé sur une place publique, une voix féminine invite à découvrir un mythe à la fois familier et renouvelé autour du règne arthurien, centré sur une aventure mystique mais, comme le suggère la voix basse du début du prologue, peut-être plus intimiste que le romance médiéval. Dans *SGGK*, le goût pour les récits merveilleux du roi Arthur, personnage de fiction mais qui était présenté comme ayant réellement existé, rejoint celui de l'auditoire du poète et crée l'une des premières et nombreuses passerelles entre le monde arthurien et celui pour qui le poème a été composé. Mais, à la différence des lecteurs/auditeurs du *Gawain*-poet, le roi Arthur est sur le point de vivre le genre d'aventure qui lui plaît tant (et de découvrir que l'expérience n'est pas forcément aussi plaisante, lorsqu'on n'en connaît pas la fin à l'avance).

Le serment fait par Arthur de ne pas se mettre à table avant d'avoir été émerveillé contient une clause qui lui permet de substituer à l'écoute d'un romance le spectacle impromptu d'une joute entre l'un de ses preux et un guerrier (que l'on devine extérieur à Camelot) avide de mesurer sa valeur et surtout sa chance, "dared him, with a lance, to lay life on the line/ to stare death face-to-face and accept defeat/ should fortune or fate smile more favorably on his foe" (v. 96-199). (Le poète pourrait avoir été inspiré ici par Édouard III, qui était friand de ce genre de jeu [v. BENNETT *et al.*, 2018].) Si la traduction de Armitage prend certaines libertés avec le texte originel ici, elle a le mérite de faire ressortir le parallèle qui existait entre écouter un ménestrel raconter ce genre d'histoire et regarder deux hommes se battre en duel : dans les deux cas, nous sommes dans le registre du spectacle, ce qui est vu se confond avec ce qui est entendu. Or il existe, malgré les apparences, aussi peu de points communs entre un combat chorégraphié et les réalités du champ de bataille qu'entre une discussion polie entre gens de bonne composition et les dangers que recèle une conversation menée avec un interlocuteur qui ne respecterait pas les règles de la courtoisie, ce que le poème expose par la suite au travers des tribulations de son personnage principal.

Cette première mise en abyme permet au *Gawain*-poet de mettre l'accent sur ce qui, dans son poème, constitue une réflexion sur la fragilité d'un monde dans lequel apparence et réalité, respect des conventions sociales et vertus morales, finissent par se confondre : on pourrait donc le lire comme un *treatise*, à condition de prendre *treatise* ici moins comme une somme de préceptes établis que comme une réflexion philosophique qui s'élabore au fil du poème et qui met en place plusieurs niveaux de lecture ; un aspect du poème qui n'apparaît pas forcément d'emblée à des lecteurs et lectrices modernes habitués aux strictes divisions de genre – d'un côté les textes de fiction, de l'autre les essais ; des divisions reproduites au niveau du style, plus réaliste et plus créatif pour les uns, plus abstrait pour les autres (pour schématiser). Or ces dichotomies ne fonctionnent pas plus au niveau du style qu'au niveau de la structure et du genre des textes médiévaux. En effet, l'enseignement de la population laïque se faisait principalement au moyen d'histoires (*exempla*), que celles-ci soient tirées de la Bible ou créées de toutes pièces pour les besoins du pédagogue/poète/ménestrel (les auteurs médiévaux échappent tout autant aux catégorisations strictes que leurs textes). Et les clercs qui produisaient ces textes avaient tous bénéficié des mêmes formations en matière de rhétorique.

Formes prises par le récit en vers médiéval et place de *SGGK* parmi celles-ci

Le romance, pour ne pas tomber dans la catégorie du *lai* (un type court de romance avec lequel il partage une partie de ses thèmes et son aspect versifié), se doit de faire plus d'un millier de vers environ (certains romances versifiés anglais atteignent, voire dépassent, les dix mille vers). *SGGK*, avec ses quelque 2 500 vers, est un romance trop long pour être un *lai*, mais plus court que la plupart des romances anglais, sauf ceux qui, tels *Sir Tristrem* par exemple, sont probablement des versions très corrompues et raccourcies d'œuvres plus anciennes. L'une des particularités de *SGGK* est qu'il se concentre sur une aventure particulière et qu'il condense toutes les autres (à savoir celles qui lui arrivent au cours de son voyage à la Chapelle verte), d'où sa brièveté. Ainsi, là où dans un romance comme *Guy of Warwick*, par exemple, nous aurions droit aux détails des combats que Gawain doit livrer une fois qu'il quitte le royaume de Logres, il est simplement dit qu'il se bat avec de nombreux adversaires avant d'y arriver. Le poète semble d'ailleurs prendre un malin plaisir à jouer avec les attentes de son auditoire à ce sujet ; et certains critiques lisent *SGGK* comme un antiroman d'aventures, puisqu'on n'y trouve nulle part l'héroïsme attendu d'une histoire impliquant un guerrier qui, dans la légende arthurienne, est généralement regardé comme le parangon des vertus chevaleresques traditionnelles. En effet, lorsque l'on résume son comportement, rien chez Gawain ne donne vraiment envie de le prendre comme modèle : le jeune homme ne met aucun empressement à partir en quête de la Chapelle (et de son destin), il est rongé par le doute tout au long de son voyage, il se prélasse au lit et se gave de mets fins chez Bertilak, et doit s'y reprendre plusieurs fois avant de présenter sans frémir son cou au Chevalier vert – un héros bien peu héroïque selon les critères médiévaux, ce que Lowery adapte d'ailleurs efficacement dans *The Green Knight*. Mais le sens véritable du poème se trouve dans les détails, plus que dans la trame du récit : c'est là que l'on trouve ce qui, pour Arthur lui-même, constitue l'essence du récit d'aventures, à savoir la vérité cachée derrière l'artifice (v. 94).

SGGK : roman de chevalerie *et* roman courtois

SGGK, de par l'importance qu'il accorde à la représentation de la société de cour (de type royal et de type provincial) se pose d'emblée comme un romance courtois, mais il peut aussi, bien évidemment, être considéré comme un romance chevaleresque, puisque son personnage principal est un chevalier lancé dans une quête, même si celle-ci est d'un genre particulier. *SGGK* peut d'ailleurs se lire comme une réflexion sur la littérature courtoise et la littérature chevaleresque, en même temps qu'une étude parfois critique des mœurs courtoises, sans qu'il soit possible de formuler de conclusion définitive sur ce sujet-là, comme sur d'autres ; et c'est l'une des raisons pour lesquelles l'œuvre fascine autant aujourd'hui. L'une de ses particularités tient à la manière dont le poète inscrit son texte dans une tradition littéraire spécifique tout en jouant avec ses codes et ses attendus, tant sur le plan formel que sur celui des idées, comme nous allons le voir maintenant.

SGGK, *THE GREEN KNIGHT* ET L'*ETHOS* CHEVALERESQUE

ÊTRE OU NE PAS ÊTRE CHEVALIER

L'aventure comme réalisation de soi dans *SGGK*, ou la progression impossible

Ainsi qu'il a été dit plus haut, l'aventure, au sens médiéval du terme, n'est rien de plus qu'un incident, assez important pour mettre en danger la vie de la personne à qui l'aventure *arrive*. Elle constitue donc un moyen pour les chevaliers de prouver leur valeur autrement que sur le champ de bataille (sujet des chansons de geste, plutôt que des romances) ou dans les tournois (si le tournoi figure très souvent dans les aventures des chevaliers, il n'est généralement pas le moteur principal de celles-ci, mais plutôt un composant). C'est la raison pour laquelle les chevaliers dignes de ce nom *partent à* l'aventure, quand elle ne vient pas à eux. Or certains romances se focalisent sur une aventure du héros en particulier (comme c'est le cas pour *SGGK*), tandis que d'autres, de manière plus courante (tout au moins dans la littérature médiévale anglaise) racontent l'histoire du personnage principal depuis son enfance jusqu'à son établissement en tant que pilier de la société : c'est le cas pour *Bevis of Hamtoune*, *Havelok the Dane*, *Guy of Warwick, Ipomedon*… De tels romances sont en général beaucoup plus longs que *SGGK*, évidemment. Leur trame épouse celle que Brewer nomme "traditional narrative" ou encore "family drama", sur laquelle un certain nombre de récits mythologiques de même qu'une bonne partie de contes populaires sont construits :

> A very large number of traditional stories, though by no means all, are centred on the basic human experience of growing up. This has always been seen to be of exceptional interest and complexity. It may be said we never finally complete it. Throughout our lives we find ourselves on particular occasions feeling as if we were children again, and there are probably aspects in all our personalities which never completely mature [Brewer, 1988, 7].

Or, la fascination exercée par de tels récits, jusqu'aujourd'hui, tient au fait qu'ils relatent une expérience universelle :

> Each one of us, in growing up, has to cast off the shell which once defended us but is now oppressive, and go forth alone, on our own. Either we must find an adequate self-sufficiency, which in the past has usually been achieved through religion, or, more usually, we must find our peer, our equal in status, with whom we can live in terms of freedom yet stable relationship. [*Ibid.*]

La plupart des récits chevaleresques se terminent donc par un mariage, qui vient conclure les aventures du héros, lesquelles n'auront eu d'autre objet que de lui permettre de se réaliser en tant qu'individu et de manifester son indépendance, sa capacité à survivre sans l'aide de ses parents ou de la communauté qui l'a formé. C'est pourquoi de nombreux récits médiévaux se passent en partie dans des espaces présentés comme sauvages. Le mariage du héros est le signe qu'il a accompli sa transformation, c'est-à-dire son passage à l'âge adulte.

Ce que décrit Brewer correspond aussi bien aux intrigues des romances cités plus haut qu'à celles des romans de *fantasy* d'aujourd'hui. *SGGK* et *The Green Knight*, en revanche, ne s'inscrivent que partiellement dans cette tradition narrative. *SGGK* se démarque de celle-ci principalement dans la mesure où son personnage, bien qu'ayant relevé haut la main, selon ses pairs, les défis qui lui ont été proposés lors de son aventure, ne réussit pas à faire correspondre l'image qu'il a de lui-même, à la fin du romance, et celle que sa communauté a de lui. Les raisons de son mal-être seront exposées plus en détail dans la section suivante (v. *SGGK* et la tradition courtoise), mais, pour le moment, contentons-nous de dire que Gawain échoue dans sa quête, à ses propres yeux, parce qu'il est prisonnier de l'image qu'il a de lui-même, qui est celle d'un chevalier parfait en tous points, ce qui par définition rend impossible toute idée de développement ou de progression. *The Green Knight*, en revanche, inscrit de manière évidente, fléchée même, l'histoire de son protagoniste dans la tradition décrite par Brewer, mais pour mieux s'en détourner (et rejoindre par là même son matériau-source), puisqu'il fait de l'histoire de Gawain le récit d'un passage difficile, et en partie manqué, à la maturité.

The Green Knight : apparences et illusions chevaleresques

Dans le prolongement de *SGGK*, le film de David Lowery pose la question de la nature chevaleresque à travers la figure spécifique de Gawain, qui n'apparaît pas comme l'un des meilleurs chevaliers du monde – comme il l'est parfois dans la tradition médiévale et dans quelques réécritures ultérieures –, mais comme un chevalier en devenir. Or, tout au long du récit, ce statut chevaleresque constitue une promesse toujours repoussée, à laquelle Gawain tente d'accéder, mais sans véritablement s'en donner la peine. De façon éloquente, le titre tronqué choisi pour le film pose justement la question du statut du héros : il n'est plus le "Sir Gawain" du titre attribué au romance médiéval, et il n'est d'ailleurs plus – du tout. Tout le déroulement de l'adaptation consiste à reconstruire, lentement, parfois douloureusement, cette identité chevaleresque.

Il faut dire que *The Green Knight* s'inscrit déjà dans une logique ambivalente vis-à-vis de la notion de chevalerie. S'il s'agit bien d'une production médiévaliste, il est possible d'interroger le fait qu'elle appartienne, ou non, au sous-genre cinématographique des "films de chevalerie", qui inclut notamment des productions arthuriennes comme le classique *Knights of the Round Table* (1953) de Richard Thorpe, et des films liés aux croisades, sur le modèle de *Kingdom of Heaven* (2005) de Ridley Scott. Car si *The Green Knight* s'inscrit bien dans la lignée des (nombreux) films arthuriens [Breton, 2019], il n'adopte pas les codes traditionnels, ou réplicateurs, qui permettent d'identifier le récit de chevaliers : "Ce sont des éléments premiers, en nombre limité mais irréductibles, constants dans la structure, quoique variables dans le détail : l'armure, la muraille crénelée, la croix, l'épée et l'arc, l'ogive et la voûte, le pignon, la flèche et le hennin" [Chandès, 2010, 169].

Les éléments d'architecture et de costume, notamment, sont en partie modifiés et renvoient à d'autres interprétations de la période médiévale.

L'on retrouve toutefois davantage de réplicateurs sonores : "bruits d'épée, cloche, marteau du forgeron, animaux et sonorités naturelles" [Torres, 2020, 31], tout particulièrement dans le prologue donnant à voir le progressif incendie de la maison, pendant que Gawain sommeille encore (1-2 min). Le Moyen Âge est convoqué, mais la chevalerie elle-même n'apparaît pas dans ses marqueurs traditionnels. D'ailleurs, le film ne met jamais en scène de duel à l'épée ni de chevauchée armée, comme l'on en trouve habituellement dans les films de chevaliers : "Not a single clash of steel occurs within the film's two-hour and 10-minute duration" [Aronstein et Drummond, 2021, 90]. Lowery fait appel à un médiévalisme différent, qui ne repose pas sur des codes de chevalerie évidents, et qui se révèle souvent plus subtil.

S'il ne s'agit pas d'un film de chevalerie à proprement parler, c'est d'abord que le protagoniste lui-même n'est pas un chevalier. Il s'évertue d'ailleurs à le rappeler à plusieurs reprises, et ce dès la première séquence qui le met en scène, à peine éveillé et courant après Essel, tandis qu'il est apostrophé par différents personnages féminins :

> Woman: You a knight yet ?
>
> Gawain: What ?
>
> Woman: You a *knight* yet ?
>
> Gawain: Not yet.
>
> Woman: Better hurry up!
>
> Gawain: I've got time *[drinks]*. I've got lots of time. (3 min)

Gawain semble simultanément se projeter dans un avenir chevaleresque et le repousser au loin, dans un futur imprécis et qu'il n'est pas impatient de rejoindre. Il doit devenir chevalier, mais ne paraît pas le souhaiter. Il s'oppose d'ailleurs aux propos des brigands, qui s'amusent de le voir partir dans une "knightly quest", et il précise, comme pour se défendre : "I'm not a knight! […] I never said that. *You* said that. I never said I was a knight" (47 min). Une grande part de l'ambiguïté de Gawain apparaît ici : il revendique le fait de n'être pas chevalier, mais ne corrige pas toujours ses interlocuteurs lorsqu'ils le considèrent comme tel. Il profite du prestige que confère ce statut, sans œuvrer pour en être digne. Il bénéficie d'une partie de l'acclamation de la cour et du peuple après sa première rencontre avec le Chevalier vert, et est accompagné par les encouragements des enfants lorsqu'il quitte le château (36 min). Quand la situation est calme, ou à son avantage, il semble agir en chevalier. Certes, le pillard suggère, à propos de Gawain : "[he] looks like a knight" et "smells like a knight" (47 min), mais ce dernier n'est pas un chevalier pour autant.

La mise en scène insiste d'ailleurs bien sur le fait que le héros n'en est pas un, et qu'il peine à accéder au titre de chevalier. Lors de ses échanges à la Table ronde, il est invité à se placer à l'écart, certes à l'emplacement privilégié aux côtés du roi, mais également à distance des chevaliers, dont il ne fait pas encore partie (8-9 min). Contrairement aux autres, lui n'a pas (encore) de récit d'aventures à conter, et son identité à la cour se définit par la négative. Il ne semble d'ailleurs posséder aucune des caractéristiques que les autres personnages (et le spectateur) attendent d'un chevalier. Il ne montre pas de retenue ni de sobriété, restant boire la plupart des nuits à la taverne (27 min) et n'hésitant pas à attaquer un autre homme, pour des propos concernant sa mère qu'il juge inappropriés (28 min). Gawain ne fait pas non plus preuve de largesse, refusant de payer le pillard pour les renseignements apportés, puis lui accordant péniblement une simple pièce (44-45 min).

Sa rencontre avec la jeune femme décapitée, image de Sainte Winifred, attire l'attention du spectateur sur l'attitude profondément déplacée de ce héros, qui n'a de chevaleresque que l'apparence : "She is continually puzzled by this knight who does not behave knightly at all" [KAMČEVSKI, 2023, 4]. Elle s'étonne qu'il ait pénétré chez elle, qui plus est dans son lit, violant de fait son intimité (57 min), puis qu'il cherche à la toucher, une nouvelle fois sans son consentement (58 min). Le film adopte une mise en scène fantastique, qui fait hésiter Gawain, comme le spectateur, quant à la nature de Winifred : est-elle réelle ? Est-elle une apparition ? Son mouvement de recul face au geste de Gawain empêche toute vérification, et entretient ainsi l'atmosphère de doute. Elle fonde sa réaction sur l'attitude attendue de la part d'un chevalier : "Do not touch me. A knight should know better" (58 min). Gawain refuse de se laisser porter par le mystère qui entoure l'ensemble de ses aventures, se rattachant à des éléments concrets et terrestres, mais qui l'empêchent de s'élever dans sa quête. Il apparaît d'abord comme un personnage superficiel, voire matérialiste, qui manque de profondeur psychologique et spirituelle : à Essel qui lui demande son amour, il promet de l'or ;

au pillard qui lui indique la route, il refuse d'abord une compensation sonnante et trébuchante ; à Winifred qui lui demande de retrouver sa tête décapitée au fond du lac, il réclame une récompense. "Gawain operates in an almost mercantile framework" [KAMČEVSKI, 2023, 4]. Il ne parvient donc pas à adopter une attitude dite chevaleresque.

The Green Knight : mériter le statut de chevalier

Gawain se montre étranger aux enjeux de l'amour, alors même que la dame en fait une caractéristique définitoire du chevalier : "Surely a knight knows something of love", ce à quoi le héros répond de façon laconique "I don't" (1 h 22). En effet, il n'a pas connu l'amour – seulement la sexualité, et encore, de façon incomplète – et n'est pas chevalier ; et l'on serait tenté de transformer la conjonction de coordination pour préciser qu'il n'a pas connu l'amour, *donc* il n'est pas chevalier. Le film invite en tout cas à effectuer ce rapprochement logique, d'autant qu'il s'appuie fortement sur la notion de romance du texte-source. C'est ainsi la dame, incarnation de la tentation, qui souligne le plus nettement que Gawain n'est pas prêt à être chevalier car, au-delà des seules questions d'adoubement, son attitude ne respecte pas les valeurs associées à cette fonction. Il cède à ses avances en acceptant un baiser, puis en la laissant le masturber dans son lit, avant de recevoir sa sentence : "You are no knight" (1 h 33). Il n'accède pas au statut de chevalier par ses actes, par les valeurs qu'il incarne, ni par le discours des autres personnages. En ce sens, le film va plus loin que le romance médiéval : "Gawain's identity is at stake, he is insecure, and here his insecurity about identity is even more emphasized. He is no longer just concerned on what makes a perfect knight but what makes a knight in the first place" [*Ibid.*, 10]. Bien loin de s'interroger sur ce qui caractériserait le meilleur chevalier de la cour arthurienne (v. La littérature arthurienne française et anglo-normande), il tente simplement d'être *un* chevalier, mais ne s'engage pas activement dans ce processus. Tout au long du film, il demeure largement passif, devenant objet des aventures (comme lors de l'attaque des bandits ou de la séduction de la dame), ou simple témoin (comme face aux géants qu'il croise).

Gawain affiche pourtant une certaine conscience, presque hautaine, de son statut, nimbée d'une sorte d'imprécision. S'il n'est pas chevalier, il semble toutefois persuadé de sa supériorité, comme le laissent à penser ses interactions avec son amante. Ses réponses sont parfois fuyantes : "Essel reveals her dreams of Gawain making her his queen. However, Gawain gives a very inarticulate response, practically without any meaning. He does not himself see as anybody important, let alone a king, and thus cannot even begin to imagine what he could do with Essel" [*Ibid.*, 4]. Ce dialogue, marqué par les réponses poignantes d'Essel (38-39 min), pourrait alors être interprété comme un signe de faiblesse et de dévalorisation personnelle de la part Gawain, qui peine à se construire en tant que chevalier, et qui peine par conséquent à envisager un avenir adéquat. Mais une autre interprétation est possible, reposant justement sur cette question du statut de chevalier. Si le héros rappelle qu'il n'est "pas encore" adoubé, sa présence privilégiée à la cour, et la formulation de ses propos comme de ceux de son entourage (le roi, la reine, les femmes qu'il croise au début du film) montrent bien qu'il ne s'agit que d'une situation temporaire : Gawain sera chevalier, tôt ou tard, et la suite du film en fait même, le temps d'une séquence proleptique (*flashforward*) peut-être rêvée, le souverain à la suite de son oncle. Il appartient donc à la noblesse, et même à une classe particulièrement élevée de la société médiévale.

À l'inverse, la jeune femme avec laquelle il passe ses nuits possède une condition bien plus humble. Essel apparaît aux côtés de Gawain dans un lieu indéfini et sombre, partiellement souterrain, où de nombreuses femmes vivent ensemble. L'amante du (futur) chevalier a par ailleurs les cheveux très courts, et ses vêtements incluent des grelots (elle en offre d'ailleurs un à Gawain en gage d'amour) ; cette tenue ornementée et sonore est particulièrement visible dans la séquence proleptique où Gawain la retrouve, plus âgée (1 h 59). Or, tous ces éléments révèlent son statut de prostituée. Et, si ce n'était pas suffisamment visible, Gawain lui jette une pièce après leur nuit passée ensemble (3 min), même si Essel ne s'en saisit pas. Cet important décalage de statut invite à considérer autrement l'hésitation du héros, lorsque la jeune femme lui parle d'un avenir commun : futur chevalier et possible héritier du trône – le film ne mettant en scène aucun descendant direct du roi –, Gawain ne peut épouser une prostituée, qui ne représente donc qu'un divertissement temporaire pour le jeune homme. Ce constat de classe, particulièrement amer pour Essel, est d'ailleurs mis en scène lorsque Gawain envisage tout le déroulé de sa vie et qu'il abandonne la jeune femme après son accouchement (1 h 54-1 h 55). Il sera probablement chevalier, mais il ne sera pas l'époux d'Essel ni le père de ses enfants.

Dans *The Green Knight*, l'identité de Gawain se définit en creux, se construisant à partir de ce qu'il n'est pas – ou pas encore – plutôt que sur ce qu'il est [Breton, 2023a, 4]. Ce n'est d'ailleurs que dans sa vision proleptique, où il envisage le reste de sa vie, qu'il est finalement adoubé par le roi mourant (1 h 52). Ce passage demeure limité à son esprit, et le retour narratif à la scène finale de confrontation entre Gawain et le Chevalier vert en annule toute la portée : le héros ne devient jamais véritablement chevalier, mais son acceptation du sacrifice finit par le rendre digne de ce statut. C'est ce qu'indique la réplique finale du Chevalier vert, figure d'opposant qui devient ici une présence réconfortante pour le protagoniste, et qui lui déclare : "Well done, my brave knight" (2 h 03). Bien que considéré comme une évidence par la plupart des personnages, ce statut chevaleresque doit être mérité : on y parvient non en prenant les armes, mais en faisant preuve d'abnégation.

LE TEMPS DE L'AVENTURE

The Green Knight : Aiôn et temps cyclique

Le défi proposé par le Chevalier vert, qui s'étend d'une année sur l'autre, et le montage elliptique de David Lowery, à la fois réalisateur et monteur du film, forment une chronologie apparemment linéaire : Gawain évolue et mûrit au cours de sa quête, révélant de nouvelles compétences et comprenant peu à peu les véritables enjeux du statut de chevalier – même si nous sommes fortement invités à nous interroger sur cette progression réelle du protagoniste, et sur son éventuelle capacité à s'améliorer. Cependant, aux côtés de ce déroulement linéaire traditionnel, *The Green Knight* s'appuie sur l'idée d'une construction circulaire de la temporalité (en partie inspirée de celle du poème dans lequel le temps est structuré par le passage des saisons, ainsi que par les fêtes religieuses), qui sous-tend une réflexion sur le non-sens que constitue la tentative que fait Gawain, être par essence faillible et soumis au temps et à la mutabilité, pour incarner un idéal immuable par définition (v. Le paradoxe de la construction médiévale du soi dans *SGGK* et La faute de Gawain). Dans *The Green Knight*, le héros se trouve enfermé dans un éternel recommencement, piétinant largement avant de parvenir à trouver une issue à sa quête. D'ailleurs, tandis que la progression traditionnelle des personnages de cinéma les fait se déplacer de gauche à droite de l'écran, suivant le sens occidental de lecture de l'image – identique au mouvement de lecture d'un texte, de gauche à droite et de haut en bas –, tout le premier chapitre montre Gawain se déplaçant de la droite à la gauche de l'image, et sortant même du sous-sol d'un bordel pour monter les escaliers jusque chez sa mère, dans un mouvement ascendant [Breton, 2023b, 3-4]. Il semble aller à rebours du cours normal du temps et de la progression narrative, refusant d'avancer en même temps que le monde autour de lui. Ce choix de mise en scène n'est pas sans rappeler une autre adaptation cinématographique de la légende arthurienne : le film français *Lancelot du Lac* (1974), de Robert Bresson, adopte une logique qui se construit ponctuellement à rebours, pour signifier moins un retour en arrière qu'un effet de fixité des personnages : "The circularity of the film [...] is a kind of denial of temporal progression and puts the action into a ritualised, symbolic realm, the end of which is sealed right at the beginning" [Pruitt, s.d.]. Une dynamique similaire de piétinement apparaît à travers le parcours de Gawain, qui n'avance véritablement que lorsqu'il accepte, et surtout qu'il comprend, le jeu proposé par le Chevalier vert.

De fait, Gawain crée lui-même un effet de boucle temporelle, qui se répercute sur toute la structure du film. La longue séquence proleptique de la fin du film le projette dans son avenir, ou du moins dans l'un de ses avenirs possibles, depuis son refus du défi du Chevalier vert (1 h 47) jusqu'à l'acceptation de sa mort, une fois âgé et ayant tout perdu (2 h 02). Ce qui paraît constituer une fin est alors brouillé par la reprise de la narration : le film revient en une seconde à la confrontation du héros et du Chevalier vert dans la Chapelle, tirant un trait sur toute la séquence proleptique pour revenir à ce qui apparaît comme le présent de la narration. Le temps se boucle, et le fait que Gawain choisisse finalement d'ôter sa protection magique et d'accepter la mort suggère un autre déroulement possible, et ainsi une autre ligne temporelle. Le film revient sur lui-même pour proposer une autre voie, qui ne peut toutefois exister qu'une fois que le protagoniste a compris, face au récit de sa vie à venir, les enjeux de sa présence dans la Chapelle verte. La séquence n'est pas véritablement effacée ; si elle appartient à la fiction au sein même de la diégèse, elle est toutefois vécue par le protagoniste et a un retentissement sur ses choix, si bien qu'elle engendre d'autres possibilités. Le réalisateur s'empare ici d'une matière linéaire, finement tirée de *SGGK*, pour la présenter sous des formes circulaires, voire volontairement détournées ; Kevin J. HARTY emploie justement l'adjectif "convoluted" pour décrire ce processus, traduisant l'idée de tours que le récit effectue sur lui-même [2022, 30].

The Green Knight construit ainsi un récit méta-narratif et autocentré qui, dans son déroulement, renvoie à sa propre démarche de répétition du romance médiéval. En adaptant cette œuvre, le film de Lowery procède au même principe de répétition altérée, qui donne à voir *une* version des aventures de Gawain, *une* possibilité narrative :

> The entire movie relies on a repetitive structure, echoing the very process of adaptation of *Sir Gawain and the Green Knight*. It is a story that has been known for several centuries, but transposed here into a new format, according to the principle of "*nove sed non nova*": the nature of the story remains the same, but the way it is developed varies, offering aesthetics and media renewal from a pre-established narrative base. [BRETON, 2023b, 4]

L'interprétation de Lowery est ainsi à la fois un récit "forever set in heart, in stone" (0 min), et "a new tale" (0 min), comme l'annonce le prologue. Le film met en scène, de façon détournée, sa propre démarche artistique et narrative, où la répétition est essentielle, mais où elle n'est jamais exacte.

La photographie de *The Green Knight* est également mise au service de cette esthétique du temps cyclique, en intégrant notamment un grand nombre de motifs qui entretiennent l'idée d'une circularité omniprésente. Certes, la Table ronde elle-même, occupant tout le hall du château, annonce déjà ce jeu esthétique, mais ce dernier est démultiplié presque à l'infini dans le film de Lowery, avec les couronnes royales (8 min), ou encore le sceau de cire qui cachette la lettre du Chevalier vert (14 min). Si d'autres formes géométriques abondent dans le premier tiers du film, notamment les triangles et les pentacles, ce sont les cercles qui marquent le plus nettement l'écran :

> Several shots are constructed in vertical high-angles and show round shapes from above, occupying most of the frame: the inkwell, bowls and plates used by Gawain's mother for her

ritual (13 min), the Round Table illuminated and stained in its centre by the blood of the Green Knight (24 min), Gawain's shield with the effigy of the Virgin Mary just before it is broken by the bandits (48 min), etc. [*Ibid.*, 7]

Le disque de décor qui accompagne les représentations de marionnettes accentue encore cette impression, surplombant le protagoniste et le prenant dans un cycle infini (25 min). Ces motifs circulaires sont particulièrement visibles dans les premiers chapitres du film, et sont ensuite modifiés et détournés pour prendre des formes analogues, mais souvent plus discrètes. L'échange de pièces de monnaie entre Gawain et les personnages d'Essel et du pillard entretient cette impression de circularité, de même que le grelot offert par la jeune femme, puis dérobé par la dame, et que la ceinture verte qui entoure le corps de Gawain. La circularité évolue, mais demeure à l'écran, et, surtout, ne semble jamais quitter le héros lui-même. Il est pris dans ce motif, enserré dans des formes qui ne lui permettent pas de progresser, mais le contraignent à (se) répéter sans cesse.

Ces questions de circularité et de cyclicité sont essentielles dans la structure de *SGGK*, et David Lowery s'en empare habilement dans son film. Outre la répétition des défis et des tentations, la symbolique du jeu de Noël et du mystérieux cavalier peut être rattachée à une logique périodique, donc sans cesse renouvelée. En effet, dans la littérature médiévale, le personnage du Chevalier vert a parfois été interprété comme une divinité liée au printemps, qui meurt pour toujours reparaître [Weston, 1957, 34-64 ; Speirs, 1957, 215-251], même si cette lecture est largement remise en question (v. Aux origines du Chevalier vert). Ce motif cyclique de la nature, atténuant la portée de la mort en devenant source d'un éternel renouveau, est régulièrement présent dans la culture populaire, et trouve notamment sa place dans certaines adaptations de la légende arthurienne : c'est ainsi que le film *Excalibur* (1981) de John Boorman mêle la figure d'Arthur à celle du Roi Pêcheur, faisant de sa déchéance un temps de ruine pour son royaume, et de sa reprise de pouvoir une *reverdie*. Dans *The Green Knight*, de même, les saisons alternent sans interruption et nourrissent le déroulement de l'intrigue. Il ne s'agit en effet pas que d'un décor temporel, comme pourrait le laisser penser la représentation des saisons sur le disque qui habille le spectacle de marionnettes dont Gawain est le sujet. Si l'année passée par le héros n'apparaît que sous une forme elliptique, c'est le retour des flocons de neige, donc de l'hiver, qui le rappelle à sa quête. Le temps décide du parcours du protagoniste, qui se laisse en grande partie porter par le cours des événements, plus qu'il n'intervient lui-même.

Cette logique de répétition s'appuie sur un imaginaire du temps cyclique, selon le principe grec de l'Aiôn, une conception circulaire du temps – à distinguer du Chronos, le temps linéaire, et du Kaïros, le temps métaphysique de l'opportunité [BRETON, 2023b, 7]. Conçu selon le concept de l'Aiôn, le temps vécu par Gawain (et, de façon intéressante, par le spectateur également) est certes toujours en mouvement, mais aussi toujours répété. Le temps se précipite, sans adopter une fuite vers l'avant (*tempus fugit*) : au contraire, la fuite ici est un éternel recommencement, auquel le protagoniste ne peut échapper. Il a beau se comporter en héros en posant pour son portrait et en célébrant ses exploits à la taverne, il ne peut qu'être rattrapé par la date-butoir établie par le Chevalier vert, qui revient en même temps que l'hiver et les célébrations de Noël. Par conséquent, cette conception possède une importante dimension fataliste :

> No matter how many cycles it takes, Gawain seems doomed to play out his part; story-cycles care not for how we want them to end. No matter how anti-climactic, no matter how they *should* end, we simply finish when they do. In answer to Gawain's final despairing question, this *is* all there is. But the story remains, poised, as the film makes clear in its post-credit coda, to begin another cycle [ARONSTEIN et DRUMMOND, 2021, 91].

Gawain ne peut véritablement briser le cycle ainsi instauré : même son acceptation finale et l'approbation du Chevalier vert sont partiellement remises en question par la scène post-générique, qui pose la question du prolongement de l'intrigue et d'un possible renouveau du pouvoir royal, incarné par la très jeune fille du héros.

Néanmoins, en comportant de façon intrinsèque l'idée d'éternel recommencement, l'Aiôn, tel qu'il est mis en scène dans le film de Lowery, offre nécessairement de nouvelles possibilités. Le temps étant construit comme une boucle, manquer une opportunité n'est qu'un retard temporaire, jamais définitif. Lorsque Gawain échoue dans son épreuve de bonté et de générosité face au pillard, il peut ensuite s'améliorer grâce à la rencontre de Winifred, où il dispose d'une seconde chance ; lorsqu'il refuse le coup de hache du Chevalier vert dans la Chapelle, il peut ensuite de nouveau faire la preuve de son courage, après avoir assisté au déroulement de sa vie ; même sa décapitation, dans la séquence proleptique, ne marque pas la fin du pouvoir royal, puisque la coda qui suit le générique donne à voir une succession possible. La logique du temps cyclique repose sur une forte ambivalence : elle consiste à la fois en un enfermement (diégétique, symbolique et prophétique) et en des opportunités sans cesse renouvelées. De même, le film *The Green Knight* répète un récit et des motifs connus, voire attendus, mais en renouvelle également l'intérêt et la pertinence.

The Green Knight : prolepse et variantes de récits

D'un point de vue narratologique, la prolepse est une anticipation du récit qui se tourne vers un avenir plus ou moins proche, avant de revenir à sa temporalité traditionnelle. Le lecteur est ainsi invité à voir la suite – ou, nous le verrons, *une* suite – pour les protagonistes, leur cadre de vie ou la société de façon plus large. La prolepse permet d'anticiper la construction narrative et de créer des effets d'attente, tout en en brisant d'autres : si l'on sait que le personnage, plus âgé, sera sacré roi, alors les inquiétudes quant à son sort présent ne sont que minimes, puisque son avenir semble déjà tout tracé. Il s'agit d'une figure de style inverse de l'analepse, qui propose un retour en arrière, généralement afin d'éclairer les motivations des personnages, et qui permet de même d'établir un récit à la structure fragmentée et non linéaire. Ces effets de prolepse apparaissent ponctuellement dans *SGGK*, notamment dans les commentaires du narrateur à la fin de certains *fitts* ; mais ils n'y ont qu'un rôle réduit, relatif à l'inscription du poème dans une tradition orale (v. L'influence de la tradition orale sur la structure de *SGGK*), plutôt qu'une fonction sur le plan narratif.

Un usage plus soutenu en est toutefois fait dans *The Green Knight*, où David Lowery met en scène deux prolepses plus ou moins longues qui contribuent à précipiter l'action de Gawain. D'un point de vue cinématographique, les mêmes effets peuvent être employés dans la construction du récit filmique, ici en associant la narration textuelle aux images, aux mouvements de caméra, à l'alternance des plans et aux jeux sur les sonorités et la musique. La prolepse est alors appelée "*flash-forward*", et l'analepse, absente dans le film de Lowery, est un "*flashback*". *The Green Knight* emploie deux séquences proleptiques, ou deux *flashforwards*, qui donnent un avant-goût de la suite du récit avant de revenir à leur point de départ. Toutes deux effacent au maximum les dialogues et les répliques des protagonistes, pour privilégier la musique et les sons naturels : dans l'audio, la présence humaine s'efface, symptôme de l'effacement plus global de Gawain dans ces séquences. C'est justement parce qu'il demeure passif, là où il lui faudrait agir, que les prolepses prennent le pas sur la narration, donnant à voir au héros comme au spectateur ce qu'il adviendra (ou ce qu'il adviendrait) si Gawain n'agit pas.

La première séquence a lieu dans la forêt, peu après le départ de Camelot, lorsque le protagoniste fait face au pillard et aux brigands qui le ligotent et qui s'emparent de son cheval et de son équipement (v. Symbolique du vert dans *The Green Knight*). Le passage du temps est ici précipité et signifié par le mouvement de rotation de la caméra, qui effectue un tour complet sur elle-même avant de revenir sur l'image de Gawain, toujours ligoté dans la forêt, mais désormais décomposé, n'apparaissant plus que sous les traits d'un squelette (50-52 min). Le mouvement circulaire et l'altération du paysage forestier retracent le passage des saisons et illustrent de fait, en accéléré, ce qu'il advient de Gawain s'il reste ainsi piégé et seul. L'absence de sonorités humaines et de paroles prend une connotation négative : elle implique l'absence d'aide extérieure et l'abandon du héros à son sort macabre. Le mouvement inverse effectué ensuite par la caméra permet alors de remonter le temps, moins pour revenir au point de départ de la prolepse que pour en effacer entièrement le déroulement. En effet, en revenant en arrière, l'image retourne à Gawain ligoté mais bien vivant, qui, cette fois, décide d'agir pour se libérer. Parce qu'il parvient à couper ses liens et à recouvrer sa liberté, son avenir le présentant mort au pied d'un arbre n'advient jamais. De fait, le passage à l'action de Gawain nie la prolepse, qui ne devient plus qu'un avertissement pour le héros. Mais sa présence dans le récit filmique n'est pas inutile pour autant : c'est parce qu'il voit, de façon très littérale car mise en scène ici, sa mort dans la forêt, qu'il décide d'agir, là où, au contraire, toute la séquence précédente met en évidence sa passivité née du désespoir – et, sûrement, d'une forme de lâcheté. En donnant à voir *un avenir possible*, mais qui n'est pas idéal, la prolepse précipite une prise de décision différente de la part de Gawain. Cet usage du *flashforward* se rapproche ainsi d'écarts uchroniques, où le réalisateur met en scène une autre réalité, certes brève et finalement niée, mais qui demeure possible, à un point précis dans le temps.

Le même principe est employé plus tard dans le film, à ceci près que la seconde prolepse est si longue qu'elle prend temporairement l'apparence de la suite réelle du récit filmique. Dans la Chapelle verte, Gawain recule de peur sous la hache du Chevalier et s'écrie : "No! No. I'm sorry. I cannot. I'm sorry" (1 h 47), avant de s'enfuir à toutes jambes, se retournant régulièrement pour s'assurer que son adversaire ne le suit pas. Ce refus du protagoniste marque un point de bascule dans le récit, ouvrant le dernier chapitre du film de Lowery, où le protagoniste semble reprendre le cours de sa vie, après son échec à la Chapelle verte. Toutefois, le spectateur n'est pas réellement informé de cette alternative proleptique, lors de son premier visionnage ; seuls des indices, sonores mais aussi visuels, viennent mettre en doute la réalité de la séquence qui s'amorce alors. L'accompagnement musical laisse entendre une voix féminine (1 h 47-1 h 48), puis, après le titre, une chanson folk (1 h 48-1 h 51), et, enfin, une dernière chanson associant des chœurs et des cordes de plus en plus forts (1 h 51-2 h 02), là où les voix intradiégétiques sont lointaines ou étouffées. Il est à noter que les titres des chansons et des arrangements musicaux n'apparaissent pas au générique, qui indique simplement que l'ensemble de la musique est composé et arrangé par Daniel Hart, avec les détails des interprètes, musiciens, enregistreurs et éditeurs. Au début de ce montage elliptique retraçant une vie possible de Gawain, les bords de l'image sont légèrement floutés, formant un effet nébuleux qui se dissipe progressivement.

La séquence constitue un montage, forme elliptique qui résume l'existence du personnage à quelques scènes considérées comme marquantes ou décisives ; cette technique cinématographique permet de rendre des récits longs ou répétitifs plus dynamiques – pensons à tous les montages, issus de films différents, mettant en scène des entraînements sportifs accélérés, des transformations ou des recherches intellectuelles, qui présentent peu d'action et sont donc généralement résumées ainsi. Dans *The Green Knight*, les indices du caractère illusoire de la séquence s'atténuent après ces premiers effets discrets, et la révélation n'a lieu qu'une fois la vie possible du héros déroulée jusqu'à sa conclusion, et son acceptation finale de la mort (2 h 02). La rupture est alors nette : la musique s'achève et est remplacée par de discrets chants d'oiseaux, le montage coupe sur un gros plan de Gawain, jeune, encore agenouillé devant le Chevalier vert, et les teintes vert-de-gris caractéristiques de la séquence proleptique sont remplacées par l'association du vert et de l'ocre (2 h 03) (v. La combinaison du vert et du jaune). Les effets visuels et sonores accentuent la rupture, permettent à l'aboutissement véritable de la quête du héros, qui ôte sa ceinture et accepte son sort. Encore une fois, la prolepse devient une autre réalité possible, un aperçu de ce que serait la vie (et la mort) de Gawain s'il échoue dans la Chapelle verte. La prolepse apporte un éclairage supplémentaire pour le protagoniste, qui comprend alors les enjeux de sa quête, et en accepte les conséquences.

LE MERVEILLEUX

Rôle et définition du merveilleux médiéval

Le merveilleux tel qu'il apparaît dans la littérature médiévale est fonction à la fois des croyances de la période en la matière, et du rôle qui lui est donné dans les romances : moteur de l'action, ou simple ornement.

Pour ce qui est des croyances médiévales en matière de merveilleux, le plus simple est de partir de la dichotomie entre *mirabilia* (ce que nous appellerions aujourd'hui les choses surnaturelles, sachant que le terme *surnaturel* et son équivalent anglais, *supernatural*, ne sont pas employés, à la période qui nous occupe, dans le sens actuel) et *miracula*, selon la distinction établie par Gervais de Tilbury au début du XIIIe siècle : pour ce dernier, les uns comme les autres suscitent “l'émerveillement” (lat. *admiratio*), mais, autant les seconds sont faciles à expliquer car ils “consistent en la suspension de l'ordre de la nature” par le Créateur, autant les premiers échappent à la compréhension de l'homme et sont donc de nature à éveiller sa *curiositas*, qui, pour Gervais, s'entend comme “le désir de connaître de l'esprit humain” [MARTIN, 1996, 176]. En réalité, il n'est pas si facile de différencier les uns des autres : finalement, ce sont moins les caractéristiques de la manifestation étrange qui permettent de la catégoriser comme miracle ou merveille que son éventuelle attribution à la puissance divine, ce qui ne peut se faire qu'au moyen d'un type d'analyse qui participe de la pensée symbolique médiévale (v. Comprendre le symbolisme médiéval). Ainsi, il faut découvrir le sens caché du phénomène inexplicable pour en déterminer la nature.

Une telle appréhension du merveilleux contribue à expliquer les réactions de la cour de Camelot, lors de l'entrée du Chevalier vert. En effet, ici comme ailleurs, la narration reproduit les mouvements du regard d'un auditoire réduit à l'état de spectateurs préoccupés de savoir s'ils ont affaire à quelque chose de miraculeux (lat. *miraculosus*, donc sans danger) ou de magique (le latin *magicus* renvoyant au surnaturel maléfique). Tout d'abord, ces derniers ne discernent qu'une forme vague et gigantesque (v. 136-140), un Hulk médiéval (la référence à la culture populaire moderne est encouragée par Armitage, qui concentre la description des membres gigantesques de la créature dans le terme "hulk", v. 138). C'est ici que le poète prend les rênes de la description, pour fournir une première interprétation : la créature serait "half-etayn" (v. 140), c'est-à-dire "half-giant". Elle semble à moitié dans l'ombre, puisque, jusqu'à présent, la description se concentrait sur sa taille (énorme, donc) et sa silhouette (semblable à celle d'un homme bien bâti). Ce n'est qu'ensuite (lorsqu'il entre dans la lumière des torches de la salle, peut-être ?) que sa couleur ressort et qu'elle frappe l'assistance. C'est elle qui fait véritablement de lui un être suscitant la stupeur ("wonder" dans le texte originel, "amazement" dans la traduction, v. 147). Du v. 151 au v. 172, le regard se concentre sur l'habillement du cavalier, dont les caractéristiques n'ont rien d'extraordinaire, si ce n'est qu'il est vêtu de la plus raffinée des façons, ainsi que sur la bête qu'il chevauche. Ce n'est qu'à partir du v. 173 que la description du cheval, dans un mouvement semblable à celui qui a décrit son maître plus tôt, s'arrête sur la couleur de celui-ci. Tout se passe comme si l'auditoire, fasciné par le ruissellement des pierres précieuses et le scintillement des émaux qui ornent les moindres détails du harnachement du cheval, ne remarquait le vert de sa robe que dans un deuxième temps. Après ce premier passage du regard sur l'étrange cavalier et sa monture, un autre prend la relève, et s'attarde cette fois-ci sur des détails signifiants comme les cheveux et la barbe de l'un et la crinière et la queue de l'autre, les uns et les autres apparaissant aussi luxuriants que soigneusement peignés (v. 180-195). Cette dimension disparaît entièrement de l'interprétation cinématographique de Lowery, d'ailleurs, qui ne retient que le vert associé à la nature.

Si les données qui se dégagent du texte ne sont pas toutes centrées sur les caractéristiques extraordinaires de l'apparition, elles participent quand même de sa définition comme merveille, ainsi que le souligne le texte : cheval et cavalier sont "otherwordly, yet flesh and bone" (v. 198-199). Le narrateur, qui refait surface dans le texte pour prendre ici la posture de celui qui aurait eu accès au compte rendu de la scène, tel un journaliste des temps modernes, ajoute alors que l'assistance fut frappée par l'éclat aveuglant qui émanait de la créature (v. 199-200), un éclat semblable à l'éclair. C'est probablement cette analogie qui justifie, dans un mouvement symptomatique de l'analyse médiévale des symboles (v. Le monde médiéval en général, et le romance en particulier : un univers où tout fait symbole), la supposition faite par les témoins de l'apparition dans la foulée, à savoir qu'il doit s'agir d'un guerrier dont les coups ne peuvent qu'être mortels – comme l'éclair… La suite de la description, qui continue à calquer sa structure sur les mouvements du regard d'un membre de l'assemblée tentant de déterminer à quoi il a affaire, s'attarde alors sur les attributs de celui qui est maintenant identifié comme guerrier, mais qui s'avère ne porter ni armure, ni casque, ni épée (et n'avoir pour toutes chaussures qu'un type de chausses montantes, ainsi qu'il est dit v. 160), de sorte que son identification est d'emblée fragilisée par l'absence des marqueurs attendus. À la place de ceux-ci, il tient un rameau de houx, symbole de végétation et plus largement de vie, un symbole contredit par ce qu'il porte dans l'autre main : une hache terrible d'aspect, "the mother of all axes" (v. 208), caractérisée à la fin du poème comme étant de forme danoise (v. 2223), c'est-à-dire qu'il s'agit de l'arme préférée des Vikings sanguinaires dont les méfaits remplissaient les chroniques médiévales du haut Moyen Âge. L'instrument de guerre, qui, à l'évidence, remplit l'assemblée de crainte, est joliment maintenu par un lien décoré de petits pompons (v. 219) ; là encore, ce détail, situé tout à la fin de la description, semble reproduire la manière dont le regard d'une personne confrontée à un spectacle effrayant s'arrête parfois sur des détails incongrus, lesquels en deviennent presque amusants, l'espace d'un instant.

À la fin de ce passage descriptif, la narration change de focalisation et prend du champ, pour inclure un Chevalier vert occupé lui aussi à évaluer l'assemblée, de sorte que "this narrative hiatus presents us suddenly with two sets of eyes, mutually gazing, mutually exclusive as each works with discrete intent, one to isolate an individual, and the other to assess identity and purpose" [STANBURY, 1991, 96]. Puis elle englobe les membres de l'assemblée, lesquels réagissent de manière variée : certains s'approchent avec crainte, d'autres restent à leur place, mais tous semblent avoir conclu qu'ils ont affaire à un être magique (donc malfaisant) ou, à tout le moins, venu de l'Autre Monde, plutôt qu'à un miracle (il faut faire attention à la traduction du v. 240, dans laquelle Armitage use à tort du terme). En effet, de la caractérisation du guerrier comme étant "half-etayn" ou "most man" (c'est-à-dire moitié géant, ou le plus grand des hommes), nous sommes passés à "fantoum" or "fayryye" (v. 240). Or les revenants, comme le peuple fée, appartiennent à l'Autre Monde : celui de la mort, mais aussi celui des êtres surnaturels des légendes celtiques (les deux se confondant dans le folklore médiéval [GUYÉNOT, 2011]). Et la gent fée des romances médiévaux n'a rien à voir avec les petits êtres décrits par Shakespeare quelques siècles plus tard. Ils ont l'apparence d'êtres humains extrêmement beaux, peuvent être aussi bien mâle que femelle, ont peu ou prou les mêmes passe-temps que la noblesse humaine, et ne se différencient finalement de celle-ci que dans le comportement : la courtoisie leur est étrangère, parce que cette dernière provient de qualités morales qu'ils n'ont pas, par définition, puisqu'ils sont dénués d'âme. Ils ont plus à voir, en fait, avec les elfes tels qu'ils sont représentés dans un grand nombre de livres et films de *fantasy* aujourd'hui, par exemple ceux de Cecilia Dart-Thornton (qui s'inspire beaucoup du folklore celtique) et popularisés par J.R.R. Tolkien, qu'avec les marraines surnaturelles des contes du XVIIIe siècle. Les êtres fées des récits médiévaux violent les jeunes filles (*Sir Dégaré*), chassent le gibier humain (*Sir Orfeo*) et le kidnappent, comme dans *Thomas off Ersseldoune*, un romance datant de la même époque que *SGGK* (ce dernier figure dans un manuscrit produit dans le Nord de l'Angleterre, et qui contient également l'*Alliterative Morte Arthure*). On comprend dès lors que le discours de l'intrus, qui fait fi des convenances et des bonnes manières, contribue à le définir comme fondamentalement autre, donc à le rendre encore plus effrayant, plutôt qu'amusant (ce qu'un lecteur moderne serait peut-être tenté de penser un instant, devant la fausse bonhomie de son discours et la familiarité de ses manières). Le merveilleux revient à la fin du romance, lors de la seconde rencontre entre Gawain et le Chevalier vert, sur un mode encore plus inquiétant, puisque ce dernier se trouve dans son élément, à savoir la Chapelle. Celle-ci, parce qu'elle est une formation naturelle qui tient de l'arche tout autant que du caveau funéraire (v. 2179-2183), aurait sans aucun doute été considérée comme un possible passage vers l'Autre Monde à l'époque du *Gawain*-poet (l'un de ceux que recherche désespérément sir Orfeo, dans le lai du même nom, pour rejoindre le pays des fées où son épouse est séquestrée).

L'évolution suivie par la représentation des peuples féeriques au fil des siècles, par l'influence marquante de Shakespeare mais aussi des contes de fées, explique peut-être que David Lowery tienne son propre récit à bonne distance des questions de merveilleux. Pour le public contemporain, la notion même de merveilleux est largement assimilée à l'univers des contes de fées, alors même qu'il ne s'agit que d'une partie du merveilleux et que la définition médiévale, on l'a vu, est nettement plus large et complexe. Or, *The Green Knight* s'inscrit dans le domaine de la *fantasy*, tout en proposant des jeux d'écho avec le fantastique (v. *Fantasy* et fantastique), mais peignant par conséquent un surnaturel sombre, ambivalent, voire parfois mystique – l'on serait tenté de dire “adulte”, par opposition au merveilleux des contes associé, souvent à tort, au monde de l'enfance (voir la suite immédiate).

***The Green Knight*: merveilleux cinématographique**

The Green Knight adapte à sa façon les enjeux du merveilleux en les soumettant à une idéologie proprement contemporaine, qui injecte des éléments de fantastique et une réflexion écologique à la représentation de la quête de Gawain. En effet, là où, dans le romance médiéval – et dans la littérature du Moyen Âge de façon plus large –, la nature sauvage est dangereuse et signe de l'éloignement de la civilisation, le parcours du protagoniste traduit au contraire une mise en valeur de cette nature, qui ne peut qu'être corrompue dès lors qu'elle est soumise à l'action humaine. Ce sont des territoires désertiques et semés de cadavres que traverse Gawain dans la première partie de son périple et, même lorsque la forêt devient un danger mortel, c'est toujours sous l'impulsion de personnages humains, et non du fait de la nature elle-même : ce sont les bandits et le pillard qui laissent le héros pour mort, et c'est ensuite le seigneur qui apparaît comme une menace pour le protagoniste et son double, le renard. À l'inverse, lorsque Gawain pénètre sur le territoire le menant jusqu'à la Chapelle verte, dans une nature qui n'est plus domestiquée mais qui a repris ses droits sur les constructions humaines (en témoigne l'état de délabrement de la Chapelle), il accède avec le spectateur à un sentiment d'apaisement. Les jeux de lumière et de silence apportent une forme de calme, qui succède aux inquiétudes nées des rencontres précédentes sur le parcours de Gawain (v. "Is this… really all there is?"). Cet espace naturel, nimbé d'une lumière dorée, apparaît en lui-même merveilleux, tenu à l'écart de l'hiver qui gèle le reste des territoires, et des menaces proprement humaines. Bien que la Chapelle verte représente l'aboutissement géographique de la quête de Gawain, elle ne constitue pas l'apogée du danger : au contraire, elle semble témoigner d'une supériorité de la nature sauvage sur les jeux et les pièges des êtres humains.

Mais le merveilleux développé dans le film de Lowery ne prend pas que des connotations positives qui mettent les espaces naturels en valeur. Il se fait également source de réflexion à mesure qu'il se teinte de fantastique, si bien que, lors de la quête de Gawain, le merveilleux s'interprète parfois comme un désordre des sens. C'est dans cette perspective que peut être lue la rencontre du protagoniste avec les géants, séquence qui semble naître des hallucinations que connaît Gawain après avoir consommé des champignons. Le bref assombrissement de l'image et la transition vers le héros parcourant des marais suggèrent une ellipse au cours de laquelle il a dormi, avant de reprendre sa route aux côtés du renard. C'est alors seulement qu'il distingue les géants, surgissant de la brume derrière les montagnes (1 h 09-1 h 12). Le fait que toute la séquence soit empreinte de mystère, voire d'un certain mysticisme, et qu'elle soit accompagnée par un même chant soprano délicat, établit une continuité thématique et donne tout son sens au titre d'"interlude" adopté pour ce chapitre. Comme la brève vision du Chevalier vert dans l'orage nocturne, la rencontre avec les géants ne serait-elle qu'une hallucination supplémentaire, née de l'ingestion de champignons et de l'épuisement plus général du protagoniste ? Le film conserve, et même entretient cette ambiguïté, qui ne s'achève qu'une fois que la caméra établit une rotation à 180° sur son axe horizontal (1 h 12), inversant entièrement l'image et faisant disparaître Gawain du paysage.

Entre-temps, le doute demeure quant à la réalité de l'aventure vécue par le protagoniste. Il est toutefois possible d'interpréter la portée symbolique de cette rencontre où, contrairement à sa demande, Gawain ne paraît pas prêt à s'élever sur les épaules des géants: "Might a weary [*sic*] traverse the valley on your shoulder?" (1 h 10). Il recule d'effroi, lorsque la géante approche la main: il manque visiblement encore de courage et ne se montre pas encore prêt à assumer ses actes (en l'occurrence, sa demande de soutien). Épuisé, il reste faillible. Cependant, le film laisse entièrement planer le doute sur la réalité de cette interaction, qui ne constitue donc qu'un interlude sans conséquence réelle sur le cheminement de Gawain, ni sur la prise de conscience qu'il obtient péniblement. Même lorsqu'il rencontre d'autres créatures, et soutenu par le renard, Gawain paraît ainsi toujours seul: que les géants soient réels ou illusoires, ils abandonnent de toute façon le protagoniste à son errance, et les éléments qu'ils lui apportent ne lui permettent pas de comprendre ses erreurs. L'épisode est ainsi plus symbolique que narratif, invitant à une lecture verticale, pour reprendre le terme de Brewer, de l'aventure.

Place du merveilleux dans le romance médiéval

Il est généralement admis que le merveilleux fait son entrée au Moyen Âge tout d'abord dans "la culture cléricale, pour les besoins de la pédagogie chrétienne", avant d'aider à "l'éclosion du fantastique et du monstrueux", dans la seconde partie de la période, sous l'effet du "déclin sévère" de "la pensée symbolique" [Martin, 1996, 176]. Si ce déclin n'était pas manifeste encore dans toute la littérature de l'époque de *SGGK*, on peut effectivement considérer que s'accomplit dans le poème un glissement du merveilleux vers le fantastique (v. *Fantasy* et fantastique), au sens où il n'est jamais possible de déterminer avec certitude la nature du Chevalier vert, qui est à la fois une créature magique et un homme mortel et, qui plus est, chrétien, quand il reprend son aspect normal. Mais s'agit-il vraiment de sa véritable apparence? Même cela n'est pas certain, car l'auditoire du poète, tout comme Gawain, n'aura que la parole de Bertilak à ce sujet. Or comment croire un être métamorphe, ami (ou vassal, on ne sait pas bien) de Morgan le Fay? Cette dernière est d'ailleurs moins fée que sorcière: dans la tradition arthurienne, qui en fait la demi-sœur d'Arthur et que suit manifestement *SGGK* (v. 2464 *et seq.*), elle est l'une des filles de la duchesse de Tintagel, mère d'Arthur, et de son mari, Gorlois. La vieille femme hideuse que rencontre Gawain n'est qu'un déguisement emprunté par la sorcière, et un motif folklorique qui persiste jusqu'à nos jours, les sorcières étant représentées comme vieilles et laides. Mais l'on trouve également dans les récits médiévaux et les contes un autre motif qui pourrait avoir inspiré le poète (et Morgan) : celui de la belle jeune fille prisonnière d'un enchantement qui la défigure. L'épithète "ancient" qu'emploie Bertilak pour la caractériser au v. 2463 doit donc être prise dans un sens ironique. De même, le château de Bertilak est-il réel, ou simple illusion ? Non seulement il apparaît à la suite de la prière de Gawain, mais une demeure aussi moderne (pour l'époque), aussi fastueuse et, de plus, aussi anglaise dans son caractère, surprend dans l'environnement qui est le sien, au nord du pays de Galles (or le Nord est négatif dans la tradition chrétienne : il est vu comme le royaume du Mal). Même Gawain le compare un instant (v. 802) aux confections de papier dont on décorait les plats lors des banquets (et ce n'est pas la seule fois où le lecteur se prend à penser que le jeune homme ferait bien d'écouter ce que son subconscient tente manifestement de lui dire). Et si le château n'est qu'une illusion, que doit-on en déduire des aventures de Gawain à l'intérieur de celui-ci ? Qu'elles sont les hallucinations d'un esprit enfiévré, comme celles de saint Antoine dans le désert ? Certains indices textuels pourraient le faire penser, comme le fait que survienne une ellipse temporelle dans le séjour que passe Gawain à Hautdesert : le 28 décembre n'y figure pas. Or le 28 décembre était l'une des journées qui, avec le 1er de l'An, pouvait être consacrée à la fête des Innocents, ou à la fête des Fous… Autre fait curieux, la Dame du château n'est jamais nommée, à la différence de Guinevere ou de Morgan, en dépit de son importance pour Gawain (et plus largement le récit). Est-elle seulement réelle ?

On a donc bien, dans *SGGK,* une confusion savamment entretenue entre réalité et merveilleux, entre le banal et l'extraordinaire, confusion qui se retrouve dans d'autres romances de manière plus ou moins bien faite, et qui a contribué à donner mauvaise presse à cet aspect des romans médiévaux, chez certains spécialistes :

> The marvellous, though ubiquitous in romance, is a property rather than an essence… magic or the marvellous, however defined, very rarely 'works' […] in heroic, historical, and courtly romances success is achieved through the exercise of human abilities, even though these may be idealized. […] [The] marvellous is not

> only rarely an element of plot, but it is also not symbolic. [FINLAYSON, 1999, 405]

On mesure ici la distance qui sépare la majeure partie des romances anglais et *SGGK*, puisque non seulement le merveilleux y est un élément moteur, mais il y fonctionne également sur le plan symbolique, car le Chevalier vert devient, suivant les interprétations (v. Le Malin ; Le Chevalier vert comme figure apparentée à Merlin ; La Nature, nouveau visage du divin dans *The Green Knight ?*), soit un représentant du mal, soit une figure bienveillante, voire salvatrice.

Merveilleux et sauvagerie

Pour la pensée chrétienne, le merveilleux n'a de valeur que lorsqu'il est miracle ; sinon, il est le fait de Satan et de ses sbires, démons, magiciens et sorcières. La réaction de Gawain lorsqu'il s'approche de la Chapelle verte est symptomatique de la mentalité médiévale en la matière. Notons ici brièvement que le domaine du merveilleux accueillait au Moyen Âge certaines variétés de fous, les forcenés, que l'on croyait souvent possédés par des esprits malins. Ce type-là de surnaturel fait une brève apparition à la fin du poème, lorsqu'un Gawain envahi par la peur devant le Chevalier vert interprète son regard comme étant celui d'un "maniac", en MA "wode man" (v. 2289). L'épithète *wode* caractérise la fureur avec laquelle le Chevalier vert manie sa hache (fureur qui est simulée, en réalité, ce que traduit le temps du vers originel, qui fait glisser la description du côté de l'hypothétique : "as [if] he wode were"). Armitage choisit d'étoffer le terme, qu'il rend au moyen d'une expression aussi imagée que familière, et qui a le mérite d'en faire ressortir les connotations de sauvagerie insensée. Car *wode* signifie "fou" et ne renvoie pas à la forêt, même s'il était impossible, au Moyen Âge, de ne pas remarquer – et approuver – la quasi-homonymie des deux termes. Or le *wodeman* comme le *wodwo* sont exclus de la communauté chrétienne, parce qu'ils ne respectent pas les principes qui lui donnent sa cohésion ; ils partagent les espaces sauvages avec le païen, l'hérétique, le hors-la-loi et le lépreux (dont la maladie est perçue comme une punition divine).

La forêt est donc un espace propre à contenir des merveilles, et ce n'est pas par hasard qu'elle joue souvent le rôle d'espace-tampon, de zone liminale entre le monde des humains et l'Autre Monde. La Chapelle verte se situe logiquement dans les bois les plus sauvages (v. 2163), les plus inhospitaliers du pays de Galles, couverts de neige et de glace (symbole de traîtrise, au Moyen Âge) (v. 2084-90). L'espace *gaste* décrit peu avant l'arrivée de Gawain à la chapelle sert d'introduction, d'antichambre au mal censé se cacher dans la demeure du Chevalier vert. De façon intéressante, *The Green Knight* détourne cette représentation, pour faire au contraire de la Chapelle une alcôve chaude et rassurante, dans une forêt ternie par l'hiver (v. La combinaison du vert et du jaune). Dans cette interprétation contemporaine, la nature n'apparaît plus comme la source du danger, mais au contraire comme un espace apaisant ; si le Chevalier constitue une menace pour Gawain, c'est davantage par sa dimension hybride d'être mi-humain, mi-végétal, et par le jeu auquel le héros se prête avec un redoublement de violence. Dans le film, la nature elle-même n'est source de sauvagerie que lorsqu'elle est envahie par les êtres humains qui laissent des terrains emplis de cadavres et des crânes au fond des lacs, qui coupent les arbres, qui piègent et tuent les animaux pour se divertir et qui donnent des indications trompeuses sur la route à suivre – comme le pillard qui envoie Gawain dans une embuscade en pleine forêt, ou comme le protagoniste le redoute, lorsque le seigneur lui parle de son voyage : "I thought you said it was not far./ I mean your journey home, after" (1 h 23). À l'inverse, les êtres issus de la nature et étrangers au genre humain (le renard, les géants), ainsi que les éléments naturels guident, protègent ou, au pire, restent extérieurs au parcours du protagoniste. Dans l'adaptation cinématographique, conforme à la conception actuelle qui tend à mettre en valeur la place de la nature et à inclure une réflexion écocritique, la sauvagerie mise en scène est proprement humaine, et elle n'a rien de merveilleux.

Le Chevalier vert comme figure apparentée à Merlin

La littérature chevaleresque représente couramment des chevaliers devenus des hommes sauvages après des épisodes de folie, notamment Lancelot, Tristan, et, le moins connu, Palamède. Même Merlin est sujet à un moment de folie, chez Monmouth, épisode au cours duquel il se réfugie dans la forêt et où sa transformation est telle qu'il semble avoir été engendré par celle-ci, comme le Chevalier vert. Ce n'est d'ailleurs pas la seule chose qu'il partage avec le Merlin des textes médiévaux, parfois appelé *Merlinus Silvester* (comme dans la *Vita Merlini Silvestris*) : un être hybride (fils du Diable et d'une femme), métamorphe, destiné à faire le mal, mais chez qui domine la volonté de faire le bien (même s'il fait preuve, souvent, d'une étrange espièglerie, laquelle n'est pas toujours repérée par les personnes qu'il côtoie, ni par les lecteurs). Chez Monmouth, Merlin perd la raison après une bataille et se réfugie dans la forêt, laquelle accomplit en lui une transformation bien plus grande et bien moins négative que chez les autres guerriers arthuriens : elle fait de lui une manière de prophète. Merlin choisit d'ailleurs de retourner dans la forêt, après avoir recouvré la raison (et avoir souffert un autre moment de folie en retournant à la civilisation) ; il s'y fait construire une demeure confortable, où il pourra regarder les étoiles et faire noter ses prophéties. L'assimilation de Merlin à la forêt et à l'Homme vert finira d'ailleurs par trouver son accomplissement dans *Le Livre d'Artus*, dans lequel il est le gardien des arbres de la forêt. De façon générale, Merlin représente l'Autre, venu d'ailleurs, un ailleurs qui est à la fois géographique, temporel et surnaturel, antérieur au christianisme et à l'arrivée de la civilisation (représentée par Brutus dans *SGGK*) en Grande-Bretagne [Lecouteux, 2001, 9].

Dans ces conditions, et bien qu'il ne le mentionne jamais explicitement, le poète semble avoir donné à son Chevalier vert une bonne partie des caractéristiques de Merlin, tant sa version silvestre (*Merlinus Silvester*) que celle, plus civilisée, dite *Merlinus Caledonicus* (certains auteurs médiévaux, surpris par l'aspect changeant du personnage, conseiller avisé du roi, bouffon ou fou vaticinant, se persuadèrent qu'ils avaient affaire à deux magiciens bien distincts, d'où la variation des épithètes pour différencier l'un de l'autre [Neil, 2000, 27 *et seq.* à ce sujet]). Ainsi, tous deux semblent émaner de la forêt, dont ils sont les gardiens (il suffit de considérer la bonne gestion des ressources de la forêt dont fait preuve Bertilak dans les scènes de chasse). Ils sont capables de se métamorphoser ; leur sens de l'humour est parfois perturbant ; ils aiment frapper les esprits et cacher leur identité à ceux qui les côtoient, quitte à leur jouer des tours au passage. Enfin, ils entretiennent des rapports ambigus avec les fées, rapports qui tiennent de l'assujettissement : pour Merlin, il s'agit de Viviane ou de Morgane selon les sources, pour Bertilak, de Morgan le Fay. Le Chevalier vert de Lowery, en hibernation dans un sanctuaire éloigné de tout, pourrait également constituer une référence à l'enchantement que Viviane, dans le *Lancelot-Graal*, jette à Merlin afin de l'emprisonner à jamais (de sorte qu'il ne pourra porter secours à Arthur, à la fin du cycle arthurien). Il s'agit toutefois du seul parallèle que *The Green Knight* invite à faire entre le Chevalier et Merlin, dont la figure semble bien apparaître dans le film, même si elle n'est jamais explicitement nommée (au même titre qu'Arthur est simplement "King", et Morgane "Mother"). Ici, Merlin apparaît sous les traits du "Magician" à la longue barbe blanche et bouclée, et au visage marqué par des peintures ésotériques (15 min). Lors de l'arrivée du Chevalier vert à la cour, il semble se plonger dans ses visions prophétiques, comme l'indiquent ses yeux fermés, le changement de lumière et la musique inquiétante, et il intime clairement au souverain de refuser la proposition de l'intrus. Plus tard, il emporte le bébé d'Essel et Gawain (1 h 54-1 h 55), rappelant le *Morte Darthur* de Malory – et toutes ses réécritures ultérieures – qui précise comment Merlin emporte Arthur, alors nourrisson, loin de sa mère, pour qu'il soit protégé et élevé en dehors de la cour royale. Si le film n'emploie jamais son nom, sa représentation traditionnelle et son rôle dans la narration le présentent bien comme Merlin, figure toujours distincte, et même tenue à l'écart du Chevalier vert.

Quand l'étrange se confond avec l'étranger

Les spécialistes des études postcoloniales se sont récemment emparés de *SGGK*, avec des résultats intéressants. En effet, si, pour le lecteur moderne, le terme de colonie évoque plutôt les anciennes possessions des empires du XIXe siècle, et particulièrement l'empire britannique, l'Angleterre était déjà une puissance coloniale à la fin du XIIIe siècle, lorsqu'elle conquit le pays de Galles. Le processus prit deux cents ans. Il commença sous le règne de Guillaume le Conquérant, qui mit le territoire à feu et à sang et remplaça les seigneurs locaux (dont beaucoup, particulièrement dans la péninsule de Wirral, avaient des noms à consonance scandinave témoignant de la puissance des invasions scandinaves antérieures dans cette partie des îles Britanniques) par des nobles normands. Certains, comme les comtes de Chester, obtinrent le statut de comtes palatins, ce qui leur donna une plus grande autonomie, nécessaire pour gouverner ces territoires en marge de l'Angleterre. Le rattachement du pays de Galles à la couronne anglaise fut formalisé en 1283, sous le règne d'Édouard I (celui-là même qui tenta par ailleurs de conquérir l'Écosse et qui eut pour adversaires Robert Bruce et William Wallace, le chevalier dont l'histoire tragique fut l'objet d'un film à grand spectacle intitulé *Braveheart,* en 1995). Or les Wealas, comme les appelaient les envahisseurs venus du continent après la chute de l'Empire romain, étaient des locuteurs de langues brittoniques, et leur territoire était organisé en une multitude de petits royaumes qui se faisaient souvent la guerre. Ce fait contribua grandement au succès d'Édouard I, lequel parvint à assassiner le chef des royaumes gallois, Llewellyn, captura son frère (qui fut pendu et écartelé, comme William Wallace) et mit ainsi fin à la résistance des Gallois.

À l'époque où fut composé *SGGK,* le pays de Galles était donc une principauté anglaise depuis une centaine d'années, mais son absorption dans le royaume d'Angleterre n'était que partielle, ce que le poème représente bien, lors du bref passage qui décrit le périple de Gawain et dont il a déjà été question (v. Un territoire inhospitalier mais bien connu du poète). Or, cela n'apparaît pas forcément de manière très claire dans le texte en raison de la temporalité particulière de *SGGK* (et de la littérature arthurienne en général), qui fusionne le temps mythologique du royaume arthurien et le XIVe siècle. Pour Geoffroy de Monmouth, qui écrivait dans la première partie du XIIe siècle et dont s'inspire le *Gawain*-poet, le roi Arthur était à la tête d'un empire gigantesque qui comprenait l'Angleterre, mais aussi une bonne partie de la Scandinavie et de la Gaule, sans oublier, pour faire bonne mesure, l'Islande et l'Irlande. Lorsque Gawain quitte Camelot (qui n'est que l'une des résidences préférées d'Arthur), il parcourt le pays de Logres (appelé aussi Loegrie, Logris ou Locrine, selon les sources), un territoire né de la division de l'Angleterre en trois parties à la mort de Brutus de Bretagne (théoriquement vers 1100 avant Jésus-Christ) mais réunifié par la suite, ces trois territoires étant la Loegrie (soit le centre et le sud de l'Angleterre), le pays de Galles, et l'Écosse. En théorie donc, Gawain ne quitte jamais le royaume du roi Arthur, mais il parcourt des contrées situées à la marge de ce qui constituait autrefois une frontière entre deux entités politiques distinctes, ce qui était également le cas des comtés du XIVe siècle correspondants. À partir de là, les interprétations critiques diffèrent : pour certains, le pays de Galles et la péninsule du Wirral représentent dans l'imaginaire médiéval les anciens territoires celtes, d'où seraient issus Bertilak, sa femme et Morgan le Fay, ce qui, dans cette perspective, contribuerait à accentuer leur caractère étrange tout autant qu'étranger, expliquant la sauvagerie sous-jacente de Bertilak, la sexualité apparemment débridée de sa femme et les facultés surnaturelles de Morgan (on peut noter que Gawain fait allusion à de possibles différences de culture pour expliquer l'incompréhension qui marque certains de ses échanges avec la Dame, v. 1499). Pour d'autres, au contraire, le morne périple de Gawain avant son arrivée dans le Wirral aurait rappelé aux nombreux membres de l'auditoire du poète issus du Cheshire un territoire qu'ils connaissaient bien et qui, loin d'être exotique, était constitué d'avant-postes anglais (dont Hautdesert serait un exemple) situés de loin en loin, dans une contrée finalement plus désolée que véritablement dangereuse. En effet, les interactions entre Gallois et habitants du Cheshire étaient nombreuses à cette époque, et pas forcément hostiles. Pareille interprétation est soutenue par le texte, qui nous présente un Gawain ennuyé de ne trouver ni compagnie, ni nourriture à son goût (v. 91-95) [Smith, 2016, 301-308]. (Nous n'allons toutefois pas jusqu'à suivre Smith dans son interprétation du terme "fare" (v. 694) comme signifiant "hospitalité", car il serait dans ce cas redondant avec le vers qui suit. De même, nous ne le suivons pas dans certains de ses raisonnements concernant le passage et sa représentation en filigrane d'un territoire en partie anglicisé, qui nous paraissent un peu forcés). L'ennui de Gawain, chevalier raffiné en proie au mal du pays, se justifie par la représentation médiévale des territoires en marge de l'Angleterre, au nord et à l'ouest, comme étant peuplés de barbares incultes. Cette propagande aux relents impérialistes prend son essor à partir du XIIe siècle, notamment par l'intermédiaire de la littérature arthurienne [Faletra, 2015] (v. Le Nord, entre réel et imaginaire). Contrairement à ce que dit Smith [2016, 307], il nous semble toutefois que le pays de Galles du poème est à la fois le territoire colonisé de l'époque du poète et la contrée exotique, pays des mythes celtes dans lesquels il puise une partie de son inspiration. Or la Cambrie mythique, décrite par Monmouth, mais aussi dans les Triades galloises, ne se bornait pas aux limites géographiques de la principauté galloise ; elle incluait entre autres le Cheshire et la péninsule du Wirral (les agrégatifs qui souhaiteraient en visualiser les frontières peuvent aller regarder la carte suivante : https://fr.wikipedia.org/wiki/Loegrie#/media/Fichier:Britain.peoples.original.traditional.jpg).

Le passage du pays de Galles géographique et politique à un pays de légendes qui en excède les frontières se fait par l'intermédiaire du symbolique et du merveilleux, et la disparition progressive des indices toponymiques dans les vers qui suivent l'entrée de Gawain dans le Wirral. Si une certaine confusion, manifestement voulue par le poète, émerge des vers 691-702 et contribue à l'impression de désorientation partagée par le protagoniste du poème et son auditoire, il est certain que le poète, en décrivant Hautdesert comme une demeure typiquement anglaise et une enclave de civilisation sise au milieu d'un territoire peuplé de monstres, fait de son poème le véhicule d'une certaine forme de mépris ou, à tout le moins, de méfiance vis-à-vis des peuples d'origine celte (il faut rester prudent ici, car il n'est pas certain que le poète partage les préjugés de son personnage ni même la vision du territoire gallois qui transparaît dans son poème ; de plus, le château en lui-même pourrait n'être qu'une illusion, et ses habitants des êtres fées plutôt que des Gallois, v. Place du merveilleux dans le romance médiéval). Mais en faisant du domaine de Bertilak le lieu des véritables périls encourus par Gawain, il montre également ceci : "one need not travel far to find temptation. It resides right around the corner" [SMITH, 2016, 309].

The Green Knight : un chevalier d'origine indienne

Les représentations audiovisuelles du Moyen Âge, et ce sous toutes les formes médiatiques, sont marquées par une prépondérance des personnages blancs, pour ne pas dire qu'il s'agit d'un choix exclusif. Certes, l'époque médiévale généralement mise en scène, y compris dans les productions de *fantasy*, s'inspire largement du Moyen Âge européen, et même en majeure partie de l'Europe occidentale. Cet ancrage spatio-temporel est d'ailleurs régulièrement utilisé comme un argument pour justifier l'omniprésence de personnages blancs dans les distributions des films, des jeux vidéo et des séries télévisées, alors même que d'autres critères de représentation, de narration et de genre sont volontairement laissés de côté – pensons par exemple aux coiffures contemporaines des protagonistes, aux sujets adaptés aux goûts du public contemporain, ou encore aux enjeux de réalisme. La question de l'authenticité de la période se limite souvent à quelques critères extérieurs, parmi lesquels la couleur de peau des protagonistes. Cependant, il s'agit d'une vision au mieux biaisée, et, de façon plus problématique, trompeuse de l'époque médiévale, où la présence de personnes de couleur était courante [STURTEVANT, 2017], sans qu'elles constituent, certes, une majorité des populations d'Europe occidentale. Si l'on remonte bien avant l'époque médiévale, des recherches ont d'ailleurs montré qu'une grande part de la population en Irlande s'est formée aux âges de pierre et de bronze à partir de vagues de migrations issues du Croissant fertile, suggérant une plus grande diversité ethnique qu'on ne le croit souvent chez les populations celtes [RADFORD, 2015 ; KENNEDY, 2023]. Mais l'image fallacieuse d'un Moyen Âge entièrement blanc se développe à partir du XVIIIe siècle : "We have never completely let go of the idea that the Middle Ages were barbaric, but since the 1760s western nations found things to take pride (often undeservedly) in the medieval period as well. Racial origins are among them" [YOUNG, 2017]. Il faut ensuite attendre le dernier quart du XXe siècle pour que les historiens remettent en question cette idée, et plusieurs décennies encore pour que cela soit transmis dans la culture populaire – d'abord par la bande dessinée, notamment, puis par le cinéma et la télévision.

Dans le cas du personnage de Gawain, ses représentations sont assez peu nombreuses, surtout par rapport à d'autres figures de la légende, comme le roi Arthur, mais elles correspondent par ailleurs presque exclusivement à des personnages blancs. Les *comics Camelot 3000* (1982-1985), créés par Mike Barr et Brian Bolland, constituent en cela une exception notable : l'on y voit l'âme de Gawain se réincarner dans l'avenir, dans le corps d'un homme noir originaire d'Afrique [BLANC, 2016, 432-433]. C'est l'une des rares représentations du héros médiéval sous les traits d'un homme racisé, prolongée près de 40 ans plus tard par *The Green Knight*. Si la distribution du film de David Lowery est majoritairement blanche, les personnages de la mère de Gawain, de ses sœurs et surtout du héros lui-même sont interprétés par des acteurs non blancs, ce qui constitue une première pour les interprétations audiovisuelles du personnage de Gawain, et plus spécifiquement pour les adaptations de *SGGK*. Dev Patel, acteur britannique d'origine indienne, est annoncé dans le rôle principal dès mars 2019, et devient dès lors une figure marquante du médiévalisme sur grand écran, essuyant tour à tour acclamations et invectives, bien avant que sa prestation dans le film soit diffusée au public [RODRIGUEZ, 2021].

Le choix de cet acteur met en lumière un intérêt narratif particulier. Figure de l'hésitation et du doute, Gawain peine à comprendre son identité et son rôle au début de l'intrigue, et le fait qu'il soit le seul homme de couleur à la cour contribue à accentuer ce sentiment de malaise : "He feels othered" [BAKER, 2021]. Ce que vit le protagoniste trouve ainsi un écho puissant chez le spectateur non blanc, traditionnellement tenu à l'écart des processus d'identification dans les récits arthuriens : "I don't know how to explain to someone who has never sat on the outside what it feels like to always be looking in, unable to participate" [CHHIBBER, 2021]. Dans l'interprétation proposée par Lowery, si Gawain ne trouve pas pleinement sa place autour de la Table ronde, c'est peut-être que celle-ci se trouve non pas autour, mais au centre de l'action, aux côtés du Chevalier vert, autre figure à la fois étrange et étrangère :

> The ties between Arthur's empire and the one which colonized India and much of the global south make it particularly significant that actors of Indian descent – Patel and Sarita Choudhury, as his mother – are present in Camelot. Their outsider status adds the familiar sting of assimilation to Gawain's palpable need to prove himself to his white uncle-king and comrades with a suitable act of greatness [RODRIGUEZ, 2021].

Par cette représentation innovante, Lowery souligne toute la profondeur de la quête d'identité de Gawain. L'accès du personnage au statut de chevalier, à la fin du film, se répercute sur toute une partie du public qui, pour reprendre le titre de l'article de Preeti Chhibber, peut enfin obtenir "une place à la Table ronde" [CHHIBBER, 2021]. *The Green Knight* articule ainsi étroitement des enjeux à échelle individuelle, voire psychologique, et des enjeux historiques et politiques. "Historical context inevitably makes the casting inherently political, even if the actors' racial identities are never explored or discussed" [RODRIGUEZ, 2021], ce qui est le cas ici : si le film ne met jamais l'accent sur la couleur de peau de Gawain ou de sa mère, le fait est que cette différence par rapport au reste des personnages et par rapport aux adaptations précédentes prend nécessairement une résonance politique. Faut-il alors voir, dans le peu d'entrain que met Gawain à devenir chevalier dans *The Green Knight*, un refus plus ou moins conscient d'adopter les codes de la culture dominante ?

Bien entendu, ces questions de représentation et de mise en scène de la diversité raciale et ethnique ont du sens, y compris dans des œuvres de fiction, d'autant que de nombreuses études rappellent que l'on forme son imaginaire – et notamment sa conception de la période médiévale – en grande partie à travers les productions de culture populaire auxquelles on est confronté depuis la plus petite enfance [Sturtevant, 2012]. Néanmoins, dans le cas de *The Green Knight*, ce choix de distribution va plus loin : "This isn't about the validity of representation, which we know does some good but should not be used as the only tool to fix a broken system; it's about something inside of the feeling that representation can provide" [Chhibber, 2021]. Le message est à la fois politique et personnel, ancré dans un texte littéraire riche et qui accède à un écho contemporain particulièrement fort par les choix de réalisation faits par Lowery.

Mais si le film n'interroge pas directement les questions de couleur de peau, il adopte toutefois des images qui font fortement écho à une réflexion éthique et historique plus large. Comme le note Angeline Rodriguez, les deux représentations de Gawain au sein même de la diégèse, son portrait peint à la cour (27 min) et son portrait photographique réalisé par la dame (1 h 21), le font apparaître avec une peau plus claire [Rodriguez, 2021]. Ce processus artistique renvoie ici à une tendance à la réécriture de l'histoire en faveur des blancs (*whitewashing*). À cela s'ajoute encore une lecture du sous-texte du film, interprétant le pouvoir arthurien comme une image de l'impérialisme britannique, qui ne peut se prolonger qu'en imposant son cycle de violence sur sa descendance, représentée ici par Gawain, le neveu du roi interprété par un acteur d'origine indienne [Baker, 2021]. Le héros doit trouver sa propre voie pour pouvoir s'accomplir, tout comme les pays colonisés par l'empire britannique doivent accéder à leur autonomie. Par ce choix de distribution, en particulier pour une figure aussi centrale et complexe que Gawain, Lowery adopte nécessairement une posture politique : "an opportunity to challenge Britain's long and darkened history of colonialism while using one of their own myths to do it" [*Ibid.*]. Pour le Chevalier vert comme pour Gawain, les questions de couleur trouvent une grande portée symbolique.

SYMBOLISME ET NATURALISME

LE MONDE MÉDIÉVAL EN GÉNÉRAL, ET LE ROMANCE EN PARTICULIER : UN UNIVERS OÙ TOUT FAIT SYMBOLE

Comprendre le symbolisme médiéval

L'une des différences principales – et fondamentales – entre les mentalités médiévales et celles d'aujourd'hui tient à ce que, au Moyen Âge, tout pouvait faire symbole. Il n'est ni possible, ni souhaitable ici d'entrer dans les détails d'une telle vision du monde dont on se contentera de dessiner les contours, quitte à forcer le trait, ou à simplifier, même si cela suppose de passer sous silence certaines discussions, voire certaines querelles de médiévistes à ce sujet. Néanmoins, force est de constater que le fonctionnement du symbolique au Moyen Âge est parfois mal compris par certains auteurs d'articles sur *SGGK* et donne souvent lieu à des interprétations mal fondées, ce dont les agrégatifs devront se méfier, et que résume bien Sebastian Sobecki [2006, 467 *et seq.*]. Celui-ci fait remonter une certaine tradition critique datant des travaux de W.P. Ker (milieu du XXe siècle), dans lesquels la “vraisemblance” (aussi appelée “naturalisme”, “réalisme” ou même “qualité cinématographique”) de certaines descriptions figurant dans *SGGK* est opposée au “symbolisme” de certains autres passages, symbolisme qui serait la conséquence (malheureuse) de la forme littéraire choisie par le poème : le roman(ce) médiéval, qui serait par nature irréaliste et improbable, et bien inférieur au roman moderne. Ce courant critique verrait donc dans le “réalisme” de *SGGK* “the promise of proto-modernity” [*Ibid.*, 474], ce qui constitue pour Sobecki une manière d'effacer l'altérité radicale des œuvres médiévales, et l'expression d'une vanité typiquement moderne. Même si des thèses plus récentes sont venues nuancer cette perception du naturalisme médiéval comme une forme de proto-réalisme, la dichotomie réel/symbolique subsiste encore dans les travaux par ailleurs remarquables de Putter, par exemple : pour ce chercheur, l'un des attraits du poème vient de ce qu'il exprime une tension entre deux pôles, l'un réaliste, l'autre symbolique (ce pôle étant souvent confondu, à tort, avec le merveilleux).

Sobecki propose de considérer, au contraire, que le symbolisme naît du naturalisme, proposition qui nous paraît se rapprocher bien plus de ce que l'on considérait comme réel au Moyen Âge. Il donne pour exemple le portrait de Guinevere qui figure au début du poème (v. 74-84), et montre comment la précision des détails, et la manière dont la description reproduit les mouvements de l'œil, installant le lecteur à la place de l'un des invités du banquet, est mise au service d'une symbolique que l'on retrouve également dans les représentations de la Madone de l'art médiéval. Il propose donc de considérer les représentations de paysage (qui constituent le sujet de son article, mais la définition qu'il donne fonctionne pour tout type de représentation dans *SGGK*, en réalité) ainsi : "not as non-referential daguerreotypes of nature or naturalism at the expense of allegory and symbolism, but as verisimilar signifiers that act as instances of archetypes themselves locked into wider networks of meaning" [Sobecki, 2006, 470]. Néanmoins, plutôt que de considérer comme renvoyant en vérité à des archétypes ce qui, dans les descriptions d'objets, de personnages ou de paysages, contribue dans le même temps à les ancrer dans un Moyen Âge historique, il nous paraît plus juste de considérer qu'il faut envisager le réel, pour l'homme et la femme du Moyen Âge, comme constitué à la fois de ce qui appartient au monde physique et ce de qui appartient au monde des idées (n'oublions pas que le christianisme médiéval repose en grande partie sur le néoplatonisme), et que ces deux dimensions de la réalité coexistent à tout moment. Dans cette optique, il y aurait une superposition de tous les instants entre le monde physique et le monde symbolique.

Notre raisonnement reprend à cette fin la thèse de C.S. Lewis détaillée dans *The Discarded Image* [1994 (1964)], qui a le grand mérite d'être simple et globalement convaincante (même si, ainsi qu'il le dit lui-même, il convient de l'utiliser comme un modèle général ou grand format, à la manière d'une carte qui aiderait le voyageur s'aventurant dans les contrées du Moyen Âge et de la Renaissance à se repérer). Selon Lewis, l'Univers se conçoit, pour les hommes et les femmes du Moyen Âge, comme un système totalement et parfaitement ordonné :

> At his most characteristic, medieval man was not a dreamer nor a wanderer. He was an organizer, a builder, a codifier of systems. He wanted "a place for everything and everything in its right place". Distinction, definition, tabulation, were his delight. Though full of turbulent activities, he was equally full of the impulse to formalize them. War was (in intention) formalised by the art of heraldry and the rules of chivalry; sexual passion (in intention), by an elaborate code of love. Highly original and soaring philosophical speculation squeezes itself into a rigid dialectical pattern copied from Aristotle... Of all our modern inventions I suspect that they would have most admired the card index [Lewis, 1994, 10].

Ramené à sa plus simple expression, ce Modèle existe parce que l'univers fait sens, et il fait sens parce qu'il est la création de Dieu. Par conséquent, tout ce qui existe doit pouvoir trouver sa place dans un système qui attribue un sens, une valeur et une utilité à toute chose, y compris à ce qui semble y déroger en apparence ou le mettre en danger. Il s'agit donc pour les penseurs médiévaux d'y intégrer aussi bien les faits et éléments du réel que les objets de la pensée ou de la foi, dans la mesure du possible tout au moins. Lewis concède d'entrée de jeu qu'il est difficile de savoir dans quelle mesure cette vision du monde imprimait les esprits au quotidien. La question nous importe peu, toutefois, puisque notre objet d'étude n'est pas le Moyen Âge historique, mais une production intellectuelle de celui-ci.

Un tel modèle, pour qu'il fonctionne, ne peut que devenir extrêmement complexe ; c'est là que le symbolisme entre en jeu, car il permet d'établir des correspondances, de faire sens y compris de ce qui apparaît au premier abord comme inintelligible. Il permet aussi de mettre de l'ordre dans ce qui semble chaotique. C'est donc un travail louable et pour lequel l'imagination, tant qu'elle est mise au service de la recherche du sens caché des choses plutôt que de la *fantasy* au sens médiéval du terme (c'est-à-dire le fantasme), est un atout. C'est ce qui explique en partie l'aplomb avec lequel les penseurs du Moyen Âge, non contents de recopier *verbatim* certaines informations trouvées dans des sources anciennes et païennes et de les intégrer à un modèle chrétien de compréhension du monde, n'hésitent pas à les compléter par des inventions de leur cru.

C'est particulièrement vrai des encyclopédistes, chez qui le travail de symbolisation (donc d'imagination) se donne le plus à voir. Ainsi par exemple chez Isidore de Séville, évêque du VIIe siècle célèbre pour ses *Etymologiae*, œuvre monumentale dans laquelle, comme l'indique le titre, il fait l'étymologie d'une centaine de milliers de mots, moyen pour lui de présenter un *compendium* [BARNEY, 2006, 3] du savoir antique revu au prisme du christianisme des premiers siècles après Jésus-Christ. Ce texte sera extrêmement populaire tout au long du Moyen Âge. La raison pour laquelle il est mentionné ici, outre son statut d'encyclopédie phare, tient au fait que faire de l'étymologie, sur la période qui nous intéresse, ne signifie pas seulement mettre au jour les origines d'un mot, mais son sens véritable, et c'est là que le symbolisme entre en jeu, ainsi que le Modèle décrit par Lewis. Ainsi, Isidore s'appuie non seulement sur des textes anciens et canoniques, mais aussi sur la proximité de certains mots avec d'autres, proximité phonique ou orthographique plutôt qu'étymologique au sens moderne du terme.

Un exemple pris au hasard suffira : dans le dernier volume (XX) de ses *Étymologies*, au chapitre II (sur la nourriture), paragraphe 20, Isidore nous apprend que la viande (*carne*) est appelée ainsi parce qu'elle vient de la chair (*caro*), ou encore parce qu'elle est créée (*creare*) ; elle est dite *crue*, parce qu'elle est sanglante (*cruentus*), et cuite, parce qu'elle est *forcée* (*coactus*, participe passé de *cogere*) à changer sous l'action du feu et de l'eau ; elle est dite rôtie (*assus*) par assimilation avec le terme *arsum*, "brûlé" ; "bouillie" (*elixus*), parce que ce type de cuisson se fait dans de l'eau (*lixa*) qui est aussi une "solution" (*solutus*), ce qui est la raison pour laquelle le fait de succomber à ses désirs (*solutio*) est appelé débauche (*luxus*) ; "frite" (*frixus*), par homophonie avec le son qu'elle produit alors, *etc.* (vol. XX, chapitre II, paragraphe 20). Comme on le voit dans cette définition, l'étymologie pratiquée par Isidore est très loin de présenter la rigueur de la philologie moderne, mais fonctionne plutôt par des associations d'idées fondées sur l'homophonie. La ressemblance de certains mots parfois fort éloignés sur le plan du sens permet à Isidore de créer des "passerelles" entre eux, et ainsi, de renforcer certains symboles, voire d'en créer de nouveaux : dans l'exemple choisi, Isidore, en glissant de l’étymologie de “chair” à celle de “débauche” par l’intermédiaire du terme employé pour caractériser la viande bouillie, fait naître des associations d’idées entre la chair que l’on mange et celle qui procure un plaisir charnel. C’est peut-être un hasard, mais le processus par lequel Isidore en vient à relier entre elles des choses très différentes, par la seule vertu de leur ressemblance (ici, ressemblance phonique et orthographique; ailleurs, elle pourra être visuelle) est caractéristique de la mentalité médiévale et contribue à expliquer les sens variés et parfois contradictoires attribués à tel ou tel symbole. Plus important encore, il faut la garder en tête pour comprendre pourquoi ce qui apparaît contradictoire pour le lecteur moderne aurait été parfaitement acceptable pour un auditoire ou un lectorat médiéval.

SGGK et le phénomène de la “résonance”

Il en découle que, pour approfondir leur connaissance du texte médiéval, il faudra que les agrégatifs cherchent les résonances cachées dans le texte, à la manière, pour prendre un exemple contemporain, de ce que l’on appelle des “Easter Eggs” dans les films et séries télévisées d’aujourd’hui. En effet, il y a quelque chose de ludique dans la création symbolique au Moyen Âge: c’est un jeu de l’esprit autant qu’une manière de voir le monde, et le *Gawain*-poet semble avoir parsemé son texte de ces petits divertissements, qui occupent au niveau de la narration la place des “Christmas games” auxquels s’adonnent les personnages, et que le narrateur met en valeur de loin en loin dans le poème, soit par l’intermédiaire de ses personnages (v. 471-72), soit dans des commentaires directement adressés à ses lecteurs (v. 1124-1125): ils sont de l’ordre de la récréation, mais, comme les autres jeux, ils peuvent également prendre un sens existentiel, voire se transformer en piège. On se contentera d’un exemple ici: au vers 866, on peut lire de Gawain, qui a été lavé et habillé de pied en cap à son arrivée au château de Hautdesert: “the ver by his visage verayly hit semed”; ce vers s’insère dans une phrase très longue, juste avant une séquence que PUTTER et STOKES qualifient de corrompue, en raison de sa structure syntaxique bancale [2014, 312-13, note des vers 867b-68]. Or, leur sentiment vient en partie de ce qu’ils comprennent, tout comme Armitage, le terme “ver” comme signifiant “printemps”, ce qui était l’un de ses sens possibles, mais pas le seul. En effet, il pouvait également renvoyer, généralement sous la forme composée de *meni-ver*, à la fourrure d'un petit animal, de type petit-gris, que l'on employait pour les bordures de vêtement ; dans cette acception-là, le terme viendrait du VF *menu vair* (d'où la fameuse "pantoufle de vair" de Cendrillon, qui, dans le conte d'origine, était un soulier recouvert de fourrure bien plus confortable que l'instrument de torture en verre popularisé par le dessin animé des studios Disney). C'est en tout cas la suggestion faite par R. J. Menner et rapportée par ANDREW et WALDRON dans leur édition du poème [2007, 240, note des vers 864-8].

Or le poète précise que le "ver" en question se situe près du visage de Gawain ; il est donc bien question de fourrure, ce qui supprime la contradiction entre ce vers et celui qui suit et qui laisse entendre que les vêtements choisis par Gawain sont multicolores : "all on hues". C'est un détail, mais il nous semble qu'il faudrait rajouter une virgule après "visage" dans le texte originel pour améliorer la construction de la phrase. Une traduction possible pourrait dès lors être : "dès qu'il eut choisi et mis l'un de ces vêtements, qui lui allait particulièrement bien, avec des pans élargis à la base et des bordures de fourrure à l'encolure, il apparut à presque tous les gens présents que le vêtement, avec toutes ses couleurs, lui allait à ravir et faisait resplendir ses bras et ses jambes"). Il est clair que le *Gawain*-poet joue sur ces deux sens, la fourrure de son col rappelant, par le seul fait de l'homonymie, le printemps, de sorte que Gawain, vêtu de toutes les couleurs de l'arc-en-ciel, est bien identifié à la saison du renouveau, de par sa jeunesse et sa beauté.

L'autre raison pour laquelle il nous paraît utile d'insister sur le processus médiéval de création de symboles à partir d'associations d'idées fondées sur des ressemblances de tous ordres vient de ce que l'une des caractéristiques de la poésie allitérative est justement qu'elle relie, par le son uniquement, plusieurs mots d'un vers. Dans le vers en question, il s'agit par exemple du son /v/, que l'on retrouve dans "ver", "visage" et "verayly". Donc, si l'on continue à dérouler le fil des associations d'idées (qui, on s'en rend compte, se rapproche par moments des mécanismes étudiés par Freud), il porte près de son "visage", donc de la partie de son corps qui participe le plus à son identification comme étant Gawain, le parfait, le "vrai(ment)" chevalier, un signe qui le rattache au Chevalier vert sans qu'il le sache et fait de lui, dès son arrivée au château, un membre de sa maisonnée. Ce signe caché sera remplacé à la fin du poème par celui bien visible de la ceinture verte, marque indélébile laissée sur Gawain par la série d'épreuves passées entre les murs du château de Hautdesert et dans la Chapelle verte.

Ce n'est qu'un exemple parmi d'autres et il serait impossible d'en faire ici une liste exhaustive, mais l'on voit bien l'importance d'une approche symbolique du texte, à condition de prendre "symbolisme" dans son sens médiéval. Une telle entreprise ne se résume pas du tout à appliquer au poème des équivalences figées entre signes et significations cachées, à la manière de ces livres qui prétendent interpréter les rêves aujourd'hui à partir de listes de symboles réifiés : ce genre de perspective a pu susciter chez certains spécialistes une réaction de rejet, par exemple chez BREWER (dans les articles de son *Companion*… [1997] notamment), qui fait montre dans ses travaux d'un agacement visible à l'égard de toute interprétation un peu trop allégorique du texte, agacement qui le conduit parfois à refuser d'envisager certaines interprétations, pourtant tout à fait légitimes, du poème. Pourtant, il s'agit là d'un aspect essentiel du romance, que l'on peut effectivement mettre de côté si l'on n'a pas de goût pour la lecture "verticale" (pour reprendre le terme régulièrement employé par Brewer dans le même ouvrage) : le texte peut tout à fait s'apprécier au premier degré : la traduction, qui laisse en grande partie son ambiguïté de côté au profit d'un souci de lisibilité, le montre. Mais ignorer cette dimension du poème revient à ignorer une grande partie de ses sens possibles, et à remplacer une œuvre dont on pourrait considérer qu'elle représente la quintessence de l'âme médiévale, par un conte certes divertissant et enlevé, mais infiniment moins profond.

Symboles et emblèmes

Les définitions d'Isidore, issues de superstitions transmises par le folklore ou par les auteurs classiques tout autant que de combinaisons ou d'assimilations de termes avec leurs homonymes, se lisent souvent comme des descriptions de symboles, parfois assorties de petites histoires explicatives, de sorte qu'elles présentent de grandes similitudes avec les *emblèmes*, ces images énigmatiques issues de l'héraldique et qui fonctionnent à la manière des allégories, mais pour des associations moins générales et plus complexes que celles-ci, et qui deviendront le sujet de véritables compilations à la Renaissance. Au Moyen Âge, elles sont plutôt intégrées à des ensembles plus larges sous la forme de motifs artistiques, ou de descriptions élaborées dans les œuvres littéraires. Le pentacle (v. Le cas du pentacle : un exemple de symbole accompagné de son interprétation) dessiné sur le bouclier de Gawain en est un, facilement repérable pour les lecteurs modernes en raison de sa stylisation évidente, mais il y en beaucoup d'autres, plus ou moins complexes et élaborés. Ainsi l'apparition de l'épouse de Bertilak, symbole de jeunesse, accompagnée de sa dame de compagnie âgée, en est un autre. La description de la jeune femme est très détaillée et donne nombre d'informations sur le vêtement féminin au Moyen Âge, de sorte qu'on pourrait la qualifier de "naturaliste", ou de "réaliste" et l'imaginer provoquant commentaires et appréciations par les membres féminins de l'auditoire du poète. Mais elle est faite pour être comprise (éventuellement dans un deuxième temps) sur le plan symbolique également : à elles deux, les dames que décrit le poète fonctionnent comme un emblème de la Femme, objet du regard masculin au Moyen Âge : soit jeune, belle (avec de la chance), donc désirable ; soit vieille et donc forcément laide, provoquant une réaction de dégoût chez l'observateur masculin ("The Loathly Lady" étant un motif courant des contes et des romances).

Il en est ainsi de tous les passages qui détaillent par le menu les vêtements portés par les différents personnages : à l'intérêt non négligeable que devait susciter dans l'auditoire du poète la munificence du costume du Chevalier vert ou celle de l'armure de Gawain par exemple, il faut ajouter la valeur symbolique de tout ou partie de ces descriptions, valeur qui ne pouvait se déterminer qu'avec la bonne "clef" (v. *SGGK* : œuvre ouverte ou roman à clef(s) ?), c'est-à-dire la grille d'interprétation la plus adéquate en raison du contexte pour interpréter ces descriptions.

Les différents niveaux du symbolisme médiéval

Dans un roman aussi complexe que *SGGK*, et manifestement composé par quelqu'un doté d'une solide formation religieuse, ces grilles d'interprétation se rapprochent beaucoup de celles traditionnellement employées dans l'exégèse médiévale, ce qui ne sera pas le cas d'un romance populaire de moindre qualité littéraire, comme il y en avait beaucoup. C'est l'une des raisons pour lesquelles les spécialistes ont tendance à faire preuve de beaucoup de précaution à ce sujet. Pourtant, dès le XIIe siècle au moins, l'idée selon laquelle l'interprétation sur quatre niveaux est possible pour les textes profanes, et pas seulement religieux, commence à apparaître. Mais il nous paraît évident que l'auteur de *SGGK* s'en est inspiré, et même, qu'il s'est employé à multiplier les niveaux d'interprétation. Cela contribuerait en tout cas à expliquer la grande variété possible des sens à attribuer aux scènes et aux descriptions explicitement symboliques du poème, et par ricochet, le grand nombre d'interprétations critiques, parfois contradictoires, qu'a produites et que continue de produire *SGGK*.

Selon le principe des "quatre sens" des Écritures tel qu'il est explicité entre autres par Bède le Vénérable au VIIe siècle, il faut prendre les écrits bibliques dans leur sens littéral (historique ou narratif), allégorique (c'est-à-dire concernant les dogmes de la foi chrétienne), tropologique (autrement dit moral) et enfin anagogique (eschatologique, ou plus largement spirituel). Dans un sens plus large, hérité de la tradition juive (d'où découle l'exégèse chrétienne, puisque c'est Origène qui en adapta les principes aux études bibliques au début du IIIe siècle) et peut-être plus utile pour l'étude de *SGGK*, il y aurait trois interprétations principales d'un texte religieux : littéral, moral et, enfin, mystique. Or, un certain nombre des symboles aisément repérables dans *SGGK* fonctionne sur au moins trois niveaux, si ce n'est sur quatre : le plan littéral (qui peut comporter des symboles renvoyant à d'autres parties, objets ou personnages de l'histoire selon le principe de la métonymie, comme la bordure de fourrure du vêtement choisi par Gawain à son arrivée chez Bertilak et dont il a déjà été question) ; le plan moral, qui recoupe largement ce que l'on pourrait qualifier, sur le plan de l'interprétation littéraire, de courtois ou chevaleresque dans une histoire ; et enfin le plan spirituel, qui fait de l'aventure de Gawain une quête, non de perfection morale, mais de rapprochement avec Dieu.

À partir du moment où l'on choisit de lire les descriptions à partir de ces trois grilles, on s'aperçoit que ce qui paraissait contradictoire cesse souvent de l'être – à condition de ne pas mélanger les ensembles de significations entre eux. Lorsque, comme cela arrive, la contradiction survit à l'analyse, c'est qu'elle existe également au niveau des idées auxquelles elle renvoie, et qu'elle est voulue. Par exemple, quand, au niveau moral, certaines valeurs du système courtois finissent par s'opposer aux valeurs morales dérivées du système seigneurial, ou même celles dérivant directement des Écritures (v. *SGGK :* de la courtoisie due aux dames). Mais à ces différents niveaux de sens il faut encore ajouter des sous-systèmes symboliques, qui viennent les étoffer (et rendre l'analyse un peu plus complexe) : la symbolique des nombres, ou celles des couleurs (que l'on peut encore subdiviser en sous-catégories, car les couleurs n'ont pas le même sens dans l'héraldique qu'ailleurs), *etc*.

Le poète fournit d'ailleurs un exemple d'interprétation à plusieurs niveaux, lors de la description du bouclier de Gawain ; cette description a donné lieu à un très grand nombre de commentaires, et contribué à donner au poème un caractère mystique pour certains lecteurs – nous reviendrons sur ce point (v. Le Chevalier vert et la question du divin, de *SGGK* à *The Green Knight*).

Le cas du pentacle : un exemple de symbole accompagné de son interprétation

La description assortie de son explicitation figure juste avant le début de la quête de Gawain (v. 619-669), ce qui est l'une des raisons pour lesquelles elle est souvent considérée comme essentielle à la compréhension de l'œuvre entière. Impression justifiée, on le verra, mais il est également possible de trouver une raison assez prosaïque au fait que le blason de Gawain soit assorti d'une explication de sa signification, à savoir qu'une partie du lectorat/auditoire cible du poète (la bourgeoisie, notamment) n'aurait pas forcément eu une connaissance fine de l'héraldique et de son vocabulaire extrêmement spécialisé (et hérité du français), et encore moins du type de blason "moralisé" qu'arbore le chevalier sur son bouclier et qui était encore relativement récent à l'époque de composition de *SGGK* [Brewer et Gibson, 1997, 178].

Il est certain, en tout cas, que l'auditoire cible de Gawain, qu'il soit issu de la noblesse ou du commun, aurait été fortement intéressé par ce qui était, à l'époque médiévale, une manière d'affirmer son identité, voire de la créer : en effet, les armoiries étaient soit héritées (et légèrement transformées pour les fils cadets de familles nobles par exemple), soit fabriquées *ex nihilo*, comme c'est le cas pour Gawain, dont le blason représente "l'intégrité" (v. 626) qu'il a maintes fois démontrée au cours de sa vie au moyen du pentacle. Cette étoile d'un type particulier, dont les lignes se rejoignent à l'intérieur et passent soit au-dessus, soit en dessous les unes des autres [v. ANDREW et WALDRON, 2007, 231, note du v. 628, qui fournit un dessin précis de la figure en question et de ses entrelacements de lignes], est, selon le poète, le symbole le mieux à même de représenter une telle notion. Nous sommes forcés de lui faire confiance là-dessus, car il ne s'agit pas de l'une des formes couramment représentées sur les boucliers [BREWER et GIBSON, 1997, 178]. Cette figure contient cinq triangles (les pointes) de même grandeur qui renvoient, sur le plan physique, aux cinq sens et aux cinq doigts de la main (v. 640-41), et sur le plan moral, aux vertus que Gawain pratique à égalité : la générosité, l'amitié, la pureté, la courtoisie, et enfin la compassion (le terme peut se comprendre aussi comme "piété"), la meilleure vertu de toutes selon le poète (v. 652-654). Ce sont les qualités morales qui font de lui un parfait chevalier, mais le sens du pentacle ne se résume pas à ces deux plans de signification. Plus important encore (et figurant avant les points évoqués ci-dessus), les pointes ont également un sens théologique et représentent les cinq blessures du Christ, ainsi que les cinq joies de la Vierge Marie : l'Annonciation, la Nativité, la Résurrection, l'Ascension et enfin l'Assomption. De telles références sont issues de la littérature dévotionnelle courante à l'époque de *SGGK* [PUTTER et STOKES, 2014, 298, note aux v. 642-650], de sorte que la piété de Gawain correspond parfaitement à ce qui aurait été attendu d'un laïc, plutôt que d'un clerc ; or la perfection, pour le poète, on le verra dans la section du livre consacrée à la courtoisie, tient aussi (surtout ?) à la capacité qu'a un individu de se conformer exactement à ce qui est attendu de lui par la société. Gawain est donc irréprochable non seulement en ce qu'il fait montre de toutes les vertus d'un preux chevalier, mais aussi parce que sa pratique religieuse correspond également à ce que l'on pouvait attendre d'un membre de sa caste. Le blason a aussi une signification numérologique résultant de la combinaison des différents sens à attribuer aux pointes, de sorte que les qualités de Gawain sont multipliées à raison de "cinq fois cinq" (v. 632), le cinq représentant la perfection selon les Pythagoriciens (v. Importance de la symbolique des nombres dans *SGGK*).

L'explication détaillée que fournit le poète pour le pentacle, outre son utilité pour la compréhension fine des armoiries de Gawain et de la déclaration d'intention qu'elles contiennent (v. Symbolique du rouge dans *SGGK* et Symbolique du rouge dans *The Green Knight*), nous paraît aussi jouer le rôle de petit manuel d'interprétation à destination de l'auditoire du poète, à qui il est rappelé qu'un signe peut toujours se comprendre de différentes manières, et à qui il est signalé par là même, à un moment-clef du récit, qu'il sera nécessaire d'analyser les autres signes de la même manière par la suite : pas seulement des objets manifestement symboliques (car perçus comme tels par les personnages), comme la ceinture verte par exemple, mais tous les indices que le poète place de loin en loin sur la nature réelle de l'épreuve que traverse Gawain à Hautdesert, et dont nous allons maintenant voir des exemples précis tirés de la symbolique des couleurs, laquelle joue un rôle particulièrement important dans le poème (de même que les nombres et les formes, dont les significations symboliques sont également abordées dans l'ouvrage, mais de manière plus pointilliste, afin de ne pas alourdir le volume).

LES SYMBOLES ET LE "MODÈLE" DU MONDE MÉDIÉVAL : L'EXEMPLE DES COULEURS

Des "codes" de couleurs multiples

Dans le "Modèle" médiéval décrit par Lewis comme structurant la pensée du monde, tout est relié. En conséquence, même un signe apparemment simple, une couleur par exemple, a plusieurs sens, et s'intègre généralement dans un ensemble (voire des ensembles) plus grand(s) de symboles également reliés entre eux, qui ne seront pas forcément les mêmes suivant les moments du texte.

Au Moyen Âge, les couleurs ont des significations dont nous avons hérité, mais qui survivent aujourd'hui de manière extrêmement simplifiée dans le monde occidental (ailleurs, les systèmes symboliques changent, évidemment) : le blanc pour la paix, le rouge pour la guerre, *etc*. Cette sémantique ou sémiotique des couleurs est en partie héritée de l'héraldique. Il faut donc, pour bien les interpréter, avoir identifié au préalable la grille de lecture à leur appliquer, ce qui n'est pas toujours évident dans *SGGK*. Normalement, dans la littérature médiévale, tout comme dans la vie réelle (toutes époques confondues), le contexte aide à la déterminer. Pour donner un exemple moderne : il est devenu traditionnel, depuis le XXe siècle, d'habiller les petites filles en rose et les petits garçons en bleu, de sorte que les parents qui souhaitent informer leur entourage du sexe d'un enfant à naître au cours d'une "baby shower" utilisent souvent ce code-couleur pour ce faire. Mais au XIXe siècle (et avant), c'était l'inverse : le rose était considéré comme une couleur masculine, car dérivée du rouge (on notera que le chevalier assis à côté de la reine, sur la première illustration du poème dans le manuscrit Cotton Nero A.x., porte du rose), et le bleu était la couleur de la Vierge Marie, donc celle qui était attribuée aux petites filles. On le voit ici, même à l'époque moderne, les couleurs peuvent faire l'objet d'interprétations contradictoires. C'était également le cas à l'époque médiévale, mais dans des proportions bien supérieures, puisque les significations symboliques, ou "sémantiques" des couleurs pouvaient varier grandement en fonction du domaine dans lequel elles apparaissaient : PASTOUREAU note ainsi que le bleu ne signifie pas la même chose "dans le vitrail, dans la liturgie et dans le costume civil" [1983, 68]. (Dans le poème, le bleu fait une apparition courte, mais notable, sur le vêtement porté par Gawain au sortir du troisième jour du Jeu des Échanges ; or son sens principal est la constance, de sorte que la couleur choisie par Gawain le met en porte-à-faux avec son comportement à ce moment du récit, puisqu'il choisit de ne pas donner à son hôte tout ce qu'il a obtenu dans la journée, à savoir la ceinture). PASTOUREAU note également que toutes les couleurs ont une acception positive et une autre négative, au Moyen Âge : il y a un "bon vert" et un "mauvais vert". Dans le film de Lowery, la tirade de l'épouse du seigneur, sur l'ambivalence du vert comme symbole à la fois de vie et de mort, reprend brièvement cette dualité des couleurs.

Dans *SGGK*, deux couleurs dominent : le vert et le rouge, mais d'autres teintes apparaissent également ici et là (comme le bleu dont il a déjà été question), et sont à chaque fois porteuses de significations plus ou moins évidentes.

Symbolique du rouge dans *SGGK*

L'emploi de cette couleur, moins visible au premier abord que le vert, témoigne de la sémantique éminemment malléable des couleurs. En effet, elle figure principalement dans l'équipement que revêt Gawain avant de partir en quête de la Chapelle verte, où elle joue un rôle positif, et dans l'épisode de Hautdesert où, tout au contraire, elle nous paraît servir à susciter le malaise chez le lecteur.

Le rouge apparaît dans la scène où Gawain est revêtu de l'armure qu'il s'est choisie pour ce qui risque bien d'être le dernier voyage de son existence, et qui se doit donc de signifier au mieux ce qu'il est. Or, la recherche menée sur l'armement de la noblesse médiévale a fait ressortir à quel point les armoiries (qui figuraient en différents endroits de l'équipement, et pas seulement sur le bouclier) fonctionnaient comme l'équivalent d'une déclaration d'identité qui ne visait plus simplement à permettre aux participants d'une mêlée d'être vus de loin sur un champ de bataille, mais qui accordait également à la personne qui les portait la possibilité de se faire un nom (au sens figuré comme au sens littéral, pour les nouveaux venus), ce qui explique en partie que les armoiries soient plus souvent créées qu'héritées, à partir de la guerre de Cent Ans, et qu'elles fonctionnent à la manière d'emblèmes tout autant que de symboles [Crane, 2002, 109 ; Pastoureau, 2004, 251].

Les couleurs des armoiries de Gawain sont le rouge et l'or. Or le rouge est "la couleur préférée de la noblesse", qui l'utilise partout où c'est possible, et particulièrement pour ses blasons [Pastoureau, 2019 (2016), 80-81]. Dans le domaine héraldique, le rouge est appelé "gueules" ("goules" dans le texte moyen-anglais, v. 619), ce que Armitage traduit par *scarlet*, du français "écarlate". Les nuances n'existent pas dans le domaine des armoiries, et le choix du traducteur tient manifestement ici à un souci d'ordre métrique, ainsi peut-être qu'à une volonté de traduire la couleur par un terme qui rappelle le caractère exclusif de cette teinte (le pigment qui la produisait étant extrêmement cher à produire, d'où son accaparement par les élites médiévales). Il est dit dans le texte que l'écu de Gawain est constitué d'un fond entièrement rouge. Or il existait un autre chevalier arthurien dont le blason était entièrement rouge, et qui, lui aussi, était de "haute naissance" et "paré de toutes les vertus" : Perceval [Pastoureau, 2019 (2016), 83]. Comme souvent dans le poème, l'ironie d'un tel choix de couleurs n'aurait pas manqué d'apparaître à l'auditoire : Perceval réussira à voir le Graal, tandis que Gawain échouera. Gawain choisit donc le rouge, puisque (selon un héraut d'armes écrivant au début du XVe siècle) cette couleur, "si elle est portée par un homme de très haut lignage et qu'il s'en montre digne en se comportant hardiment dans la bataille, cela est *signe de toutes les vertus*" [cité par PASTOUREAU, 2019 (2016), 84 ; c'est nous qui soulignons]. Tout se passe comme si, dans un effet de dédoublement étrange mais constant dans le poème, le héros de *SGGK* faisait un choix typique de tout représentant de la noblesse des XIIIe et XIVe siècles en se créant des armoiries qui s'inspirent de la tradition arthurienne… Tradition dont il fait lui-même partie. Le rouge redouble donc la signification du pentacle et est sans contestation une couleur positive, dans le contexte de l'armement de Gawain.

Il prend un caractère beaucoup plus ambigu, en revanche, une fois le chevalier arrivé à Hautdesert. En effet, c'est une couleur qui apparaît partout, mais d'une manière discrète, en filigrane du récit, pourrait-on dire, à la manière des broderies qui ornent les vêtements des personnages et qui sont plus significatives qu'il n'y paraît (les vêtements des nobles médiévaux étaient souvent pourvus d'inscriptions brodées destinées à signifier à tous non seulement l'identité de la personne, mais aussi ses goûts et ses valeurs). Dans *SGGK*, le rouge est le plus souvent associé au corps et, plus largement, au monde physique. C'est la couleur qui caractérise la barbe bien fournie de Bertilak (symbole de sa virilité, mais aussi de son caractère étranger (v. Quand l'étrange se confond avec l'étranger) et le teint brique de son visage, qu'on devine patiné par la vie au grand air (v. 845, 847). C'est aussi celle de la flamme des feux qu'il fait entretenir avec soin, de l'or qui ennoblit l'ameublement des chambres du château (v. 857), mais aussi celui de l'anneau que la Dame offre au chevalier (v. 1817) ; celle également du sang qui rosit le teint de sa femme, lors de sa première rencontre avec Gawain (v. 952). Or le rouge, particulièrement le rouge orangé dont il est principalement question à Hautdesert (le teint de Dame Bertilak excepté), aurait immanquablement rappelé à l'auditoire que les traîtres, dans la Bible (Esaü, Saül, Judas, *etc.*) comme dans la littérature profane, sont très souvent roux – le préjugé contre les roux étant d'ailleurs antérieur à la civilisation chrétienne, et notable également dans la culture gréco-romaine, aussi bien que dans la culture germanique païenne [PASTOUREAU, 2019 (2016), 112-114]. Le roux est pour Judas interprété comme un mélange de rouge et de jaune, combinaison du rouge du sang du Christ qu'il a trahi, et du jaune, symbole de mensonge et de félonie [*Ibid.*, 115]. Dès lors, comment ne pas voir dans les flammes rougissant l'âtre des nombreuses cheminées de Hautdesert celles de l'Enfer, et le château lui-même comme le lieu de la tentation de Gawain ? Tentation qui est à la fois celle de la chair, mais aussi, plus largement, celle des plaisirs temporaires du monde physique : nourriture, oisiveté, confort, plaisirs auxquels Gawain a du mal à résister, et qui nourrissent un désir de vivre un peu trop développé pour un chevalier, et donc, le péché de "covetyse" (v. 2374 ; ce terme devient "covetousness" dans la traduction, mais le substantif original en MA est plus proche du français d'où il est issu : "convoitise"). Et le sang qui rougit le visage de Gawain, rongé par une honte qui le fait grimacer au moment où il raconte son aventure, n'est plus celui qui rappelait le sacrifice du Christ lors de la description de l'écu de Gawain ni la perfection ultime de celui qui le portait, mais le signe de son intempérance et de l'incapacité qu'il a démontrée au cours de son séjour à Hautdesert à modérer, si ce n'est ses appétits dans leur ensemble (ce qui l'aurait condamné à mourir sous la hache du Chevalier vert), du moins son goût pour la vie ici-bas.

Symbolique du rouge dans *The Green Knight*

Dans le film de Lowery, la couleur rouge fait partie d'une palette chaude largement absente, si l'on met de côté la cape jaune qui caractérise Gawain dans toute une partie de *The Green Knight*, ainsi que la lumière chaude qui nimbe la Chapelle verte à l'arrivée du protagoniste. Lowery privilégie des teintes froides et harmonisées, même si le rouge, si présent par touches dans le texte originel, retrouve dans le film trois échos ponctuels, qui couvrent à eux seuls une grande partie de la symbolique multiple de la couleur. Dans le prologue (00 min), ce sont des teintes rouges qui mettent en valeur les flammes recouvrant la tête de Gawain en majesté, figure à la fois royale et christique : ici, le rouge est celui de la Passion, renvoyant à l'articulation de l'amour, de la souffrance et du sacrifice de Jésus sur la Croix. Gawain apparaît brièvement, le temps de ce prologue, comme l'héritier de valeurs divines et d'un héroïsme saint, qu'il n'atteint en réalité jamais dans la suite du film. La seule séquence au cours de laquelle Gawain s'approche, difficilement, de cette image christique est lorsqu'il plonge dans le lac pour retrouver la tête de Winifred décapitée. Après une première plongée dans les eaux bleu foncé, l'image se teinte d'un filtre rouge sang (1 h 01), annonçant le cheminement de Gawain aux allures de Passion renouvelée.

Mais ce rouge interprété dans une lecture chrétienne s'efface rapidement de l'image ; la teinte ne reparaît qu'indirectement par la suite, et dans une autre interprétation symbolique, dans le monologue de l'épouse de Bertilak (1 h 25-1 h 27). Elle y présente le rouge comme un leurre, comme une tentation temporaire qui ne peut que céder devant le vert : "Whilst we're off looking for red, in comes green. Red is the color of lust, but green is what lust leaves behind, in heart, in womb. Green is what is left when ardor fades, when passion dies, when we die, too" (1 h 26). Le personnage renvoie ici au rouge de la passion, au sens de désir amoureux ("lust", "ardor", "passion"), dont elle vante à la fois la force et la tromperie. Ce rouge, évoqué mais non mis en scène, est une mise en garde de plus à destination de Gawain. En effet, si deux éclairages ponctuels soulignent la tentation christique du personnage, qui aspire à un idéal mais sans jamais véritablement œuvrer pour y parvenir, le reste du film suggère plutôt que Gawain est un homme de passion, et non de Passion. L'épouse du seigneur invite ici à une réorientation des objectifs du héros : sans pouvoir atteindre des idéaux qui le dépassent, il ne doit pas non plus céder à la tentation du rouge symbole de désir, et s'interroger au contraire plus avant sur les interprétations multiples du vert de son ennemi.

Enfin, tout au long du film, le rouge est aussi, de façon attendue, celui du sang versé, réel ou symbolique : d'abord annoncé indirectement, par la coupe de vin que Gawain renverse en passant par-dessus la table pour aller à la rencontre de son ennemi, ce vin épais présage déjà de celui du Chevalier vert, qui macule la caméra (22 min) puis le sol de la salle du trône, et qui est ensuite représenté de façon ludique dans le spectacle de marionnettes (26 min), qui rejoue encore et toujours son exécution et annonce celle du héros, illustrée bien plus tard dans la séquence proleptique (2 h 02). Peu de personnages affichent des blessures sanglantes au-delà des deux personnages éponymes, même s'il est à noter que des traces de sang apparaissent sur le visage et les mains du fils mourant de Gawain (1 h 58). Ce rouge, sombre, est celui de la mort, longuement annoncée à Gawain et qu'il inflige lui-même, sans notion de sacrifice christique ni de possibilité de rédemption, mais dans une dynamique violente à laquelle le héros peine à échapper.

Symbolique du vert dans *SGGK*

Cette couleur, qui figure principalement dans la description du Chevalier vert et dans tout ce qui lui appartient (à savoir la ceinture verte), était évidemment utilisée en premier lieu pour évoquer la végétation, et donc, sur le plan conceptuel, le printemps, saison où le vert est le plus brillant, d'où son usage fréquent dans les Jeux de Mai de la noblesse, sommée de choisir entre "parti de la Feuille" et "parti de la Fleur" à cette occasion, et d'en porter les couleurs le reste de l'année à la cour de certains rois de France [CRANE, 2002, 40 *et seq.*]. Elle renvoyait également, dans un sens plus conceptuel, à la jeunesse, à la beauté, à l'espérance et, par extension, aux jeunes amours [PASTOUREAU, 1983, 69], d'où son apparente popularité chez les dames de la noblesse, et leurs avatars de fiction [BREWER et GIBSON, 1997, 184-185]. Il n'y aurait donc rien eu d'extraordinaire à ce que le Chevalier vert ait choisi de s'habiller entièrement dans des teintes émeraude ; il n'aurait pas été le seul, à l'époque où le poème fut composé, puisque nous savons qu'un noble était connu pour avoir fait une fois pour toutes ce choix vestimentaire, de sorte qu'on le surnommait "The Green Count" [D'ARDENNE, 1959]. C'est donc bien la couleur de sa peau, ajoutée au rameau de houx, symbole de la végétation survivant au cœur de l'hiver, qui l'associe au monde naturel, et qui explique que de nombreux critiques littéraires du XIXe et de la première partie du XXe siècle, inspirés entre autres par les écrits des premiers anthropologues, aient fait de lui une sorte de divinité païenne en lien avec le motif de l'Homme vert (v. L'Homme vert).

Si BREWER [1997, 181-182] a raison de souligner le caractère fantaisiste de cette assimilation, il nous paraît trop prompt à rejeter l'association entre le personnage et le motif esthétique du même nom (avec tout ce qu'il symbolise), en raison des caractéristiques qu'ils partagent : couleur, association avec le monde végétal et caractère surnaturel. Le Chevalier vert n'est certes pas un Homme vert, mais ses caractéristiques font immanquablement penser à ce dernier (d'où la tradition critique déjà citée plus haut), et il nous paraît à tout le moins probable qu'il aurait fait l'objet d'une association d'idées semblable chez un lecteur médiéval. On pourrait d'ailleurs construire, pour partie, un raisonnement similaire pour ce qui est de l'Homme sauvage (v. L'Homme sauvage). Le Chevalier vert exprime par ses vêtements une parenté poétique avec les figures citées plus haut, parenté du même ordre que celle exprimée par les participants aux rituels de Mai des cours européennes. Ses habits sont d'ailleurs décorés d'or fin, métal précieux qui contribue à l'identifier auprès de la cour de Camelot comme étant noble, donc digne d'être écouté et regardé.

Symbolique du vert dans *The Green Knight*

Si la symbolique de la couleur verte du Chevalier, et plus généralement ce qu'il représente, est régulièrement l'objet d'interprétations diverses depuis la diffusion de *SGGK*, les premières adaptations cinématographiques de l'œuvre médiévale tendaient à laisser en grande partie cette question de côté. Le vert y était lié aux feuillages qui recouvraient partiellement le corps du mystérieux cavalier, mais sans réel approfondissement métaphorique au-delà de la question de la nature. Puisque le Chevalier vert pénètre dans la cour arthurienne au tout début de l'hiver, une période traditionnellement caractérisée par son absence de végétation, il apparaît à la fois comme un intrus et comme une irruption déplacée du printemps, en avance sur le cycle habituel des saisons. Les jeux de temporalité et d'alternance permanente des saisons, bien mis en évidence dans *The Green Knight*, contribuent à renforcer cette association du Chevalier non seulement à la nature, mais aussi au printemps et à sa "reverdie" [Pastoureau, 2017 (2013), 65-66]. Pour Michel Pastoureau, ce concept, à la fois saisonnier, esthétique et symbolique, est "synonyme de verdure ou de feuillage. Mais appliqué au calendrier, il désigne spécialement le début du printemps qui voit les arbres et les plantes 'reverdir'. Par extension, il qualifie également l'allégresse que chacun éprouve à ce moment de l'année" [*Ibid.*, 65].

En effet, le Chevalier vert de David Lowery semble lui-même être une créature végétale, dont la peau rappelle l'écorce des arbres, et qui émet des bruissements de feuillage à chaque mouvement. La Chapelle verte, où Gawain le voit sommeillant dans le début d'hiver où il le retrouve, est par ailleurs nimbée d'une lumière chaude et délicate, rappelant plus la douceur printanière que le froid blanc ou gris de l'hiver. La Chapelle paraît tirer son nom d'une forte présence de la végétation, puisqu'elle est envahie par les plantes grimpantes qui semblent s'épanouir dans ce microclimat merveilleux né de la douce chaleur du soleil et de la présence toute proche de la rivière qui traverse la forêt.

Pourtant, il est possible de douter de la symbolique entièrement positive du printemps, dans cette interprétation qui l'associe étroitement à la figure du Chevalier vert. De fait, comme dans le texte médiéval, ce mystérieux cavalier n'apparaît qu'au cœur de l'hiver, au moment de Noël – période symbolique liée au solstice –, puis de nouveau un an plus tard. Le printemps lui-même, en tant que période habituelle de l'année, n'est pas mis en scène dans *The Green Knight*, si ce n'est de façon métaphorique : ainsi de la brève séquence où Gawain est ligoté par les bandits dans la forêt, où le mouvement circulaire de la caméra, dans un sens puis dans l'autre, représente le passage du temps sur plusieurs saisons (50-52 min). La représentation de la forêt évolue alors, passant des arbres principalement nus et d'une lumière froide à une impression printanière, lorsque les rayons de soleil, plus chauds, pénètrent à travers le feuillage, que des fleurs discrètes apparaissent et que de délicats chants d'oiseaux se font entendre. Le soleil se reflète même dans la lentille de la caméra, créant une impression de lumière étincelante. C'est dans un cadre apparemment plus chaud et plus verdoyant, rappelant en effet le printemps, qu'apparaît le squelette de Gawain (51 min), avant que le mouvement inverse de la caméra suggère de remonter le temps, redécouvrant un paysage aux couleurs plus ternes et aux bruits plus inquiétants : grondement du tonnerre, souffle du vent dans les arbres et cris des corbeaux. Le protagoniste est ici confronté, une première fois, à ce qu'il adviendra (ou adviendrait) de sa vie s'il ne se décide pas à agir. La représentation du printemps, le temps de cette brève séquence proleptique qui constitue une mise en garde pour Gawain, va ici de pair avec sa mort lente, douloureuse et peu héroïque. Par ailleurs, le printemps incarné par le Chevalier vert n'est pas toujours si lumineux ni rassurant. Lors de sa première apparition à la cour royale, un espace déjà particulièrement sombre, l'irruption du cavalier s'accompagne de l'extinction de toutes les torches (15 min), ne laissant que la froide lumière hivernale qui pénètre par les rares ouvertures de la salle. Ces torches ne se rallument d'elles-mêmes, par magie, que lors du départ du Chevalier vert (24 min). Il apporte ainsi avec lui l'obscurité et le froid, des éléments traduits littéralement par l'extinction du feu autour des personnages.

Ainsi, le film de David Lowery va plus loin que ses prédécesseurs dans la symbolique du vert, renouant non seulement étroitement avec le romance médiéval, mais aussi avec les réflexions universitaires développées depuis des siècles, en examinant ouvertement le rôle et la symbolique de cette couleur si équivoque. Car c'est bien cette ambivalence qui est abordée dans *The Green Knight*, à travers l'action et la représentation du Chevalier lui-même, mais aussi et surtout à travers la tirade de l'épouse de Bertilak. La dame interroge à la fois Gawain et le spectateur sur ce que représente cette couleur, tout en en soulignant une ambiguïté souvent laissée de côté dans les différentes interprétations. Au-delà de la reverdie, elle associe le vert à la moisissure :

> We deck our halls with it and dye our linens. But should it come creeping up the cobbles, we scrub it out, fast as we can. [...] Green is what is left when ardour fades, when passion dies, when we die, too. When you go, your footprints will fill with grass. Moss shall cover your tombstone, and as the sun rises, green shall spread over all, in all its shades and hues. This verdigris will overtake your swords and your coins and your battlements and, try as you might, all you hold dear will succumb to it. Your skin. Your bones. Your virtue. (1 h 26-1 h 27 min)

De façon intéressante, la tirade de la dame se construit en réalité à partir de deux nuances de vert : d'une part celle de la végétation – notamment matérialisée lorsque le Chevalier pénètre dans la cour royale en brandissant une branche de houx (15 min) et, de façon étendue, dans la Chapelle verte (1 h 41) –, et, d'autre part, celle de la moisissure et de la mousse sur les pierres tombales, qui associe à la fois le vert et le gris. La dame emploie le terme "verdigris", vert-de-gris, teinte qui correspond à une corrosion ou à une oxydation du cuivre, donc à une forme de destruction. Le film de David Lowery adopte d'ailleurs une esthétique souvent plus proche de ce vert-de-gris que du vert chatoyant associé au printemps, soulignant toute l'ambiguïté d'une couleur qui renvoie à la fois à la reverdie et à la corruption. Dans *The Green Knight*, les deux acceptions ne s'excluent pas mutuellement, mais se complètent [Breton, 2023b, 7-8], tout comme le Chevalier lui-même apparaît "à la fois terrifiant et bienveillant, violent et amical, tentateur et miséricordieux" [Pastoureau, 2017 (2013), 105].

The Green Knight : un Moyen Âge désaturé

Alors que le film de David Lowery développe toute la richesse et la complexité de la couleur verte – et, dans une certaine mesure, celle du rouge pensé en contraste (1 h 25-1 h 27) –, il adopte également une photographie assez terne, marquée par une désaturation caractéristique des productions audiovisuelles médiévalistes depuis les années 2000. Si ce type de représentation est particulièrement visible au cinéma et à la télévision, il prolonge toutefois une conception bien plus ancienne de la période médiévale, perçue comme un temps sombre – au sens propre comme au figuré :

> Décrire le Moyen Âge en employant le champ lexical de l'obscurité est une habitude ancienne. On la trouve déjà chez les humanistes italiens du XIVe siècle comme Pétrarque, qui, pami les premiers, bouleverse le rapport au temps en ne voyant plus l'Antiquité comme un âge de ténèbres avant la venue lumineuse du Christ, mais comme une ère de clarté dont il serait séparé par une longue nuit barbare [BLANC, 2022b, 321].

Le Moyen Âge est vu par contraste, pris entre une Antiquité présumée glorieuse, celle des philosophes et de la République, et une Renaissance apportant les lumières de la science et de l'humanisme ; de façon bien pratique, on oublie que les bûchers de sorcières, notamment, constituent une pratique de l'époque moderne, et non du Moyen Âge. La période médiévale est diabolisée face à ses voisines temporelles, et cela se reflète dans la façon dont elle est perçue jusqu'aujourd'hui.

> En Angleterre, la notion d'"âges sombres" (*Dark Ages*) reprend cette association entre le Moyen Âge et l'obscurité. Elle se diffuse à la fin du XVIIe siècle, sous la plume d'auteurs protestants comme Gilbert Burnet dans son *Histoire de la Réformation en Angleterre* (1679), pour qui l'Église catholique avait écrasé la Chrétienté sous une sombre chape de plomb avant l'apparition de la réforme a début du XVIe siècle [...]. Cette image se retrouve jusque dans des œuvres récentes [*Ibid.*, 322].

Le cinéma et les autres productions audiovisuelles ont en effet eu tendance à prendre cette interprétation, déjà erronée, au pied de la lettre, en faisant apparaître le Moyen Âge à travers des teintes grises et ternes. Il s'agit toutefois d'un effet relativement récent du médiévalisme audiovisuel ; les premiers temps des films de chevalerie, et, par la suite, des séries télévisées sur le même sujet, exploitent au contraire toute l'étendue des prouesses du Technicolor : les chevaliers arborant des blasons chamarrés évoluent dans des décors emplis d'étendards, de fanions et de banderoles, sans parler des costumes eux-mêmes, qui reproduisent de façon intéressante toute la richesse colorée de la culture médiévale. Progressivement, l'innovation permise par le Technicolor lasse, les spectateurs et les réalisateurs s'habituent à ces explosions de couleurs, et d'autres angles d'approche sont privilégiés. Les représentations médiévalistes sont particulièrement marquées par cette évolution, et l'orientation vers des teintes désaturées s'accélère notamment à partir des années 2010, comme si un filtre gris, marron ou bleuté recouvrait l'image et atténuait les contrastes.

Les couleurs sombres deviennent symboliques des récits proposés : le Moyen Âge apparaît de plus en plus comme un temps d'obscurité et d'obscurantisme où règnent violence, ignorance et maladie, ce qui se traduit par des paysages dévastés et ternes. *The Green Knight* reprend cette esthétique : la cour royale est extrêmement sombre, y compris avant l'arrivée du Chevalier vert qui éteint les torches au mur (15 min). Toute la séquence est alors teintée d'un vert-de-gris omniprésent, mêlant les couleurs attribuées au mystérieux cavalier et celles plus globalement associées au Moyen Âge. Gawain quitte ensuite le château sous un ciel gris et nuageux, apercevant des constructions en ruines (36 min) et traversant des espaces désertiques (40 min) ou ravagés par la guerre (42 min). Les forêts mises en scène laissent passer peu de lumière, ou alors dans des teintes blafardes (46 min et 1 h 35) qui renforcent l'impression de froideur qui se dégage de l'image. S'il s'agit là d'une représentation désormais traditionnelle de la période médiévale, il est à noter que ces choix esthétiques font écho à d'autres réalisations de David Lowery, qui semble particulièrement attaché à ces jeux de couleurs. Sa filmographie est en effet marquée par une prépondérance de teintes froides et une photographie assez peu saturée, traduisant souvent une forme de mélancolie.

Le symbolisme attribué aux couleurs et aux effets de lumière est très net dans les films consacrés au Moyen Âge, où la narration repose bien souvent sur une évolution positive, traduite visuellement par une augmentation des contrastes. Le récit débute généralement par une vision terne et violente de la période, pour mieux se diriger vers une amélioration morale et sociale, accentuée par un renouveau des couleurs. De fait, dans ces productions audiovisuelles, "plus la situation initiale est noircie, plus la situation finale […] paraîtra positive, puisque la réception ne s'appuie pas tant sur la représentation de cette fin que sur l'évolution globale de l'intrigue et sur la mise en parallèle du début et de la fin" [Breton, 2023c, 248]. Accentuer la noirceur des premières séquences permet ainsi de mettre en valeur, par effet de contraste, l'aboutissement du film.

Ce processus est bien illustré dans *The Green Knight*, qui insiste sur le parcours, spirituel autant que spatial, du protagoniste par l'inclusion de pointes de couleurs vives. Cela se résume surtout aux touches ocres qui entourent souvent le personnage de Gawain, avec sa cape qui lui couvre les épaules durant toute une partie du film. Non seulement cette couleur s'harmonise parfaitement avec les teintes brunes de la peau et des cheveux de l'interprète, mais elle permet aussi d'attirer sans cesse le regard sur Gawain : malgré ses faiblesses évidentes, ou peut-être justement à cause de ses faiblesses qui le rendent très humain, il est le héros du récit, que le spectateur accompagne à travers des décors parfois dévastés, et toujours marqués par des tonalités ternes. À l'inverse, les scènes dans la Chapelle verte, notamment avant la séquence proleptique retraçant la vie du héros, sont nimbées d'une lumière chaude, jaune et douce, signe à la fois de l'aboutissement des aventures de Gawain et de son élévation spirituelle nouvellement acquise (1 h 37-1 h 41). La lumière amplifie l'ocre de la cape du héros et lui donne tout son sens. Le lever du soleil lui offre, de façon symbolique et assez évidente, un renouveau, puisque son parcours touche bientôt à sa fin. Lowery alterne ainsi entre une omniprésence de teintes froides – vert-de-gris, vert, bleu, brun – et des plans plus rares mais d'autant plus marquants, caractérisés par une lumière ocre et souvent rassurante.

La combinaison du vert et du jaune

Le vert pouvait également (mais plus rarement) avoir des connotations négatives, en rapport avec le Diable ; Gawain fait expressément le rapprochement dans sa description de l'endroit où il est censé rencontrer le Chevalier vert (v. Le Malin). La couleur verte s'avère donc éminemment intéressante à utiliser pour quiconque souhaiterait rendre son personnage difficile à cerner, même pour un auditoire rompu à ce type d'exercice. Plus intéressant encore, l'or, sauf mention contraire, est proche de la couleur jaune ; or la combinaison du jaune (ou du doré) et du vert fait partie des attributs d'un chevalier arthurien aux caractéristiques particulières : Sagremor, qu'étudie en détail Michel PASTOUREAU dans un article consacré à cette alliance peu commune de couleurs [1983]. Il faut certes manier avec précaution cette caractéristique de l'or : il n'est jamais fait mention de sa couleur dans le poème, sauf quand il n'est pas jaune, justement, mais cuivré (et qu'il s'insère donc dans la symbolique du rouge, v. Symbolique du rouge dans *SGGK*). En fait, "le jaune, c'est le mauvais or" [PASTOUREAU, 1983, 69], son imitation dévoyée, et, dans un poème tel que *SGGK*, qui cultive l'ambiguïté et les résonances multiples pour ce qui est de l'adversaire surnaturel de Gawain, et qui conjugue de manière unique conservatisme et invention, il ne faut pas rejeter dès l'abord une association d'idées au motif qu'elle ne serait pas courante [v. SILEC-PLESSIS, à paraître, ici et pour le reste de ce qui concerne *SGGK* dans la présente étude]. D'où notre détour par Sagremor, que PASTOUREAU qualifie de "chevalier de second rang". Peu connu aujourd'hui, Sagremor apparaît dans plusieurs romans de Chrétien de Troyes, ainsi que dans de nombreuses œuvres arthuriennes jusqu'au XVe siècle. C'est un chevalier appartenant à une catégorie à part, celle des chevaliers *desréés* (terme employé par Chrétien), c'est-à-dire "acharnés, excessifs, démesurés", au point parfois de paraître "possédés" [1983, 63], et dont la "folie" est fonction de l'heure de la journée et de la possibilité qu'a eue ou non le chevalier de se sustenter. Or ce chevalier, dont PASTOUREAU affirme qu'il a des caractéristiques de "héros 'solaire', *au même titre que Gauvain*" (nous soulignons), même s'il est aussi un "homme sauvage" et une "créature presque surnaturelle", a un écu "*gironné d'or et de sinople*" [64], c'est-à-dire vert et jaune. Notons que, dans le film de Lowery, c'est lors de l'arrivée de Gawain dans la Chapelle que l'association du jaune et du vert est le plus nette : la lumière dorée baigne l'environnement naturel du Chevalier endormi (v. "Is this… really all there is ?"), de sorte que l'association des deux couleurs est encore plus marquée pour lui, et semble le révéler pour ce qu'il est réellement à la fin du film. Au Moyen Âge, certains lecteurs du poète auraient pu noter, une fois l'œuvre terminée, les similitudes entre les couleurs portées par Sagremor et celles de l'étranger, ainsi que leur amour partagé de la bonne chère et le côté si ce n'est excessif, tout au moins expansif de Bertilak (dont il est dit, comme en discret rappel de sa véritable nature, qu'il semble presque "hors de lui" au vers 1087, juste avant qu'il mette en place le Jeu des Échanges avec Gawain).

Ils auraient pu également remarquer qu'une telle combinaison de couleurs était couramment employée pour les vêtements des fous de cour (lesquels n'étaient, et à en croire les livres de comptes des cours européennes, que rarement vêtus de l'habit multicolore, avec bonnet à oreille d'âne ou crête de coq, qui permet de les repérer dans les enluminures). Ils portaient le plus souvent les couleurs de la livrée de leur maître, et, quand ce n'était pas le cas, un habit vert et jaune [Pastoureau, 1983, 66]. Est-ce à dire que le Chevalier vert joue les bouffons à Camelot ? Pareille hypothèse est renforcée par l'atmosphère carnavalesque qui précède son arrivée et le fait que le jour de l'An était également celui de la fête des Fous [Savage, 1952], et aussi parce que, même pour des éléments mineurs du costume du Chevalier vert ou ceux qui lui appartiennent, telle la ceinture verte tissée par sa femme et qu'il dit reconnaître sur Gawain, l'or (jaune) est toujours mentionné avec le vert. L'hypothèse mentionnée ici fournit donc une grille d'interprétation possible pour le Chevalier vert, et son action à la cour de Camelot. Sur le plan littéral ou historique, les couleurs du Chevalier vert feraient donc de lui une variante surnaturelle du fou de cour. Sur le plan moral, elles représenteraient la folie, le chaos, et le péché ; mais dans le cas présent, fautes et folies sont le fait des interlocuteurs du Chevalier vert, plutôt que les siennes propres [v. La faute de Gawain). L'étrange chevalier n'est qu'un révélateur des fragilités de ceux qu'il côtoie, fragilités qui sont plus largement celles de la cour du roi Arthur, telle qu'elle est décrite par le poète. D'où l'emploi de l'or pour son costume, plutôt que le jaune : signe de richesse, il est aussi opaque et renvoie par sa matière au secret, à ce qui est caché.

Si David Lowery ne conserve pas le rouge des armoiries de Gawain dans *The Green Knight*, il adapte toutefois cette présence vestimentaire du jaune ou de l'or à travers la cape ocre qui couvre le héros dès qu'il part pour sa quête (35-36 min). C'est Gawain lui-même qui devient le porteur de cette couleur ambivalente, rappelant à la fois l'élégance et la richesse de l'or, tout comme le voyage du héros est prometteur et apparemment tourné vers la chevalerie, et la symbolique folle et mensongère du jaune ; or, le Gawain de *The Green Knight* ment à plusieurs reprises, fait preuve d'intempérance et suit en réalité un parcours chaotique et souvent peu chevaleresque.

Certes, le choix d'une cape ocre pour le héros répond aussi à des critères esthétiques indéniables : la prédominance de teintes froides et ternes, comme le gris de l'équipement de Gawain ou du ciel nuageux qui le surplombe lors de sa sortie du château, permet de faire ressortir cet éclat de lumière sur l'image. L'association de l'ocre au teint brun et aux cheveux noirs de l'interprète de Gawain est par ailleurs particulièrement belle, mettant chaque fois en valeur ce protagoniste pourtant peu héroïque : l'image de Gawain brandissant sa hache pour héler les géants (1 h 10), où seuls l'ocre et le roux du pelage du renard ressortent sur des couleurs grises et désaturées, a largement été employée dans les visuels promotionnels du film, généralement d'ailleurs avec des saturations plus poussées, insistant encore plus sur la portée de la couleur ocre. Si la symbolique reste essentielle, il importe de ne jamais oublier que *The Green Knight* appartient à un médium de l'image, et que Lowery accorde dès qu'il le peut une place de choix aux enjeux esthétiques.

SYMBOLISME "PROGRESSIF" ET SYMBOLISME "SÉQUENTIEL"

Jusqu'à présent, l'analyse du symbolisme dans *SGGK* s'est concentrée sur les parties uniquement descriptives du poème : celles où, pour reprendre la terminologie de BREWER, la narration quitte son schéma linéaire et prend un caractère "vertical" [1997c, 179]. Mais il se présente également sous d'autres formes, moins statiques : il est ainsi possible de dégager un symbolisme que nous appellerons "progressif", au sens où se produit un glissement en plusieurs étapes de la narration du réalisme vers le symbolisme, et *vice versa* (par exemple lors du voyage de Gawain vers la Chapelle verte, dont il a déjà été question ici dans l'étude sur Un territoire inhospitalier mais bien connu du poète, et nous n'y reviendrons pas). Il existe aussi un symbolisme que nous appellerons "séquentiel", au sens où la répétition (avec variations) de certains motifs fait naître (ou met l'accent sur) l'aspect symbolique de certaines actions : nous parlons ici bien évidemment de la séquence des scènes de chasse qui viennent s'intercaler entre les entretiens entre Gawain et la Dame.

Bertilak chasse le cerf le premier jour, le sanglier le deuxième et le renard le troisième. La succession des proies peut s'analyser selon différentes grilles d'interprétation. Premièrement, les bêtes ramenées par Bertilak sont de moins en moins satisfaisantes (en effet, le sanglier qui, depuis les temps romains jusqu'au haut Moyen Âge, était vu comme le produit le plus noble de la chasse, se voit remplacé ensuite par le cerf, notamment sous l'influence de la symbolique chrétienne, qui fait du sanglier "l'incarnation des ennemis du Christ" [PASTOUREAU, 2020 (2011), 83]. Bertilak le dit lui-même, avec dépit, le dernier jour : il ne rapporte rien qui vaille la peine (v. 1943). Or le comportement de Gawain, empêtré dans sa relation avec l'épouse de Bertilak, est lui aussi de moins en moins noble. Sur le plan allégorique, les animaux que chasse Bertilak peuvent aussi être interprétés comme représentant le désir charnel, le démon et le monde [Robertson, cité par CASAS PEDROSA, 2006-2007, 72], ou encore les trois tentations décrites dans 1 Jean 2.16 : convoitise de la chair, convoitise des yeux, et orgueil de la vie. En effet, le cerf était réputé pour être particulièrement luxurieux [PASTOUREAU, 2020 (2011), 79], et le renard du poème cherche bien à rester en vie plus que tout. Le sanglier, lui, qui fouille le sol à la recherche de nourriture et dont la vue est basse [PASTOUREAU, 2020 (2011), 84], peut symboliser la "convoitise des yeux" dont parle Jean, celle qui empêche l'homme, qui se concentre sur la satisfaction de ses appétits, de tourner ses regards vers le ciel.

IMPORTANCE DE LA SYMBOLIQUE DES NOMBRES DANS *SGGK*

L'une des particularités de *SGGK* est que le poème est en partie structuré selon des critères qui n'ont rien à voir avec les techniques littéraires de l'époque médiévale, mais qui sont liés à une croyance en la force symbolique de certains chiffres. Ainsi, de nombreux critiques ont noté l'importance pour le poète des chiffres 2 et 3 (ainsi que du chiffre 5, évidemment) mais aussi de la géométrie, visible entre autres dans son usage du pentacle et particulièrement dans sa digression sur les lignes qui viennent former des pointes que l'imagination peut se représenter de manière totalement abstraite ; ce fait fascinait les penseurs et les mystiques médiévaux, lesquels l'appliquaient à la connaissance de Dieu. Ce qu'ils appelaient "imagination mathématique" permettait de se représenter le Créateur de manière purement abstraite, sans faire intervenir les sens [DAVIS, 1997, 336]. Mais les mystiques ne sont pas les seuls à s'intéresser au sens caché des nombres. L'arithmétique spéculative [BEAUJOUAN, 1961, ici et pour le reste de la fiche] fait ainsi son apparition dans les écrits de saint Augustin, dans ceux d'Isidore de Séville également, et est détaillée par des théologiens comme Hugues de Saint-Victor, qui n'énumère pas moins de neuf manières d'interpréter les nombres de la Bible sur le plan mystique, ou encore Eudes de Morimont. Leurs travaux, ainsi que ceux d'autres théologiens que nous ne mentionnerons pas ici, faute de place, trouvent un prolongement au XIIIe siècle dans les écrits de John Peckham, éminent religieux qui enseigna à la faculté de théologie de Paris, ainsi qu'à Oxford, et qui fut archevêque de Cantorbéry de 1276 à sa mort, en 1292. Peckham s'intéressait particulièrement aux cinq sens ; ses écrits pourraient avoir servi au *Gawain*-poet pour sa description du pentacle. Le même Peckham fut d'ailleurs envoyé en mission diplomatique par le roi Édouard I au pays de Galles, alors sous l'autorité de Llewellyn le Grand, voyage dont il revint avec une piètre opinion des Gallois en général, qui, selon lui, passaient leur temps à boire et forniquer – clergé compris. Se pourrait-il que le *Gawain*-poet ait trouvé matière à inspiration chez Peckham, tant pour l'arithmétique symbolique que pour sa représentation des habitants de l'Ouest de la Grande-Bretagne ? On peut se le demander. Après tout, il est généralement admis aujourd'hui que sa maîtrise des écrits théologiques, particulièrement dans le domaine mystique, incluait des sources aussi bien anglaises que latines, françaises ou même italiennes, et qu'elle était plus vaste que son usage dans des homélies à destination d'un auditoire vernaculaire n'a pu le laisser penser un temps [NEUHAUSER, 1997, 271].

Nous ne pouvons ici détailler un sujet qui manifestement intéressait fort le *Gawain*-poet, et nous nous contenterons de ce qui est absolument nécessaire. Les nombres 2 et 3 sont une manière pour le poète de rattacher les éléments de son récit à une vision chrétienne du monde et de ses tentations, car 2 représentait (selon Saint-Victor) "le péché parce que c'est une déviation de l'unité" [BEAUJOUAN, 1961, 162], tandis que le 3 symbolise les tentations auxquelles est soumis le Christ (v. Doubles et miroirs dans *SGGK* et *The Green Knight*). Les scènes de tentation et de chasse, ainsi que les journées pendant lesquelles elles se déroulent, sont au nombre de trois ; or le chiffre 3 se rapporte principalement aux trois tentations subies par le Christ dans le désert, ainsi qu'à ce que l'apôtre Jean définit comme les tentations du monde terrestre. Ainsi, dans la première épître de saint Jean 2.16, il est dit que "tout ce qui est dans le monde, la convoitise de la chair, la convoitise des yeux, et l'orgueil de la vie, ne vient point du Père, mais vient du monde". Le chiffre 3 est donc lié principalement aux épreuves que Gawain subit, mais aussi à ses failles (désir de vivre, peur de la mort et tendance au mensonge), qui toutes le mènent à faire le choix de garder la ceinture. De même, la référence qui est faite au coq qui se fait entendre trois fois au v. 1412, au matin du deuxième jour de chasse, constitue un discret rappel du reniement dont Pierre se rend coupable dans la Bible, et préfigure celui de Gawain un an plus tard. Le chiffre n'a toutefois pas que des connotations négatives dans *SGGK* (cela serait surprenant, vu l'importance de la Trinité dans la religion chrétienne), car le poète prend la peine d'y glisser des emplois positifs : ainsi, la prière de Gawain pour trouver le chemin d'une chapelle est déclinée en trois parties, *pater*, *ave* et *credo* [Casas Pedrosa, 2006-2007, 71], tandis que Gawain fait aussi le signe de la croix trois fois au v. 763, une fois sa prière terminée.

Pour ce qui est du nombre 2, on peut noter évidemment les deux fêtes de Noël (celle de Camelot et celle de Hautdesert) ; les deux scènes de décapitation, mais aussi les personnages dédoublés, comme le Chevalier vert qui s'avère être Bertilak, auquel on pourrait ajouter ceux qui, détenteurs de positions équivalentes, invitent à la comparaison : Arthur et Bertilak (deux types de gouvernance) ; Guinevere et Dame Bertilak (deux types de féminité, l'une idéale, l'autre répréhensible) ; ou même Dame Bertilak et Morgan le Fay (laquelle, sous ce qui est sans doute une fausse apparence, joue le rôle de faire-valoir pour la Dame de Hautdesert). Mais l'on peut aussi inclure dans cette liste un certain nombre de thèmes du poème qui participent d'une vision médiévale d'un monde physique divisé en deux (donc imparfait, contrairement au royaume des cieux) : bien et mal, été et hiver, civilisation et sauvagerie, cour et forêt, *etc.* De manière intéressante, et à rebours du manichéisme qui pourrait naître du type de dichotomie évoqué plus haut, c'est par l'usage du dédoublement des verdicts à la fin que le poète se refuse à clore son récit d'une manière définitive : rien dans le texte ne nous aide à décider de manière certaine qui, de Gawain ou de Bertilak, a raison en ce qui concerne l'épreuve subie par le chevalier. De même, ainsi que l'expliquait déjà fort justement Art Howard il y a près de soixante-dix ans, certaines paires symboliques, comme l'écu de Gawain et la ceinture, ne sont pas à prendre comme de simples opposés : "[t]he girdle and shield are juxtaposed as two kinds of worldliness : the girdle an illicit and self-centered means of holding on to life ; the shield an allowable, self-abnegating use of the world's goods in the service of the highest Christian ideals" [HOWARD, 1964, 429]. Il semblerait que le poète ait trouvé dans les significations mystiques du nombre 2 non seulement une façon de structurer son texte (avec le nombre 3), mais également une manière discrète de souligner le fait que son récit, nonobstant les qualités mystiques que certains ont pu lui trouver (v. *SGGK*, un poème religieux ?), se situe bien dans le monde physique d'après la Chute, un monde où la perfection est nécessairement absente.

Enfin, pour ce qui est du nombre 5, on peut noter que, dans les écrits pythagoriciens, il représente les qualités et les couleurs (son usage est donc particulièrement approprié pour l'écu de Gawain), et qu'il est également associé à la notion de perfection par l'intermédiaire de l'identification du pentacle au sceau de Salomon. Mais il se retrouve aussi dans les multiples de 5 présents dans le poème (qui fait exactement 2530 vers), et dans la séquence de cinq vers qui clôt chaque strophe. Il semblerait donc que, si le poète considérait la perfection comme impossible à atteindre, celle-ci demeurait néanmoins pour lui un objectif louable, sur le plan esthétique et formel tout au moins…

De façon notable, dans *The Green Knight*, Lowery développe l'importance numérologique déjà présente dans le romance (v. Importance de la symbolique des nombres dans *SGGK*). Si le chiffre 5, présent dans le pentacle sur le bouclier de Gawain et répété dans la prière de la reine lors du départ du protagoniste (34 min), semble limité à la seule cour arthurienne pour s'effacer rapidement de la narration cinématographique, Lowery développe au contraire les figures de doubles. Le film propose toute une esthétique de la répétition, dans ses thématiques comme dans ses motifs. Certains personnages se répondent, en écho ou en miroir, comme dans le cas de la "double figure féminine qui suscite le désir de Gawain, avec la prostituée Essel d'une part (2 min) et l'épouse du Seigneur d'autre part (1 h 16), toutes deux incarnées par la même actrice, Alicia Vikander" [BRETON, 2023b, 5]. Le choix de la même interprète permet de renforcer le trouble de Gawain (et du spectateur, qui perçoit ici une manipulation évidente de la narration filmique) lorsque l'épouse du seigneur Bertilak apparaît, aux côtés du titre évocateur indiqué en surimpression : "...an Exchange" (1 h 16). En effet, les deux femmes se répondent directement, d'autant qu'elles entretiennent toutes les deux une relation de séduction avec le héros, et qu'elles matérialisent cet effet de miroir par le grelot, offert par l'une et repris par l'autre. Si cet exemple est le plus visible et le plus troublant, il est également démultiplié par une longue série de doubles qui ponctuent et qui, souvent, guident le parcours de Gawain. Le héros est soutenu dans le début de son aventure par deux figures maternelles, sa mère et la reine ; puis par deux figures paternelles, le roi et le seigneur ; et il donne naissance dans la séquence proleptique à deux enfants, un garçon et une fille, nés de deux femmes différentes. Les personnages sont dédoublés, de même que les épisodes marquants de la quête : deux rencontres avec le Chevalier vert (20 min et 1 h 44), deux têtes décapitées portées par les personnages (celle du Chevalier vert, qu'il saisit lui-même (23 min), et celle de Winifred, que Gawain lui rapporte (1 h 02)) ; la ceinture est offerte à deux reprises (35 min et 1 h 32), et ôtée deux fois (2 h 02 et 2 h 03) ; la hache du Chevalier vert est récupérée deux fois par le héros (25 min et 1 h 03) ; Gawain visualise sa propre mort à deux reprises, lorsqu'il est ligoté dans la forêt (51 min), puis décapité (2 h 02) ; *etc.*

À ces images dédoublées s'ajoutent également quelques motifs triples. Ainsi, les images de décapitations sont reprises en trois occurrences, avec celle du Chevalier vert (elle-même mimée trois fois de suite dans le spectacle de marionnettes (26 min)), celle de Winifred, et celle de Gawain dans sa vision ; et chaque fois, ce motif morbide n'implique pas la disparition du personnage, qui reste présent et actif dans le film. Pourtant, ce troisième coup de hache n'est pas représenté : jamais l'arme ne s'abat sur la nuque de Gawain. Le geste est annoncé par les propos du Chevalier vert qui concluent le film (2 h 03-2 h 04), ses conséquences sont également anticipées lorsque l'on voit la tête de Gawain âgé quitter ses épaules (2 h 02), mais le geste lui-même n'apparaît pas, tout comme celui qui cause la mort de Winifred. Le motif est ainsi répété avec un certain nombre de variations, qui semblent traduire un effacement progressif.

SGGK ET LA TRADITION COURTOISE

AUX ORIGINES DE LA COURTOISIE

Un ensemble de valeurs difficile à définir simplement

Ainsi que le souligne fort justement Nicholls, dont le livre consacré aux formes sociales de la courtoisie médiévale et leur représentation dans les poèmes du manuscrit Cotton A.x. servira de fil conducteur (avec celui de PUTTER [1995] sur les apports du roman courtois français à *SGGK*) à la présente section,

> Despite occurring frequently in Middle English literature, "courtesy" is extremely hard to define satisfactorily. The difficulties arise when a close look is taken at this important, but elusive quality: the exact meaning always seems to hover beyond reach, and its complete band of ethical and moral meanings refuse to be bounded by any but the most general of definitions. [NICHOLLS, 1985, 7]

Les agrégatifs, dûment avertis de la complexité de la notion, pourront néanmoins se contenter comme point de départ (ou de repère) de la proposition suivante, la plus générale qui soit : la courtoisie, au Moyen Âge, est un concept "fourre-tout" qui englobe tout ce qui permet, au moyen de prescriptions comportementales centrées sur l'individu et sa relation à autrui, le bon fonctionnement de la société. Dans cette acception, elle remonte à la notion de *civilitas* romaine. Mais comme la société médiévale se définit avant tout comme une communauté de chrétiens, ces prescriptions à caractère social se doublent d'équivalents moraux et spirituels extrêmement importants.

Dieu est ainsi traditionnellement représenté comme la source de toute courtoisie, ce qui figure de manière détaillée dans *Cleanness*.

Cela ne signifie pas pour autant qu'il faille prendre l'ensemble des notions courtoises qui règlent le fonctionnement des individus en société comme une version abâtardie ou dénaturée de la courtoisie divine, ou plus largement de celle pratiquée par le chrétien. Simplement, tout comme on l'a vu pour le symbole, les différents aspects de la notion médiévale de courtoisie ne s'expriment pas toujours tous au même moment, et sont en partie déterminés par le contexte. L'une des définitions de la courtoisie pourrait également être, ainsi que nous le verrons, l'aptitude d'un individu à évaluer correctement toute situation et à choisir le comportement adéquat. C'est donc une valeur importante dans toutes les strates de la société médiévale (sauf celle des *vil(l)ains*, à qui la société confère le statut peu enviable d'antimodèle, la "vilainie" étant l'inverse de la courtoisie, ainsi que le souligne Gawain lui-même au v. 345), chacune cultivant sa propre version du concept, dont les traits caractéristiques restent les mêmes. La courtoisie étant déterminée comme essentielle à la survie de la société, elle repose donc sur l'observation de préceptes qui régissent les relations entre ses membres et qui assoient la hiérarchie qui la structure. Ses préceptes sont donc essentiellement les mêmes à la cour, dans un monastère ou même dans une guilde de marchands : c'est en tout cas la thèse de Nicholls, pour qui la dissémination des valeurs courtoises s'est faite principalement par l'intermédiaire des monastères et des règles qui y furent édictées, puis transmises par l'enseignement qui y fut donné, tout d'abord aux enfants de la noblesse qui y étaient souvent placés pour y recevoir une partie de leur éducation, puis dans les écoles ouvertes à tous (ou à tous ceux qui pouvaient s'acquitter du prix de cet enseignement). Son analyse est convaincante, tout comme l'est celle de JAEGER [1985], pour qui ce sont les membres du clergé officiant à la cour qui ont véritablement recréé la courtoisie médiévale aux Xe et XIe siècles, à partir d'un matériau plus ancien et hérité des Classiques qu'on pourrait résumer sous le nom d'*elegantia morum* ("l'élégance des mœurs"), tandis que le clergé monastique, lui, aurait critiqué âprement la courtoisie comme une corruption des mœurs (critique renouvelée avec plus de vigueur encore, une fois la courtoisie passée par les cours de France et d'Aquitaine, et "augmentée" des valeurs attachées au *fin'amor* ou "amour raffiné"). En réalité, Nicholls et Jaeger ont tous les deux raison : la courtoisie médiévale fut probablement construite à partir du même matériau hérité de la civilisation antique, mais dans des milieux différents, ce qui contribua à lui donner des acceptions assez différentes suivant les textes qui furent produits dans lesdits milieux, donc à augmenter le risque de confusion ou de contradiction, une fois le concept étendu à toutes les catégories de population. Néanmoins, à condition d'ignorer les contradictions créées par les obligations du *fin'amor* (v. *SGGK* et le *fin'amor*), les prescriptions courtoises régissant les rapports entre les moines ou les rapports de ceux-ci avec les clients qui étaient parfois reçus dans leur hostellerie ne différaient pas outre mesure de celles qui réglaient le monde de la cour, en tout cas pas dans leur nature ; c'est dans son degré de perfectionnement que la courtoisie varie d'un milieu à l'autre, même si la perfection, pour le *Gawain*-poet, ne se détermine pas, en dernier recours, à la qualité des manières adoptées par une personne, mais à sa capacité de déterminer comment se comporter selon les milieux et la situation. En cela, il se situe fermement du côté de Thomas d'Aquin, pour qui les vertus doivent être pratiquées de manière égale.

C'est dans le monde de la noblesse (réel et imaginaire) que l'excellence est condition de tout avancement : tant l'excellence au combat (sujet des romans de chevalerie) que celle des manières (sur lesquelles l'accent est mis dans les romans dits "courtois"), d'où l'emploi courant dans le romance de l'adjectif "worthy" (ou de l'adverbe dérivé) comme synonyme de "courtois", car la quête de l'excellence est nécessaire pour acquérir de la valeur. Une telle recherche est d'ailleurs ce qui définit la noblesse. Celle-ci n'est rien d'autre que la condition de ceux qui, de par leur naissance, ont le pouvoir de s'approcher au plus près de la perfection, dans le domaine social comme dans le domaine moral, et donc le devoir de réaliser ce potentiel. Néanmoins, bien qu'elle soit sans cesse mise en valeur dans la littérature chevaleresque et courtoise, une telle recherche peut devenir un facteur de fragilisation pour un chevalier, et par extension pour la noblesse tout entière, si elle ne s'accompagne pas de beaucoup d'humilité : leçon que refuse d'apprendre Gawain, et sur laquelle se clôt un poème qui peut se lire comme un panégyrique de la courtoisie assorti d'une mise en garde concernant ses excès (et toute forme d'excès non autorisé par l'usage ou les circonstances, de manière générale).

Les (quasi-)synonymes de la courtoisie

Il existe un grand nombre de termes qui fonctionnent comme des synonymes de la courtoisie, mais, comme pour le symbole, ils n'ont pas exactement le même sens. Très souvent les auteurs médiévaux vont s'attacher à l'un de ces termes, plus qu'à d'autres, en fonction de leurs objectifs et de leur auditoire. Cela vaut aussi souvent pour les spécialistes de la notion aujourd'hui, et les apparentes contradictions entre les critiques qui pensent que *SGGK* est un poème mettant en valeur une forme de courtoisie fondamentalement spirituelle, voire mystique et ceux qui, comme Brewer ou Aers [in Brewer et Gibson, 1997], considèrent au contraire que le poème défend une vision éminemment pragmatique, voire matérialiste, des vertus à adopter pour vivre en bonne société et jouir de la vie en bon chrétien.

Le mot "courtoisie" pouvait s'employer au Moyen Âge pour traduire différents termes latins : outre l'expression *elegantia morum* (voir plus haut), elle traduit *civilitas* (qui deviendra *civility* en anglais, et supplantera à la Renaissance le terme de *courtesy* dans cette acception d'une manière relativement abrupte, puisque *civility* n'était pas du tout employé comme équivalent de *courtesy* au Moyen Âge [v. Nicholls, 1985, 13 ; v. aussi Gillingham, 2002]) et *urbanitas* ("urbanité" en français, *urbanity* en anglais), qui correspondent au versant "social" de la notion, soit les bonnes manières. À l'époque du *Gawain*-poet, la courtoisie pratiquée par la noblesse (petite ou grande) bénéficiait de son propre qualificatif, que Chaucer a beaucoup contribué à diffuser : la *gentilesse*.

Si le nom commun n'apparaît pas dans les textes attribués au *Gawain*-poet, l'adjectif *gentyl(e)* dont il dérive est en revanche bien présent, mais il est absent dans la traduction de Armitage, en raison, sans aucun doute, de la disparition de ce terme dans les sens qu'il avait au Moyen Âge. Ainsi, Putter et Stokes, dans le glossaire qu'ils joignent à leur édition des textes du manuscrit Cotton A.x. [2014], fournissent comme exemple de son emploi pour signifier les manières appartenant à la classe noble les vers 42 et 2185. Or, Armitage choisit dans les deux cas de supprimer le terme, ainsi que ce qu'il qualifie, à savoir *knight* (v. Forces et faiblesses de la traduction). Les mêmes éditeurs fournissent comme exemple *gentyl* dans un sens dénotant plutôt des qualités morales (bienveillance, générosité, et même piété) dans son emploi au v. 774, où il qualifie "Jesus and Sayn Julian". Ici, Armitage choisit d'étoffer sa traduction en associant "gentle" à "good", pour expliciter la connotation morale du terme. L'adjectif est également employé comme synonyme de *raffiné* ("fine") au v. 1022 (dans l'édition de PUTTER et STOKES [2014], il s'agit du v. 1021), ce que Armitage traduit, de manière un peu surprenante, par un comparatif, "gentler", en raison sans doute du contexte dans lequel il apparaît. En effet, il est question des festivités de Noël et de ce qu'il était attendu comme atmosphère en un jour dédié à Jésus et à saint Julien, tous deux connus pour leur douceur. L'adjectif employé au superlatif est également présent, au sens de "most considerate and respectful of others", v. 639 [PUTTER et STOKES, 2014, 865], où Armitage le traduit par "noblest".

On trouve également dans le poème un autre adjectif : *hend(e)*, qui a disparu du vocabulaire, mais qui était très courant au Moyen Âge, comme en témoignent le grand nombre de citations fournies par le *MED* et la variété des sens qui lui sont attribués. Il est d'ailleurs fort intéressant de constater que les trois sens principaux fournis par le *MED* sont fonction de leur contexte, et du statut de la personne qu'ils qualifient : la première acception du terme, et de loin la plus courante, concerne des qualités attribuées à la noblesse. Elle correspond au plus près à ce que nous appelons "courtois" et que le *MED* résume ainsi : "having the approved courtly or knightly qualities". La deuxième porte sur le domaine moral et religieux et qualifie Jésus, la Vierge Marie et, plus largement, tout homme vertueux et qui se distingue particulièrement par son humilité, sa générosité et sa douceur. Le troisième type d'emploi du terme, peu fréquent comparé aux deux premiers (à en juger par le nombre d'exemples fournis dans le *MED*), en fait un synonyme de "clever, skilled", et il semble avoir servi avec cette signification pour des personnes de moindre qualité (on ne s'étonnera donc guère de ne pas le rencontrer dans ce sens-là dans *SGGK*). Cela se vérifie également pour le terme *courtesy* lui-même, qui apparaît dans des sens plus restreints dans les livres de bonnes manières (*courtesy books*) écrits à l'intention des enfants et des personnes de basse extraction [NICHOLLS, 1985, 10].

Putter et Stokes le donnent comme synonyme d'"élégant" au v. 108 (Armitage le traduit par "charmingly"). Il qualifie l'homme (pas la femme) courtois aux v. 827, 896, 904, 906 et 1104. Il peut également se rencontrer au sens de "gracieux" ou de "noble", et s'utiliser comme épithète dans ce sens, voire remplacer le terme "sir" (v. 2330). Employé au superlatif au v. 26 pour qualifier Arthur, il signifie alors, pour PUTTER et STOKES, “most attentive to courtesy and decorum” [2014, 875-76], ce qui nous paraît excessivement précis, à ce moment du poème, en tout cas. Armitage fait, quant à lui, le choix prudent de s’éloigner de la lettre du poème, peut-être pour ne pas avoir à choisir entre les multiples acceptions du terme, ce qui reviendrait à restreindre son champ lexical. Il traduit de ce fait l’adjectif par “honoured above all”, ce qui représente un glissement sémantique de la qualité attribuée à Arthur (quelle qu’elle soit) aux conséquences positives qu’elle eut pour son renom.

DE L’IMPORTANCE CAPITALE DES BONNES MANIÈRES

La courtoisie comme socle de l’éducation d’un homme (ou d’une femme) de bien

La courtoisie est au Moyen Âge affaire d’éducation, quel que soit le statut social ; les bonnes manières sont simplement plus raffinées en haut de l’échelle sociale qu’en bas, et servent donc à maintenir la stricte hiérarchie avec laquelle était ordonnée la société médiévale. Cela explique que la courtoisie soit souvent associée en Angleterre au concept de “nurture”, terme qui lui sert parfois de synonyme dans les livres destinés à l’enseigner, et que l’on trouve appliqué à Gawain au v. 919. Ce dernier y est qualifié de “fyne fader of nurture”, soit le “père raffiné des bonnes manières”, ce que Armitage rend d’une manière beaucoup moins précise par “a man of high honour”.

La traduction a le mérite d’être cohérente : Armitage, on l’a vu, traduit régulièrement tout comportement qui relève du domaine de la courtoisie dans le poème par des termes qui qualifient l’honneur que l’on retire à se comporter ainsi. Cependant, cette traduction oblitère complètement l’image d’un Gawain pédagogue, dispensant son enseignement à qui le souhaite, ainsi que le possible sous-entendu ironique, ou à tout le moins humoristique. En effet, Gawain, bien loin de pouvoir donner des leçons en courtoisie, va décevoir son hôte et son hôtesse au cours de son séjour à

Hautdesert (même s'il semble qu'il aura donné satisfaction au reste de la maisonnée, de manière plus générale).

Il convient ici de noter que la requête de Bertilak, qui ordonne à Gawain de rester au château s'occuper des dames pendant qu'il s'en va poursuivre le cerf, le sanglier et le renard, place celui-ci dans une situation semblable à celle d'un jeune page qui n'aurait pas encore atteint l'âge d'aller à la chasse. Gawain est donc infantilisé dès que commence le Jeu des Échanges, ce qui va de pair avec sa relégation au château, avec les femmes, et la façon, de plus en plus informelle, dont Bertilak s'adresse à lui et qui contraste avec la politesse quasiment sans faille de son épouse. Dans le film *The Green Knight*, plusieurs personnages, dont le seigneur et surtout son épouse, contribuent justement à maintenir Gawain dans cette situation d'infantilisation (v. *The Green Knight*: Gawain et les personnages féminins, ou comment sortir de l'enfance). Dans *SGGK*, Gawain est interpellé par Bertilak au moyen du terme "burne" (v. 1071), qui signifiait à l'origine "homme" (toutes classes confondues) et qui, au Moyen Âge, d'après le *MED*, pouvait aussi bien servir de synonyme à "sir" que s'utiliser pour s'adresser à un serviteur. Étant donné qu'il apparaît dans une phrase où l'on intime à Gawain de profiter au mieux de son lit bien chaud, il peut aussi bien s'entendre comme une marque de familiarité joueuse qu'indiquer une perte de statut, voire d'estime.

Plus qu'une *perte* d'estime, peut-être serait-il plus judicieux de considérer que Bertilak n'a que *peu* d'estime en réalité pour Gawain à ce moment de l'histoire ; il suffit de se souvenir de son avis sur la qualité réelle des chevaliers de Camelot, telle qu'il l'avait formulé sous le masque du Chevalier vert. Il est possible qu'il laisse percer son opinion véritable en ce qui concerne le jeune homme, à qui il reste beaucoup à apprendre, malgré son renom, et malgré le caractère de "père de la courtoisie" (voir plus haut) qui lui a été attribué par d'autres invités et membres de sa maisonnée. Dans tous les cas, Bertilak joue sur la plasticité sémantique de *burne*, qu'il conjugue avec l'apparition fortuite dans sa phrase de la forme "thyn" en référence à son interlocuteur. Ce pronom est moins respectueux que celui dérivé de "ye", qui apparaît pourtant en début de vers également : l'emploi de "burne" marque donc un point de bascule d'une forme d'adresse à une autre, qui correspond, on l'a dit, à une forme de "rétrogradation" sur le plan symbolique de Gawain, tant sur le plan de son statut que de son âge. Or le chevalier arthurien, qui est l'invité de Bertilak et qui lui doit reconnaissance non seulement pour l'avoir hébergé, mais aussi pour lui avoir révélé qu'il connaît le lieu de la Chapelle verte, ne peut qu'accepter la forme nouvelle prise par leurs échanges ; le texte laisse d'ailleurs entendre qu'il ne remarque pas ce qui vient de se passer (d'autant que Bertilak reprend par la suite la forme honorifique "ye" pour s'adresser à lui, jusqu'au moment où, sous la forme du Chevalier vert, il reviendra au pronom singulier). Peut-être faut-il comprendre plutôt qu'il n'en a cure, en raison de la joie immense qu'il éprouve à savoir qu'il va pouvoir honorer la promesse faite au géant vert (v. 1079) ; ou peut-être faut-il voir dans le rire avec lequel il répond l'expression de son inconfort, et la manière dont il cache celui-ci ? Après tout, rire lui servira à masquer sa gêne dans ses échanges avec la Dame, à l'occasion. Mais rien dans le texte n'indique que cela soit le cas à ce moment du récit, donc l'hypothèse est à prendre avec beaucoup de précautions.

Revenons-en à la courtoisie et à sa place dans l'existence des jeunes nobles. Elle y jouait le rôle de "premier volet" d'une éducation qui commençait dès la petite enfance. À l'apprentissage des bonnes manières s'ajoutait, à l'adolescence, celui de la chasse, porte d'entrée vers le monde de la chevalerie. *Ipomedon*, dont nous avons déjà évoqué l'importance comme source de *SGGK*, fournit d'ailleurs un résumé, que l'un des adaptateurs/traducteurs de l'œuvre reprend fidèlement à peu près à l'époque de composition de *SGGK:* Ipomedon reçoit la meilleure éducation des mains d'un maître qui l'instruit tout d'abord dans l'art de la courtoisie, puis dans celui de la chasse, et enfin dans celui de la chevalerie [Nicholls, 1985, 49]. Dans sa forme la plus simple, celle que l'on retrouve dans tous les *courtesy books*, la courtoisie s'apprend dès le plus jeune âge et caractérise les comportements à adopter en société, comportements que *SGGK* représente scrupuleusement (en les faisant précéder d'un adjectif ou d'un adverbe qui traduit leur caractère courtois).

SGGK et la littérature de type "miroir" (lat. "*speculum*")

On ne s'étonnera dès lors pas que la courtoisie, prise dans son sens le plus simple, corresponde à ce que nous appelons aujourd'hui les bonnes manières, dans tous les aspects de la vie, ce dont *SGGK* se fait l'écho. La précision minutieuse avec laquelle le poète détaille la façon dont vivent ses personnages laisse supposer une volonté chez lui de faire de son poème un *miroir* (plus encore peut-être qu'un *treatise*), c'est-à-dire un type de récit médiéval qui visait à instruire ses lecteurs, mais d'une manière plus divertissante que les listes de préceptes généralement proposées dans ce type d'écrit, qui recouvre en partie le sujet des *courtesy books* déjà évoqués. Le caractère pédagogique de *SGGK* se manifeste dans l'attention toute particulière accordée aux manières des personnages, dans tous les aspects de la vie à la cour. Ainsi, la description des repas, que ce soit à Hautdesert (par exemple v. 1001 *et seq.*) ou à Camelot (v. 72 *et seq.*), inclut la manière dont doivent être disposés et servis les convives (qui se seront auparavant lavé les mains, v. 72). Il est frappant aussi que les scènes de chasse présentent par le menu la manière dont le gibier devait être découpé, une fois tué ; instructions manifestement fondées sur les traités de chasse en vigueur à l'époque, et que le poète a pris soin de consulter. De même, l'évocation du château de Bertilak, avec ses nombreuses cheminées et chambres (les unes et les autres relativement nouvelles pour l'époque, en tout cas dans leur nombre) et son parc arboré parfaitement entretenu, n'aurait pas manqué de susciter chez un lecteur contemporain de l'auteur du poème une certaine envie, et, pour les plus fortunés, de constituer un modèle de demeure. Même les descriptions des vêtements témoignent d'une connaissance fine de l'évolution de la mode, du caractère de plus en plus extravagant des habits de la noblesse, dont le *Gawain*-poet se fait l'écho lorsqu'il mentionne le caractère particulièrement ample de la houppelande revêtue par le Chevalier à son arrivée à Hautdesert (v. 864), ou le décolleté plongeant, devant comme derrière, de la robe portée par l'épouse de Bertilak (v. 1740-41) lors de leur dernière entrevue privée. Sur ce point, le film de Lowery reprend l'élégance du décolleté plongeant, mais uniquement de face, voilant entièrement le dos de la Dame.

Plutôt que d'adopter le simple recensement des bonnes manières, ou bien l'instruction par l'intermédiaire d'un dialogue entre un maître et son élève (certains traités, comme le *Speculum Regis* produit vers 1330 ou le *De regimine principum* de Thomas Hoccleve, étaient expressément composés pour une personne en particulier, à savoir un jeune monarque), le type de littérature apparentée au *miroir* propose des modèles de conduite à suivre, ou bien, à l'inverse, des comportements à éviter de reproduire à tout prix, le plus souvent sous la forme de petites histoires inspirées de fables célèbres et assorties de commentaires moralisants. Si ces textes sont aisément repérables comme étant du type *speculum*, en raison de leur titre ou de quelque précision apportée par leur auteur en introduction, il semblerait qu'un certain nombre de romances médiévaux aient pu jouer un rôle similaire dans l'éducation des catégories de population qui pouvaient s'offrir ce genre d'ouvrage, et le lire.

SGGK : un *speculum* à destination de la classe moyenne tout autant que la noblesse ?

Un certain nombre d'indices viennent étayer la thèse selon laquelle le *Gawain*-poet aurait composé son romance comme un *speculum* qui ne serait pas uniquement destiné à la noblesse, sujet de son poème, mais qui pourrait être également employé comme un manuel par les "classes moyennes supérieures" du Moyen Âge, pour reprendre une expression anachronique qui a au moins le mérite de comprendre à la fois la bourgeoisie des villes médiévales et les riches "yeomen", ces propriétaires de larges domaines auxquels ne manquait qu'un titre pour évoluer dans des cercles supérieurs. Ceux-ci comme ceux-là usaient de stratégies variées pour s'élever dans l'échelle sociale : mariage, placement des enfants à la cour, *etc*. Chaucer, ce fils de marchands qui épousa une dame de la cour et qui servit la couronne toute sa vie durant, est un parfait exemple de la trajectoire ascendante de la bourgeoisie à cette époque.

Or les jeunes hommes issus de la bourgeoisie auraient eu besoin d'un certain nombre d'informations pour évoluer à la cour, fût-ce dans des emplois subalternes, informations que le poème fournit en grand nombre, non seulement sur ce qu'on appellerait aujourd'hui le "savoir-vivre", mais également au sujet du comportement à adopter avec des membres de la société plus haut placés que soi : comment s'adresser à un roi (ou simplement à un membre supérieur de la société) à qui l'on souhaite donner un conseil (ce que fait Gawain avec Arthur au début du romance), mais aussi comment repousser les avances d'une dame mariée, protégée par son statut. Il fournit également un panorama de la vie de la noblesse, et de ses activités, offrant un résumé des techniques de chasse (et par là même les qualités à rechercher chez les maîtres de vénerie), des exemples de divertissements acceptables en fonction des périodes de l'année ; un exemple d'armoirie et de la manière dont on pouvait la construire et l'interpréter (à une époque où l'usage des armoiries s'était largement diffusé dans toute la société médiévale

[Pastoureau, 2004, 249-50]); et, enfin, la description d'un château moderne entouré d'un parc dont l'entretien minutieux informe les visiteurs, avant même qu'ils soient entrés, que le propriétaire des lieux gère son domaine d'une manière admirable…

Mais ce qui nous semble appuyer le plus solidement l'hypothèse d'un lectorat cible plus bourgeois que noble (même s'il ne l'exclut pas, évidemment) est à chercher dans ce qui ne figure pas dans le poème, à savoir la joute, et plus largement tout ce qui a trait aux techniques de combat pratiquées par les chevaliers, contrairement à nombre d'autres romans d'aventures anglais populaires, tels *Guy of Warwick*, ou encore *Sir Degaré*. Il est bien mentionné que les chevaliers passent une bonne partie de leur temps libre à jouter (par exemple à Noël, comme le fait la cour de Camelot) et que Gawain se trouve forcé de combattre des adversaires variés sur le chemin de la Chapelle verte, mais aucune description n'est faite de l'utilisation des armes et de l'armure que le poète prend pourtant un soin tout particulier à décrire, comme si le sujet ne pouvait concerner ses lecteurs que dans la mesure où ils pourraient être menés à aider un noble à revêtir son armure…

Les problèmes posés par l'adaptation des romances arthuriens à un nouveau lectorat

Le sujet même du romance, une aventure se déroulant à l'époque du roi Arthur, peut également être considéré comme faisant partie du bagage nécessaire à tout homme (ou femme) de bien souhaitant évoluer dans des cercles raffinés. L'étude des patronymes médiévaux, tels qu'ils nous sont parvenus par l'intermédiaire des registres des églises ou des sceaux, montre que la légende arthurienne était bien connue des hommes et des femmes du Moyen Âge, toutes origines confondues : on trouve à la fin du Moyen Âge des hommes prénommés Lancelot, Tristan, Gauvain (surtout en Angleterre), mais encore Bohort ou Lionel, aussi bien dans la noblesse que chez les artisans et les laboureurs, ainsi que des femmes (en moindre quantité, mais cela est peut-être dû au fait qu'elles ont laissé moins de traces dans l'histoire, petite et grande) prénommées Genièvre ou Iseut [Pastoureau, 2004, 336, 340 *et seq*.]. Il y a fort à parier que le corpus arthurien ait été diffusé dans toute la société médiévale par l'intermédiaire des joutes auxquelles s'adonnait la noblesse et qui se sont bientôt inspirées des romances médiévaux, plutôt que par la littérature, à laquelle les gens du commun n'auraient pas eu accès, sauf ceux qui travaillaient dans les châteaux et qui auraient pu assister aux récitations données par les ménestrels.

Mais pour les catégories de population qui avaient accès aux livres, le problème s'est rapidement posé de l'adaptation de textes qui, pour une large part, ne se contentaient pas de présenter l'*ethos* courtois et chevaleresque, ou même, pour les plus anciens, de participer à sa conception, mais qui comportaient également des interrogations à son égard, lesquelles pouvaient prendre une forme plus ou moins sérieuse, ou plus ou moins précise. Or les adaptateurs anglais des œuvres fondatrices du roman courtois et chevaleresque n'avaient pas forcément conscience de leur aspect réflexif, ni du fait qu'on ne pouvait pas toujours croire en la bonne foi d'un poète présentant le héros de son poème comme un modèle à suivre. Un bon exemple du type de problème rencontré par les continuateurs et adaptateurs du roman courtois aux XIVe et XVe siècles est fourni par *Ipomedon*, et ses nombreuses adaptations en moyen-anglais. Nous ne pouvons ici qu'évoquer brièvement, à titre d'exemple, les difficultés rencontrées par l'auteur anonyme d'une adaptation en prose du poème de Hue de Rotelande, qui présente de loin en loin ses réflexions sur le comportement du héros, réflexions qui montrent qu'il avait bien du mal à faire dudit héros un modèle digne d'imitation, alors que celui-ci ne respecte guère les règles courtoises durant tout le romance.

Or *SGGK* reflète les interrogations de ce nouveau lectorat à l'égard du modèle courtois et chevaleresque, et de la place à accorder à ce dernier dans le système de valeurs diffusé dans toute la société, et pour une catégorie de personnes dont l'essor tenait au pouvoir conféré par l'argent plutôt que par le lignage. Ainsi peut s'expliquer l'apparition de termes liés au commerce dans les romances de la période, dont *SGGK*, sans que cela devienne pour autant un thème majeur de ce poème, et encore moins l'objet d'une remise en question du mode de fonctionnement de la noblesse dans son ensemble [AERS, 1997] (contrairement à ce que SHOAF [1984] tente de prouver), à la différence d'autres romances comme *Sir Launfal*. Gawain est présenté comme un modèle digne d'imitation dans le poème, en tout cas par les personnes avec lesquelles il échange : c'est l'opinion de la maisonnée de Bertilak, ainsi que de ses invités, qui se pressent autour de lui dès son arrivée et qui boivent ses paroles, dans l'espoir d'"apprendre" (v. 918), en le regardant évoluer tout comme en l'écoutant parler (v. 916-17), "le sens de la courtoisie" :

“[the] *menyng* of maneres mere” (v. 924). Il nous semble important de souligner ici l’expression employée dans le texte originel, car il est bien question de comprendre le “sens” des bonnes manières, et pas seulement de mémoriser, sans réflexion, les faits et gestes de Gawain pour les reproduire. Le terme *menyng* laisse entendre que la courtoisie ne peut s’exprimer pleinement qu’adossée à un *ethos* plus large qui lui donne sa raison d’être, et *qui doit être bien entendu*, au sens propre comme au sens figuré. C’est en cela que son apprentissage qui, dans les livres destinés aux enfants et aux personnes de moindre qualité, se contente effectivement d’établir des listes de comportements à adopter en société, acquiert, pour ce qui est de la noblesse, une dimension morale et spirituelle qu’elle n’a pas ailleurs. Un tel apprentissage tient de ce que l’on serait tenté d’appeler, de manière anachronique, une “formation continue” poursuivie bien au-delà de l’enfance et de l’adolescence.

C’est aussi la raison pour laquelle on a pu qualifier la littérature courtoise et chevaleresque de littérature “militante” [PASTOUREAU, 2004, 331] (même s’il faut nuancer cette affirmation, certaines œuvres du corpus adoptant un point de vue subversif plus ou moins dissimulé), dans la mesure où, non seulement elle promeut les valeurs de son lectorat/auditoire cible en lui tendant un miroir flatteur, mais elle sert également à présenter comme un devoir le fait de chercher à correspondre au plus près aux personnages loués pour leurs qualités dans ces récits, que ces qualités soient déjà parfaitement intégrées dans l’*ethos* de l’époque, ou au contraire nouvelles, auquel cas les romans en question servent autant à les mettre en forme qu’à les arrimer au socle de valeurs préexistantes. On connaît l’importance, par exemple, de Chrétien de Troyes pour l’exploration (et la dissémination) du nouvel *ethos* courtois au sein de la noblesse de son époque, mais aussi de formes nouvelles, pour le XIIe siècle, d’examen de soi. *SGGK* se fait l’écho de cette pratique discursive et exploratrice, non seulement dans le cas de l’amour courtois (dont il sera question plus bas, v. *SGGK* et le *fin’amor*), mais aussi à l’échelle du poème tout entier. On peut lire son texte comme une réflexion sur ce que l’on pourrait qualifier de “vraie nature de la courtoisie”, et pour laquelle il ne livre aucune conclusion définitive. Il laisse au contraire à la charge de ses lecteurs de déterminer celle-ci ; manière, peut-être, de prolonger la réflexion au-delà du romance.

The Green Knight : masculinité, héroïsme et crise identitaire

The Green Knight s'adapte de façon similaire à son époque et à son public visé, en ne mettant plus l'accent sur des codes courtois à maîtriser, mais sur une réflexion plus individuelle, voire individualiste, pour examiner ce qui fait de Gawain un chevalier, un héros, et même simplement un homme. Le film propose en effet une interprétation originale et très personnelle de la quête de Gawain, au sens où ses aventures forment un parcours initiatique lui permettant de comprendre, peut-être même de forger son identité. Contrairement à ce que le titre choisi par David Lowery suggère, toute la narration est bien centrée sur la quête du héros : "The film insists that it is all about Gawain" [KAMČEVSKI, 2023, 2]. Le récit filmique retrace la recherche du héros, qui doit découvrir qui il est : plus encore qu'un chevalier, il doit apprendre à devenir un homme. Or, dans un premier temps, le protagoniste se caractérise par sa situation d'entre-deux et par le flou avec lequel il interagit avec les autres personnages. Il n'est pas chevalier, mais se comporte régulièrement comme tel ; il fréquente les tavernes et les prostituées, bien qu'il soit le neveu du roi (et l'on sait à quel point cela constitue une position privilégiée dans la littérature et la société médiévales [FARNSWORTH, 1913 ; KUPPER, 2004]). Son système de valeurs reste également imprécis. Là où Essel se rend à la messe de Noël, et là où sa mère a, quant à elle, des pratiques qui semblent païennes, Gawain ne s'inscrit dans aucun de ces deux systèmes de pensée et de croyance. Il interroge Essel sur la pertinence d'aller à l'église, ne souhaite un joyeux Noël qu'à son cheval, et ment à sa mère – sans grand résultat – sur le fait qu'il était à la messe (3-5 min) : "Gawain seems to be nowhere; he is careless and lacking strong conviction" [KAMČEVSKI, 2023, 3].

Le personnage se laisse porter par le flot des événements, y compris quand il donne l'impression d'adopter un rôle actif. La séquence de défi à la cour royale en dit long sur cette hésitation permanente dans laquelle il évolue. Après l'agitation provoquée par le message du Chevalier vert (18 min) et le discours d'acceptation prononcé par Arthur (18-19 min), Gawain n'attend que quatre secondes avant de déclarer relever le défi (19 min). Alors que tous les chevaliers et membres de la cour hésitent et que le souverain vieillissant n'est plus en état d'affronter lui-même le merveilleux intrus, Gawain fait preuve d'initiative et accepte le défi avec dynamisme. Il semble ainsi délaisser le flottement qui le caractérisait dans les premières minutes du film, pour revêtir un rôle actif. Cependant, cette impression est bientôt brisée, dès lors que le protagoniste retrouve son hésitation habituelle. Lorsque le roi l'interroge : "Do you understand this challenge ?", Gawain répond : "I do. I think I do" (19 min). La répétition est ici particulièrement parlante. Le héros ne répète pas sa motivation dans un processus d'affirmation, il module au contraire sa réponse dans un deuxième temps, ce qui traduit son doute. Après l'impétuosité de la jeunesse, qui apparaît également dans son attitude vis-à-vis d'Essel et des buveurs de la taverne, sa réponse fait place à une inquiétude née de l'incompréhension. La suite de la séquence confirme cette ambivalence : si Gawain avance fièrement face au Chevalier vert, il reste dubitatif quant au rôle qu'il est censé jouer. Avançant avec force comme pour frapper son adversaire désarmé, il hésite à plusieurs reprises, jusqu'à finalement interroger directement le Chevalier vert : "What do you expect me to do ?" (21 min). Il attend de lui des réponses qui lui permettraient de guider son action, alors même que l'image le montre debout, tenant fermement l'épée des deux mains, face à son adversaire agenouillé et désarmé. La position des corps, suggérant la supériorité de Gawain, forme ainsi un contraste avec sa réplique, qui met en évidence son doute profond, et avec le regard des deux protagonistes : au regard serein et presque amusé du Chevalier vert, pourtant sur le point d'être décapité, répondent les yeux fuyants et visiblement inquiets du héros.

The Green Knight est un récit d'affirmation de soi, qui passe d'abord par un processus de compréhension. Gawain doit comprendre qui il est et quelle est sa place dans cet univers chevaleresque, avant de pouvoir assumer son statut face au Chevalier vert. Tout au long du film, le héros peine à saisir les codes et les attentes des autres personnages, à la fois du point de vue social et féodal, à travers ce statut de chevalier qu'il convoite plus ou moins, et du point de vue personnel, dans ses relations intimes avec Essel et la Dame. La plupart de ses répliques, ou, de façon intéressante, ses silences, comme lorsqu'il ne parvient pas à promettre son amour et son avenir à son amante, mettent en évidence cette hésitation perpétuelle du personnage, qui ne sait ni qui il est ni ce qu'il souhaite : "When asked by Bercilak what he seeks to achieve with his quest, he answers with hesitation and uncertainty: 'Honour ?' Even Bercilak is taken aback and answers: 'Are you asking me ?'" [Kamčevski, 2023, 7]. Un chevalier doit faire preuve d'honneur, donc

Gawain adopte ce modèle, mais sans comprendre ce que cela implique, ni même savoir si cela correspond à ce qu'il cherche réellement.

Il est un héros au sens où il est le protagoniste du récit et où toutes les aventures mises en scène contribuent à approfondir sa personnalité. Mais il n'est pas un héros au sens proprement "héroïque" du terme, puisqu'il manque de courage et de force d'action, à défaut d'ambition :

> Dev Patel's Gawain is no John Snow, no armor-clad action hero eager for honor; introspective and oddly passive, he moves through a dreamlike landscape, seeking meaning in a world that offers stark beauty but little in the way of answers. Lowery's film does not explain its phenomena or justify its narrative beats. We, like Gawain, merely observe, grappling with uncertainty as his destiny plays out before us [Aronstein et Drummond, 2021, 90].

Parce que tout le film est centré sur ce personnage et sur ses hésitations, le spectateur est invité à douter en même temps que lui, et à suivre le cours des événements sans pouvoir véritablement agir sur eux.

Cette dimension particulièrement passive du protagoniste peut surprendre, en particulier lorsqu'elle est confrontée à la tradition littéraire médiévale faisant de Gawain un chevalier impressionnant, grand séducteur et dont la force croît et décroît avec le soleil. Pourtant, Lowery choisit d'adapter ici la quête de sens menée par le personnage, dont l'incompréhension constitue déjà une ligne directrice dans les textes du Moyen Âge. Si cet élément est bien présent dans *SGGK*, il apparaît également dans toute une tradition littéraire développée autour du chevalier : "In the medieval Grail legends, Gawain's misperception of the Grail Quest as yet another pursuit of worldly honor yields no adventures and prevents him from achieving any success" [Marshall, 2015, 224]. C'est d'ailleurs cette incompréhension de la signification du Graal qui évince le chevalier de cette quête plus spirituelle que matérielle et qui, ainsi, tend à mettre de côté le personnage dans les récits consacrés à la quête du Graal. Le fait que Gawain demeure étranger aux véritables enjeux à l'œuvre dans les récits apparaît comme un fil conducteur dans nombre de réécritures et adaptations de la légende arthurienne, y compris en dehors de son aventure avec le Chevalier vert. Dans la quadrilogie *The Once and Future King* (1958) de l'auteur britannique T.H. White, Gawain est certes présenté comme un chef respecté du clan Orkney, mais il se montre opiniâtre et entêté, incapable de percevoir les manipulations de Mordred et peinant à comprendre le projet politique et philosophique mené par le roi Arthur. Dans cette version de la légende, cette erreur d'interprétation, ou peut-être ce refus de compréhension de la part de Gawain, provoque non seulement sa défaite, mais contribue aussi activement à la chute du royaume arthurien.

The Green Knight met en scène une quête psychologique, plus qu'il ne correspond aux enjeux des films de chevalerie. Gawain cherche à définir son identité face aux modèles qui lui sont proposés : l'héritier du trône, le fils aimant, l'amant faillible, le tueur sanguinaire, le héros des récits populaires (v. Les deux visages de Gawain).

> Gawain himself is shown as not being a knight; cowardly; crying openly; begging for mercy; trying to avoid dying at all costs by keeping the Green Girdle even when going to bed with his wife. He is shown to be continuously subdued to the female principle. His identity is between non-existent and wavering (which is neatly symbolized by the title of the section "Sir Gawain" changing fonts) [KAMČEVSKI, 2023, 6-7].

En étant multiple, il ne parvient pas à être lui-même, et ce n'est que la séquence de résumé, à la fin du film, qui lui donne à voir la nature de sa vie à venir, qui lui permet progressivement de composer cette identité complexe. En ce sens, le film de David Lowery se présente comme "an antidote to the toxic masculinity found in so many Arthurian texts across multiple genres" [HARTY, 2022]. Gawain devient un homme, non parce qu'il terrasse ses ennemis ni parce qu'il prend une épouse. S'emparer d'une épée pour décapiter le Chevalier vert, comme il le fait avec avidité dans un premier temps (21-22 min), ne le mène qu'à subir, à son tour, le coup de hache de son adversaire ; et les femmes qu'il fréquente, Essel, la Dame, son épouse, ne lui permettent pas de comprendre qui il est. C'est en refusant le cycle de violence, apparemment imposé par le Chevalier vert mais aussi par toute la dynamique de conquête arthurienne et de combats menés par les membres de la Table ronde, que Gawain trouve une issue à son aventure : "The only way for Gawain to escape the cycle of bloodshed is to also reject the imperialist mindset of Arthur's court, and accept that violence begets further violence" [RODRIGUEZ, 2021]. Le film propose une lente quête de soi, où le fait de devenir un homme ne constitue pas une évidence, mais doit être redéfini : s'il ne se caractérise pas par sa force virile, ni parfois par son courage, Gawain n'en demeure pas moins un héros qui gagne son statut d'homme et de chevalier lorsqu'il comprend enfin qui il est, et qu'il accepte pleinement la réciprocité du défi lancé par le Chevalier vert.

Différents modèles de courtoisie ?

S'il subsiste des incertitudes quant à la vraie nature de la courtoisie à la fin du poème, une chose y est présentée de manière très claire, et contribue à faire de *SGGK* une forme romancée de *miroir* : le principe selon lequel un homme apte à gouverner est un homme qui sait se gouverner lui-même. La véritable figure exemplaire à ce sujet est, de manière quelque peu surprenante au premier abord, Bertilak, seigneur prompt au rire et à la plaisanterie, empli d'une énergie apparemment inépuisable et qui confine à la sauvagerie (dans les moments qui précèdent la mise en place du Jeu des Échanges v. 1113 *et seq.*, ce qui pourrait d'ailleurs laisser penser que sa gaieté débordante n'est qu'une ruse, donc en réalité parfaitement maîtrisée). Bertilak, en effet, est constamment présenté sous un jour flatteur, et comme un modèle de gouvernance, tant de soi que des autres : chez lui, les qualités d'homme de guerre (visibles dans sa manière de conduire les différentes chasses) et les qualités courtoises forment un tout harmonieux. Sa maison en est le reflet, depuis le caractère à la pointe de la modernité (pour l'époque !) de son confortable château, la manière raisonnable dont il règle le flux de gibier de ses forêts (laissant s'échapper les cerfs les plus à même de se reproduire, par exemple), la façon dont il dirige sa maisonnée et ses invités, aussi bien pour les entraîner dans des jeux en accord avec la saison que pour mener son hôte de marque là où il le souhaite (que ce soit dans sa chambre, pour discuter en privé, ou à la Chapelle verte).

Les autres membres de sa maison, hormis son épouse et la dame de compagnie de celle-ci, ne sont d'ailleurs jamais décrits précisément ; ils se résument à la fonction qu'ils occupent (portier, chapelain, veneur). Dans les scènes de groupe, c'est la courtoisie que montrent tous les habitants du château qui est mise en relief ; ainsi, par exemple, des mots de politesse échangés à la fin d'une soirée (v. 1116) et qui servent à clore, dans un décorum de bon aloi et l'assagissement des esprits (on se met à parler plus doucement et à évoluer plus lentement v. 1117), le déchaînement d'allégresse, permis à Noël, qui avait eu lieu plus tôt. On remarquera d'ailleurs que le poète accorde une grande importance à la manière dont les activités pratiquées par la noblesse s'ouvrent et se closent sur des rituels qui les codifient et qui servent à les régler, souvent au moyen de signaux sonores, par exemple les trompettes et autres instruments qui retentissent lorsque le banquet est servi à Camelot (v. 116 *et seq.*), ou le son du cor, qui s'ajoute aux aboiements des meutes de chiens (v. 1141-42), et qui marque le départ des chasseurs de Hautdesert.

Mais le signe le plus remarquable de l'influence bénéfique du maître de maison est sans doute le fait que sa maisonnée manifeste une courtoisie sans faille, même lorsqu'il n'est pas là pour la surveiller : ainsi, à l'arrivée de Gawain, et avant même que Bertilak soit venu saluer le chevalier ou que son identité ait été connue, il est dit qu'un groupe de serviteurs s'agenouille pour le recevoir de digne manière (v. 818) ; cela, juste après que le portier l'a assuré qu'il recevrait sans aucun doute l'hospitalité au château pour aussi longtemps qu'il le souhaiterait (v. 813-14). Voilà qui pourrait être vu comme une preuve d'insolence de sa part (puisqu'il prétend savoir ce que décidera le seigneur du château), mais qui, vu le contexte, témoigne simplement de la confiance absolue qu'il a en la générosité du maître des lieux. Tous ces détails donnent l'impression que Bertilak a imprimé sa marque sur son environnement et sur les gens qui le servent et qui l'entourent, au point que ceux-ci ne constituent plus qu'une sorte d'extension de leur maître. Ce trait sera tout spécialement avéré de son épouse, véritable arme de précision de Bertilak.

Pareil assujettissement des êtres (hommes et bêtes à la fois) à la volonté d'un seul homme peut choquer le lecteur moderne, mais il aurait été vu comme extrêmement positif et digne de louanges par les lecteurs contemporains du *Gawain*-poet. Gawain s'en fait l'écho, lorsque, sur le point de quitter Hautdesert, il résume l'opinion qu'il a de Bertilak comme étant quelqu'un qui "maintient" sa maisonnée (v. 2053), à la fois parce qu'il imprime à ses gens le souci du respect des bonnes manières et des convenances, mais aussi parce qu'il leur permet de vivre dans l'abondance, résultat de ses qualités de chef. En effet, à la courtoisie sans faille et à ses qualités de maître de maison, Bertilak allie les valeurs propres à un chef de guerre, que l'on devine, on l'a dit plus haut, à la manière dont il mène les trois journées de chasse.

Tout comme dans les scènes qui se passent à l'intérieur du château, la chasse se conclut par un découpage de l'animal tué qui acquiert un aspect rituel : nous assistons là aussi à une transformation de la violence, qui vient *a posteriori* y superposer un spectacle orchestré dans ses moindres détails, dont les acteurs sont mis en valeur : le serviteur auquel revient la tâche du découpage est loué pour son art, et les chiens sont récompensés. Et pourtant, l'une des premières éditrices du poème, au début du XXe siècle, ne discernait dans tout ce passage qu'un spectacle sanglant sans intérêt, voire choquant pour les lecteurs, ce qui justifiait, à ses yeux, l'excision des scènes en question de son édition : dans sa préface à la réédition de la traduction en prose de *SGGK* (1900), Jessie Weston (1850-1928, médiéviste et folkloriste indépendante) explique n'avoir pas jugé bon de traduire dans le détail tous les passages relatifs à la dissection (voir Sir Gawain and the Green Knight*: A Middle-English Arthurian Romance*, disponible sur le site The Camelot Project de l'université de Rochester).

De nos jours, on verrait dans cette scène de retour de chasse plutôt l'expression de talents aussi bien chevaleresques que courtois propres à susciter l'intérêt des dames à l'instar des joutes. On apprend d'ailleurs, dans *Ipomedon* (entre autres), qu'il était d'usage de présenter aux dames assemblées sous des pavillons dressés pour l'occasion le produit de la chasse du jour [Burnley, 1973, 4], ce qui, là encore, contribue à installer un peu plus Gawain, à qui revient le fruit des efforts de Bertilak à Hautdesert, du côté du féminin plutôt que du masculin. Cette impression est renforcée par le langage employé par la Dame dans le premier épisode du "Jeu de la Tentation" (v. 1208 *et seq*.), qui fait la part belle au champ lexical de la prison dans laquelle le jeune homme aurait été enfermé par son hôtesse et dont il ne peut sortir qu'en lui accordant un baiser.

La courtoisie ou l'élégance des manières et des mœurs (*elegantia morum*)

La courtoisie, bien loin de se résumer à une manière de parler (même si c'est un aspect extrêmement important) et de traiter autrui, englobe toutes les activités de la noblesse, auxquelles elle donne une qualité d'expression particulière ; elle est aussi un moyen de régler des activités qui, de par leur nature même, pourraient donner une impression de désordre et d'intempérance. Activités au nombre desquelles on peut compter les rapports entre les hommes et les femmes, qui seront traités à part, dans la section consacrée à l'amour courtois. Les émotions (dont la joie ou la gaieté, qui figurent en bonne place dans le roman) doivent également s'exprimer d'une manière appropriée. Ainsi, au château de Bertilak, on s'amuse tant et plus, mais en respectant les formes ("manerly merthe", v. 1656 ; ici encore, l'adjectif qui renvoie à l'exercice de la courtoisie disparaît de la traduction, et c'est regrettable).

Et ce raffinement est particulièrement visible dans la pratique de la chasse et de la guerre, dont la violence est ainsi jugulée, et même littéralement transformée. Il est intéressant de noter que le poème n'offre, pour tout combat véritable et décrit à loisir, que la confrontation entre Bertilak et un sanglier. Le raffinement des mœurs dans le domaine de la violence s'exprime au Moyen Âge à tous les niveaux, y compris les plus inattendus. Ainsi, pour donner un exemple qui surprend aujourd'hui, certains contemporains du *Gawain*-poet tenaient les aboiements des chiens de chasse pour musique plus douce que celle des ménestrels, et l'on sait que les meutes étaient parfois "accordées" à la manière d'instruments de musique, les chiens étant choisis pour la qualité de leurs aboiements et la manière dont ils s'harmonisaient entre eux [Scott-MacNab, 2013, 344].

LA DIMENSION MORALE DE LA COURTOISIE

Quand extériorité et intériorité ne font qu'un

Les récits du type dit du "Bel Inconnu", groupe auquel appartient l'une des sources probables de *SGGK*, *Ipomedon*, ont pour particularité d'avoir pour personnage principal un jeune homme déterminé à dissimuler son identité, et qui ne peut dès lors que compter sur ses manières parfaites pour obtenir ses entrées dans les milieux courtois. Or ce "Bel Inconnu" est apparenté à Gawain : dans la version originelle de Renaut de Beaujeu ou dans son adaptation en MA, *Libeau Desconus*, ce n'est autre que Gingalain, le fils de Gawain ; chez Thomas Malory, il s'agit de Gareth, le frère de Gawain… Il semble donc que Gawain ait toujours été particulièrement associé aux bonnes manières, et par extension, aux récits de fiction particulièrement attachés à éduquer leurs lecteurs à ce sujet. Seulement, dans les œuvres citées plus haut, il n'est pas la source de la courtoisie, le modèle à imiter. Il ne fait que "graviter", en tant que membre de la famille, autour de ceux-ci ; et c'est également le cas, en partie, dans *SGGK*. Si le savoir-vivre de Gawain est décrit par le menu et souligné par le narrateur à de nombreuses reprises au point qu'il aurait bien pu avoir été considéré comme digne d'imitation par de nombreux lecteurs, la leçon que le chevalier lui-même tire de son aventure est pourtant d'avoir failli. Impression partagée par certains spécialistes (v. La faute de Gawain), mais qui n'est pas justifiée par les faits, ce dont Bertilak tente de le convaincre.

On pourrait donc considérer qu'il y a dans *SGGK* trois modèles de courtoisie, qui peuvent se différencier selon des critères sociaux : Arthur est le modèle de la courtoisie des rois, qui peuvent la moduler au besoin (comme Édouard III avec la jarretière) ; Bertilak est un modèle de grand seigneur ; Gawain est un modèle de chevalier. Mais ces différents modèles peuvent également être considérés selon un autre modèle de catégorisation, qui serait celui de la recherche de la perfection, et, dans ce cas, il devient plus difficile de déterminer où placer les différentes figures exemplaires (ou prétendant à l'exemplarité) du romance : dans un tel système, c'est Bertilak qui semble s'approcher de la perfection (du fait de sa parfaite observance des règles, jusque dans les moments où le relâchement est possible), tandis qu'Arthur, lui, paraît moins assuré, ce qui se lit dans l'hésitation, remplacée par la colère, qui marque ses échanges avec le Chevalier vert. Même s'il retrouve ses bonnes manières en même temps que la maîtrise de soi, prenant soin de rassurer son épouse une fois l'étranger parti (v. 467 *et seq.*), le mal est fait : dames et chevaliers n'auront de cesse de critiquer, *sotto voce* (v. 673), les erreurs de comportement qui condamnent son neveu à une mort certaine (v. 677-683). Gawain souffre quant à lui d'une autre fragilité, inhérente à sa quête de perfection morale, laquelle, pour louable qu'elle soit en théorie, le met en marge, une fois de retour à Camelot.

Si le film de Lowery reste discret sur ce point et qu'il n'explore guère l'articulation entre intériorité et extériorité des personnages, il suggère toutefois un important décalage entre la vigueur du jeune Gawain et le reste de la cour, principalement symbolisé par le couple royal. Dans cet espace terne, très peu éclairé et froid (ce qu'accentue encore la représentation hivernale), le roi et la reine apparaissent comme des figures en partie désincarnées : leur teint livide, les yeux cernés, voire creusés, et leurs mouvements extrêmement réduits, à la limite de la rigidité, en font des images d'une mort déjà annoncée. L'erreur émane ici moins d'un comportement inapproprié du roi que d'une fin déjà ancrée dans la cour tout entière. Le roi et la reine sont le reflet d'une âme repliée sur elle-même, et plus largement d'une cour retranchée dans ses habitudes. Dans cette perspective, Gawain apparaît tout autant comme un élément perturbateur que le Chevalier vert, en devenant un symbole de vie et de chaleur, dans cet espace sclérosé et froid.

Le paradoxe de la construction médiévale du soi dans *SGGK*

Aux yeux des hommes et des femmes du Moyen Âge, tout être humain est fait à l'image de Dieu (et *vice versa*) et se doit, de ce fait, de soigner sa personne. Les valeurs religieuses et sociales se rejoignent (ou se superposent) sur ce point : prendre soin de son apparence revient à respecter la présence de Dieu en l'homme, tout autant qu'à défendre les valeurs de la civilisation contre la barbarie. D'où l'établissement de l'adjectif (ou de l'adverbe) *sem(e)ly* (aussi écrit *seme,* quand il s'agit de l'adjectif) comme synonyme de "courtois" ou de "convenable" – au sens où ce qui est convenable est ce qui exprime le raffinement associé à la courtoisie (comme lorsque les gens de Camelot font montre d'un chagrin approprié aux circonstances du départ de Gawain, v. 672) –, de "beau" ou encore de "vertueux" dans tout le poème. De même, le verbe *(bi)seme* peut qualifier aussi bien ce qui est beau (par exemple v. 622, 679 ou 1929) que ce qui est convenable, ou le signe d'un monde bien ordonné (par exemple v. 848). La même remarque peut être faite à propos de l'adjectif *com(e)lych* qui, dans le texte, peut aussi bien qualifier la beauté d'une personne que sa courtoisie, ou encore le caractère convenable de ses manières (auquel cas il est souvent synonyme de *clene*).

Par extension, le beau équivaut au bon, l'apparence à l'essence [ECO, 2012, 51 *et seq*.] (or le *Gawain*-poet accordait une grande importance à cette dimension de la vertu, puisqu'il y a consacré une homélie, *Cleanness*, dans laquelle il est autant question de pureté morale que d'hygiène du corps). C'est aussi la raison pour laquelle l'identité de Gawain est acceptée par tous à Hautdesert, sur la foi de l'affirmation d'un homme qu'ils n'ont jamais vu et dont l'origine n'est pas claire (v. 871), simplement parce qu'il apparaît incomparablement beau, et qu'il ne peut donc qu'être perçu ainsi : "a prince without a peer/ in fields where fierce men fight" (v. 873-74). Pour un lecteur moderne, voir en Gawain un guerrier sans pareil en raison de son aspect "resplendissant" (v. 865, 872) est l'expression d'une grande naïveté ; et tel était le cas pour bien des prédicateurs médiévaux, prompts à voir dans le goût des apparences un péché d'orgueil tout autant qu'une forme de luxure. Mais pour la noblesse médiévale, qui avait bâti sur l'assimilation du paraître à l'être une partie de son hégémonie sur le bas peuple (manière pour elle de s'épargner le recours incessant à la force physique pour maintenir sa place en haut de la hiérarchie sociale), une telle équivalence était fondatrice. Cela étant, il fallait, pour ce faire, que les membres de la noblesse s'astreignissent sans relâche à incarner, par l'apparence autant que par le geste et le mot, la présumée perfection de leur nature.

Or ce système, qui accorde d'emblée à une belle personne d'être quelqu'un de bien, ne pourrait pas fonctionner sans garde-fous permettant de vérifier si les qualités de ladite personne étaient bien en conformité avec son aspect physique. C'est la raison de la mise à l'épreuve constante de Gawain au château de Hautdesert, non seulement sur le plan spécifiquement moral, mais aussi sur le plan plus précisément social, puisqu'il lui est demandé, une fois son identité connue, de faire montre de sa courtoisie. La requête, on l'a vu, naît de la volonté des gens de Hautdesert de se perfectionner. Mais elle est aussi une forme de vérification par la communauté qui a accueilli Gawain de l'identité du jeune homme et de l'adéquation entre son renom (qui l'a précédé) et sa *performance* au château, terme qu'il faut prendre à la fois comme réussite et comme mise en pratique des qualités qu'il s'attribue par l'intermédiaire de son blason tout autant que par le nom qu'il revendique. Dans le film de Lowery, le schéma est prolongé, au point que l'apparence devient synonyme de fonction courtoise. C'est le reste de la société qui appose le nom de "knight" à l'image de Gawain, en s'appuyant uniquement sur son apparence et sur son attitude – par exemple vis-à-vis du pillard qui le renseigne sur le chemin à parcourir. *The Green Knight* illustre l'extrapolation de ce concept : si Gawain a l'apparence d'un chevalier, c'est qu'il doit en être un, même si ses manières laissent sérieusement à désirer (v. *The Green Knight* : apparences et illusions chevaleresques).

Évidemment, l'inconvénient d'un tel système se révèle dans les cas où l'adéquation entre intérieur et extérieur est mise à mal, comme le montre bien *SGGK*. Quand cela tient uniquement aux circonstances (par exemple, un voyage dans des contrées isolées), il est facile d'y remédier : on aide ainsi Gawain à se changer à son arrivée à Hautdesert. À ce sujet, il convient de noter ici que la dialectique qui fonde les rapports entre apparence et essence trouve sa représentation symbolique dans l'alternance entre les espaces sauvages et civilisés dans les romances, ce dont il a déjà été question ici (v. Merveilleux et sauvagerie). Cette représentation s'appuie en partie sur la croyance en une concordance entre le macrocosme et le microcosme, que les agrégatifs auront sûrement abordée par l'intermédiaire de Shakespeare, mais qui avait déjà cours, comme bien des traits attribués à la littérature de la Renaissance, au Moyen Âge.

Où tout s'avère, ici encore, affaire de proportions et de maîtrise (en tout cas dans *SGGK*)

L'inadéquation entre le paraître et l'être peut néanmoins être plus difficile à résorber que dans le cas cité plus haut, et susciter l'anxiété chez toute personne confrontée à une contradiction essentielle, donc de nature à fragiliser l'équilibre social tout autant que son bien-être (on notera, en passant, que persiste dans l'expression française "bien-être" la même adéquation entre le fait d'être bon et de se sentir bien !).

C'est ce qui se produit pour le Chevalier vert : dans sa description de l'intrus, le roman reproduit le regard porté par une assemblée rompue à l'analyse des apparences, et soucieuse de déterminer si le nouveau venu est un homme de qualité, donc quelqu'un qui mérite qu'on l'accueille avec égards. Or le Chevalier vert est un ensemble de contradictions : ses cheveux soigneusement peignés, ses vêtements somptueux, le harnachement extrêmement raffiné de son cheval, tout cela le signale comme un membre de la haute noblesse, ainsi d'ailleurs que ses formes parfaites (v. 145). Ce dernier point est particulièrement important, car il se rattache à une compréhension de la beauté physique qui, dans un Moyen Âge où tout est relié (v. Comprendre le symbolisme médiéval), repose sur la proportion, soit l'équivalent, dans le domaine esthétique, de l'équilibre à maintenir entre les vertus pour prétendre à la perfection. Nous nous permettrons d'ailleurs ici de faire un sort aux théories selon lesquelles l'exposition des particularités physiques du guerrier vert, et l'insistance sur sa beauté, traduirait l'irruption d'un regard homoérotique dans le poème. Nous ne saurons jamais si le *Gawain*-poet était homosexuel, ou simplement particulièrement sensible aux attraits masculins. C'est tout à fait possible, même si la défense enlevée du plaisir physique dans le cadre du mariage qui figure dans *Cleanness* laisse tout de même entendre le contraire. Il est néanmoins tout à fait envisageable qu'il ait pris un plaisir particulier à composer cette séquence de vers, et que ce plaisir vienne en partie d'une forme d'homoérotisme permise par la société (à condition de ne jamais déboucher sur des relations physiques), laquelle persiste à la Renaissance, et que les agrégatifs n'auront pas manqué de rencontrer dans les œuvres de Shakespeare notamment. Mais ce qu'il est en revanche possible d'affirmer, sans doute aucun cette fois, c'est que tout, dans la description du Chevalier vert, peut être justifié soit par le souci de représenter au mieux le mode de vie de la noblesse (ce qui inclut tout ce qui est relatif au costume), soit par celui de nourrir une réflexion sur la courtoisie : ses faiblesses autant que ses forces. Or l'*ethos* courtois, qui, on l'a vu, est un *ethos* militant visant à permettre à la noblesse d'imprimer au peuple le sentiment de sa puissance autrement que par la violence uniquement, repose sur des bases fragiles. Tout élément du groupe qui n'en respecte pas les principes fondamentaux fragilise le groupe tout entier. Dans les romans arthuriens, l'élément perturbateur est soit rééduqué (c'est ce qui arrive à Perceval), soit expulsé du groupe, le temps pour lui de retrouver ses esprits : c'est le cas des chevaliers qui, après avoir commis une faute, se réfugient dans la forêt, où ils vivent comme des bêtes, avant de retrouver la raison, le plus souvent par l'intermédiaire d'un ermite bienveillant (c'est ce qui arrive à Yvain, et plusieurs fois à Lancelot). Le plus souvent d'ailleurs, il n'y a même pas besoin de chasser les chevaliers en question ; ceux-ci quittent d'eux-mêmes leur communauté, comme s'ils ne pouvaient supporter la fracture psychique causée par la faute commise (qui est le plus souvent de nature érotique), retournant à un état sauvage qui est présenté comme celui qui couve en chaque homme, et qu'il lui faut maîtriser pour mériter sa place dans l'élite. Plus largement,

> although man stands at the head of creation, he cannot divorce himself from the lower orders, for it is his degree of difference *from* them that constitutes his identity. Thus, the relations between high and low, centre and periphery, must always be characterized by a dynamic instability, as bodies of various kinds intermingle, trade features, or try to articulate their ascendancy. [YAMAMOTO, 2000, 8-9]

Or, ce que *SGGK* met en scène est l'inverse du mouvement traditionnellement représenté dans les romans chevaleresques : l'irruption du sauvage au sein même de la civilisation, un sauvage *maîtrisé*, qui plus est, ce qui aurait tenu du paradoxe au Moyen Âge et qui justifie le malaise qui étreint les habitants de Camelot (et qui aurait aussi peut-être contaminé l'auditoire du *Gawain*-poet, à ce moment du récit). Nous avons vu que le Chevalier vert ne s'identifiait pas totalement à l'Homme sauvage, en tout cas pas dans *SGGK* (v. L'Homme sauvage et Le Chevalier vert comme figure apparentée à Merlin) ; il n'en reste pas moins qu'il a certaines caractéristiques qui l'en rapprochent, ou peut-être serait-il plus juste de dire qu'il adopte ici des manières de *vilain*, qui contredisent totalement son apparence. Ainsi, la façon injurieuse et familière dont il s'adresse à Arthur (qu'il interpelle systématiquement à l'aide de la forme singulière du pronom de la deuxième personne) et à sa cour (qu'il qualifie de "ramassis", ou "gaggle", v. 225) ainsi que l'énergie à peine canalisée qui se dégage de lui quand il arpente de long en large la grande salle de Camelot (et qui, elle, le rattache à l'Homme sauvage) en font un être totalement ignorant, en apparence du moins, des rituels et des manières courtoises. Il est d'ailleurs intéressant de constater que le narrateur interprète la manière dont le regard de l'homme vert passe d'un chevalier à un autre dans l'assemblée comme signifiant qu'il ne sait qui traiter avec respect ("which person to respect", v. 231). Ne faudrait-il pas plutôt le comprendre comme celui d'un homme à la recherche d'un adversaire pour un *flyting*, c'est-à-dire un combat de mots semblable à ceux que l'on trouve dans *Beowulf,* et dont la pratique aurait pu persister au Moyen Âge en même temps que la tradition allitérative ? On a vu que le guerrier surnaturel semblait venir d'un autre temps et d'une autre tradition arthurienne tout autant que de l'Autre Monde (v. Le merveilleux). L'hésitation qu'il marque devant les participants au banquet, pourtant disposés suivant un ordre de préséance rigide, trahit son ignorance en la matière. Pourtant, le guerrier est beau, richement vêtu, et de plus, il est chrétien (v. 256). Son comportement est donc impensable (au sens littéral comme au figuré) et contribue à expliquer pourquoi Arthur, au lieu de le chasser, et par la force s'il le faut, tente de le convaincre d'adopter un comportement approprié, d'abord en lui intimant de descendre de cheval (v. 254), puis par le recours à une lourde ironie (v. 276). Or c'est en refusant d'obtempérer qu'il fait naître chez Arthur un mouvement de colère qui le mène à commettre des erreurs, et dont on peut se demander s'il n'est pas plutôt un moyen pour lui de contrer la sidération dans laquelle le comportement de l'intrus place Camelot, sidération causée par l'incapacité des habitants du château à comprendre le nouveau venu (et par là à le tenir en respect).

S'il est attendu des membres de la noblesse médiévale qu'ils fassent preuve d'un sens des proportions et de maîtrise afin de correspondre à l'idéal qu'ils sont censés incarner, les personnages tels qu'ils sont adaptés dans le film *The Green Knight* délaissent amplement ces enjeux. La dimension de la mesure, tout particulièrement, pourtant centrale dans le romance médiéval, n'est conservée qu'en filigrane par David Lowery. Paradoxalement, dans le film, c'est surtout Essel, figure à la marge et portant un regard à la fois naïf et acerbe sur la société médiévale dans laquelle elle évolue, qui tient ce discours inspiré de *SGGK.* Là où Gawain part, sans grande conviction, en quête de valeurs grandiloquentes – "greatness", "honor" –, elle insiste sur la futilité de son aventure et tente de nuancer ses ambitions : "This is how silly men perish. […] Why greatness ? Why is goodness not enough ?" (35 min). Cette interrogation demeure sans réponse, comme souvent dans le cas de Gawain, caractérisé par ses doutes et incompréhensions (v. *The Green*

Knight: masculinité, héroïsme et crise identitaire), et le sujet ne reparaît plus dans le film. Ces brefs propos d'Essel invitent le protagoniste à faire preuve de mesure et mettent en valeur le bien, plutôt que l'extraordinaire ; mais ils ne semblent pas entendus par Gawain, qui mène sa quête sans se soucier de ces enjeux et dans un perpétuel apprentissage des valeurs courtoises, notamment de la générosité (v. Soi-même et les autres : apprentissage de la générosité). Cette altération d'une thématique chère à la matière médiévale est en grande partie liée à l'adaptation du film aux enjeux contemporains : dans nos sociétés fondées sur la mesure, réglées par de lourds systèmes législatifs et sociaux garantissant une forme de maîtrise, le film n'a pas besoin de jouer un rôle de garde-fou sur cet aspect spécifique. Il ne s'agit plus d'une considération pertinente pour le quotidien du récepteur du récit, si bien que le réalisateur ne ressent pas le besoin d'en faire un fil directeur de *The Green Knight*.

La faute de Gawain

De nombreuses études ont été consacrées à la faute de Gawain et ont tenté de définir ce qui la constitue vraiment, en l'absence d'une définition que le poème donnerait à ce sujet. Les conclusions tirées par les spécialistes dépendent largement de leur niveau de lecture : certains insisteront donc plus sur les caractéristiques morales des erreurs commises par Gawain, les autres sur ce qu'elles constituent sur le plan spirituel (voire sur le plan mystique). Nous ne considérons ici que ce qui est d'ordre spécifiquement moral (le domaine spirituel viendra dans le chapitre suivant, v. *SGGK*, un poème religieux ?). Il nous faut déjà préciser que Gawain risque de commettre deux erreurs plutôt qu'une : l'une au début du récit, quand il prend la parole pour se substituer au roi lors du Jeu de la Décapitation ; l'autre, plus évidente, quand il décide d'accepter, puis de cacher le cadeau fait par Dame Bertilak et dont il espère qu'il lui permettra de survivre au deuxième acte du Jeu évoqué plus haut. Autant la seconde erreur et le péché qui en découle sont l'objet chez Gawain d'une réflexion assortie d'une remise en question, autant la première reste de l'ordre de l'impensé chez lui, alors qu'elle provient, si elle est avérée (le poème ne nous aide pas à nous faire une opinion certaine), d'une faute plus grave encore que la "convoitise" dont il s'accuse (à juste titre). En effet, Gawain est orgueilleux, ce qui n'apparaît pas d'emblée en raison de l'humilité avec laquelle il s'exprime toujours (paradoxe bien transmis dans l'adaptation de Lowery). Mais faire preuve d'humilité dans la manière dont on s'adresse à autrui peut n'être rien de plus qu'une affectation, ainsi que le démontre le poète. Gawain est certes le parangon de la courtoisie, mais l'on peut se demander si, lorsqu'il se met en tête de conseiller le roi sur la meilleure façon de répondre au Chevalier vert, il le fait uniquement pour lui éviter de perdre la face (ce qui est déjà problématique en soi, car cela suppose chez Gawain une certaine méfiance quant aux capacités de son suzerain). En effet, il est frappant de constater que, dès le début et malgré ses nombreuses circonlocutions (pouvant servir à rappeler au roi qu'il est proche de lui par le sang, donc un potentiel héritier qui a le droit de s'exprimer) ou les marques de déférence qu'il affiche envers la reine et le reste de l'assemblée (v. 346-47), il s'érige d'emblée en arbitre des bonnes manières et n'hésite pas affirmer qu'il n'est pas convenable qu'Arthur prenne sur lui de combattre le guerrier (v. 348-350). Jamais il ne reviendra sur cette définition de lui-même comme modèle de courtoisie, ce qui ne peut se faire que s'il restreint le sens de la notion au champ des interactions sociales. En effet, lorsqu'il s'accuse, beaucoup plus tard, de "*vilainie*" (v. 2375), c'est dans un sens explicitement moral et en relation avec son goût immodéré de la vie (qu'il qualifie de "*surfet*", v. 2433, ce que Armitage traduit par "sin", terme beaucoup plus général) ; il ne s'agit pas d'un jugement négatif qu'il porterait sur ses manières. Or, c'est bien là tout le problème, pour Gawain et plus largement pour la société courtoise : le jeune homme a un temps confondu le savoir-vivre avec l'expression de qualités morales, et cette confusion a contribué à fragiliser sa maîtrise des vraies vertus de l'âme.

Jamais Gawain ne semble mesurer que l'intempérance dont il s'accuse s'accompagne d'un péché bien plus grave : celui d'orgueil. Voilà qui explique que, malgré le pardon accordé par le Chevalier vert qui, dans la Chapelle, prend le rôle de confesseur, et malgré l'approbation de ses pairs, le poème se referme sur la vision d'un Gawain insatisfait et rongé par une mélancolie qui n'augure rien de bon pour la suite de son existence (et qui l'inscrit fermement dans la tradition déjà bien ancrée à l'époque du *Gawain*-poet et qui faisait de lui un chevalier imparfait, v. Les deux visages de Gawain). Le choix que Gawain fait de porter la ceinture en travers du torse constitue l'équivalent d'une rature, d'un effacement de ce qui le constituait autrefois ; impression d'autant plus justifiée que les nobles portaient souvent les couleurs de leur écu sur leurs vêtements, en tout cas ceux qui recouvraient leur armure quand ils partaient en guerre – et c'est d'ailleurs le cas de Gawain (comme le précise la description de son armure et du vêtement qui la recouvre en partie lorsqu'il quitte Camelot). Dans cette perspective, la ceinture verte viendrait barrer le rouge et le jaune qui définissaient autrefois Gawain, à la manière des lignes diagonales qui permettaient, dans l'héraldique, de différencier un fils cadet de l'héritier d'une lignée. Le chevalier, à la fin du poème, n'est plus que le rejeton mineur d'une noble lignée de Gawain antérieurs dont il n'aura pas su porter haut les couleurs. Mais surtout, et il faut insister sur ce point, son incapacité à faire preuve d'humilité véritable le condamne à une existence dénuée de sens, car un savoir-vivre qui ne repose pas sur des vertus morales bien ancrées est un savoir dévoyé. Sur ce point, le film de Lowery aboutit à la même conclusion, sans toutefois adopter le même cheminement : Gawain porte ici la ceinture, offerte d'abord par sa mère, puis par la Dame, à la taille ; par ailleurs, il est présenté ici comme le seul héritier d'Arthur et devient même roi dans la longue prolepse finale, laissant à penser que sa fuite lors de l'affrontement du Chevalier vert n'a en rien terni son parcours ni la gloire de sa lignée. Pourtant, l'acceptation finale du protagoniste, qui ôte la ceinture et accepte sa mort, ne se fait qu'au bout d'une existence qui paraît bien dénuée de sens, comme dans le romance. Gawain abandonne Essel, la sépare de son enfant, mène une existence certes royale, mais guerrière, qui provoque la mort de son fils et héritier, ainsi que la colère de ses sujets. Son acceptation finale de la mort n'apparaît alors plus comme une preuve d'humilité tardive, mais comme le renoncement à une vie emplie de déceptions.

Un autre commentaire, plus prosaïque celui-ci, mais qui nous semble se dégager du poème, est que l'expression des bonnes manières, pour parfaite qu'elle soit, ne peut sauver un homme (ou une femme) qui aurait mal analysé une situation. Or, ainsi que le rappelle à juste titre Victoria WEISS [1976], rien ne force Arthur ni Gawain à porter un coup fatal au Chevalier vert, car le terme qu'il emploie, "stroke" (v. 287), pourrait tout aussi bien qualifier une pichenette du type de celle que reçoit Gawain à la fin du poème. Certes, le Chevalier vert exhorte l'assemblée à faire preuve d'intrépidité et à mettre du cœur à l'ouvrage (l'adverbe "stifly" disparaît malheureusement dans la traduction, v. 287), mais il n'a de cesse, dans le même temps, d'insister (plusieurs fois) sur le fait qu'il est venu le premier de l'An, et que c'est un moment propice aux jeux en tous genres. Or, c'était aussi l'un des jours possibles pour la fête des Fous. Il était d'usage à cette occasion d'entrecouper la messe d'interludes humoristiques (auxquels le poème semble faire allusion, v. 63-65) [Savage, 1952], de sorte que le défi du Chevalier vert pourrait parfaitement être pris sur le mode de la plaisanterie, et son instigateur ramené au niveau d'un bouffon venu divertir la noblesse, ce qu'Arthur semble faire, l'espace d'un instant (v. 323 *et seq.*) [Silec-Plessis, 2023-2024, à paraître]. Que les chevaliers de Camelot dans leur ensemble choisissent de répondre aux sollicitations de l'intrus par la violence est l'effet d'une culture qui met cette dernière en valeur, et qui explique la fierté des hommes d'Arthur. Or, de fierté légitime à orgueil mal placé, il n'y a qu'un pas (telle est d'ailleurs la teneur des insultes lancées par le Chevalier vert à la cour de Camelot), et l'aventure de Gawain n'est finalement rien d'autre que la conséquence d'une mauvaise décision, tant de la part d'Arthur (qui choisit d'accepter les conseils de Gawain et qui laisse entendre à ce dernier que, en coupant la tête du guerrier vert, il s'épargnera bien des problèmes v. 373), que de celle de Gawain. Le fait que les deux hommes soient liés par le sang autant que par des formes d'intempérance et d'orgueil n'a évidemment rien d'une coïncidence.

Dans le film de Lowery, la faute de Gawain est surtout mise en relief lors de la séquence proleptique finale, dans le chapitre intitulé "The Voyage home" (1 h 48). Après avoir fui face au Chevalier vert, Gawain franchit branchages et rivière en sens inverse, retrouvant de façon mystérieuse son destrier et entamant son trajet de retour, où il recroise d'ailleurs le pillard et parcourt les mêmes routes. La séquence inverse le cheminement initial, semblant en annuler toute la portée. Mais désormais, ce n'est plus la tête haute que Gawain franchit les murailles du château (1 h 49) ; c'est honteux, fourbu et affaibli par la pluie et l'étendue de son trajet. Contrairement à ce que lui avait proposé le renard, il ne porte pas joyeusement sa honte et ne s'en retourne pas fier (1 h 38), avant de retrouver (penserait-on) le cours habituel de sa vie. D'ailleurs, son acceptation finale de la mort, une fois plus âgé et ayant tout perdu, ressemble plus à une résignation sous le poids désormais insupportable de sa faute qu'à une élévation spirituelle. *The Green Knight* n'est jamais clair sur l'origine de la faute du protagoniste : ici, il est le seul à se présenter face au défi du Chevalier vert, et il ne prend pas la place du souverain qui se retire de lui-même, si bien que l'erreur de Gawain semble résider uniquement dans son refus de la mort, marquée par la double acceptation de la ceinture, offerte à deux reprises, et par sa fuite face au coup de hache dans la Chapelle. Mais cette faute, déjà répétée de trois façons différentes, en entraîne alors d'autres, notamment lorsque Gawain, dans la séquence proleptique, abandonne Essel, lui retire son enfant, puis fait plonger son royaume dans la guerre. Le film de Lowery démultiplie le motif de la faute, comme si le protagoniste avait eu tant de possibilités de se rattraper, sans véritablement pouvoir y parvenir, avant son acceptation finale du coup de hache du Chevalier vert.

SGGK, UN POÈME RELIGIEUX ?

Le parcours du chevalier revu à la lumière de la théologie médiévale

Le cheminement de Gawain dans le romance peut toutefois se comprendre de manière bien différente de celle que l'on vient de voir, à partir du moment où l'on choisit de considérer un autre ensemble de paramètres (ou indices) pour déterminer le sens à donner aux épreuves qu'il affronte, à savoir une lecture allégorique de son aventure. Dans cette optique, les épreuves qu'il traverse figurent celles qu'affronte le chrétien, à ceci près que l'exigence d'excellence à laquelle s'astreint le chevalier fait qu'il ne peut être assimilé, dans une lecture théologique, à n'importe quel homme soucieux de ne pas commettre de péchés, mais qu'il faut plutôt voir en lui une figure apparentée au saint. Ce rapprochement, qui peut paraître outré à un lectorat moderne, n'aurait pas surpris un auditoire médiéval qui, pour sa frange la plus instruite, n'aurait pas eu de mal à imaginer Gawain sous les traits du chevalier en quête de sainteté, car c'était un personnage-clef des récits arthuriens consacrés au Graal. Pareil auditoire aurait sûrement lu (ou entendu) aussi certaines *Vies* de saints, notamment par l'intermédiaire de la *Légende Dorée* de Jacques de Voragine, un *compendium* de vies de saints écrit vers 1260 qui deviendra extrêmement populaire. Or ces *Vies* étaient souvent construites comme des romances, et contenaient maints éléments semblables (particulièrement dans le domaine du merveilleux). Mais même un public moins cultivé aurait été habitué à célébrer des saints tels que saint Georges, représenté à partir du XIIIe siècle sous l'aspect d'un chevalier pourfendant un dragon. C'est à cette époque qu'il devient le saint préféré des chevaliers partis aux croisades, avant de se faire une place dans la littérature morale et courtoise (il figure en bonne place dans la *Légende Dorée*), puis dans l'iconographie médiévale.

Ainsi, Gawain se retrouve confronté aux mêmes types d'épreuves que celles qui guettent le saint (et *vice versa*). Or le saint est une figure que l'on retrouve dans les romances chevaleresques, généralement sous l'apparence d'un ermite. Celui-ci apparaît toujours à des moments-clefs de l'histoire pour aider un chevalier errant, ce dernier risquant d'autant plus de se perdre en chemin qu'il ne sait pas où il doit aller. Or l'égarement dans les espaces sauvages est souvent redoublé d'un égarement spirituel, voire mental : les chevaliers errants des romans médiévaux sont souvent guettés par la folie, car, dans le monde inculte situé au-delà des limites de la civilisation, ils subissent de plein fouet les forces du désordre et du mal. Mais Gawain ne rencontre pas d'ermite sur son chemin, et le désespoir qui le frappe un moment à l'idée de ne pouvoir fêter Noël comme il se doit est bientôt dissipé par une prière à la Vierge (v. 753-755) qui lui permet tout naturellement de trouver le chemin d'un château, et, par-là, d'une chapelle (notons ici au passage que la cour du roi Arthur avait pour protectrice attitrée la Vierge Marie depuis Nennius et Monmouth [E. Brewer, 1997, 251]). Ce n'est donc pas la folie qui guette Gawain dans ce romance, car son épreuve ne se situe pas dans la forêt *gaste*, mais bien dans les espaces clos, douillets et en apparence parfaitement civilisés de Hautdesert ; les périls qui attendent le chevalier ne sont pas ceux que la tradition chevaleresque associe aux espaces sauvages, mais ceux qui guettent l'homme de cour. Il s'avère toutefois qu'ils ne sont pas si différents des dangers encourus par saint Antoine, ou même par Jésus-Christ au désert…

Le cheminement d'un *miles Christi* qui est aussi un mort en sursis

Une lecture spécifiquement théologique du texte contribuera à expliquer pourquoi ce sont plutôt des qualités comme la tempérance (dont il a déjà été question et qui est, pour Thomas d'Aquin, la vertu servant à modérer l'appréciation des plaisirs sensibles) ou la force d'âme (lat. *fortitudo*) qui sont éprouvées tout au long du romance, plutôt que les valeurs habituellement associées à l'*ethos* chevaleresque, comme l'intrépidité. Elle permet aussi de faire de la longue description de l'armement de Gawain avant son départ un passage qui dépasse le simple ornement, ou la simple présentation des différentes parties de l'armure d'un chevalier pour ceux qui, dans le lectorat/auditoire cible du poète, n'auraient pas forcément été au fait de toutes ses subtilités (v. Les problèmes posés par l'adaptation des romances arthuriens à un nouveau lectorat). En effet, la description pourrait avoir été conçue dans un but éducatif ou encyclopédique par le poète (faisant preuve de la même précision dans les termes employés que pour les scènes de chasse), ce qui explique en partie qu'elle soit la plus élaborée, dans son genre, de toute la littérature médiévale [E. BREWER, 1997, 250]. Mais elle emprunte aussi à la tradition du Combat spirituel ("ghostly warfare") dans laquelle les différentes pièces de l'armement du chevalier renvoient à des vertus particulières, tandis que les différents ennemis que rencontrent les chevaliers peuvent, eux, être interprétés comme représentant les batailles à mener contre les tentations de l'âme tout autant que contre les ennemis de Dieu (à savoir les païens et les hérétiques). D'après PIKE ([2021-2022, ici et pour le reste de cette étude], qui s'appuie sur les travaux d'Ann Pastell entre autres, à partir du XIIIe siècle), cette tradition était bien établie en Angleterre, comme en témoigne *A Tretyse of Gostly Batayle*, fondé sur un autre texte plus ancien intitulé *Pore Caitif*, tous deux issus en partie de *L'Ordre de Chevalerie*, soit la traduction en français de l'ouvrage du Catalan Ramon Llull intitulé le *Llibre de l'Orde de Cavalleria*. Ce dernier sera plus tard publié en anglais par William Caxton sous le titre *The Book of the Order of Chivalry*, mais c'est dans sa version française que le *Gawain*-poet pourrait l'avoir connu. Llull définit la chevalerie comme un idéal de vie réservé à la noblesse, idéal qui "réside plus dans l'âme que dans le corps" [AURELL, 1987, 146], ce qui correspond bien à l'idée que semblent s'en faire Gawain et la société dans laquelle il évolue. Or cet idéal de vie inclut également la mort. Les vrais dangers qui guettent le chevalier ne sont pas tant le trépas lui-même (puisqu'il est certain) que la possibilité qu'il survienne alors que son âme n'est pas prête, ou que Gawain n'a pas reçu les sacrements nécessaires (*mors improvisa*) : d'où la place accordée aux rites religieux dans le poème, notamment à la confession. Il est à noter que le film de Lowery conserve cette question de l'âme du héros qui doit se montrer prête à affronter la mort, mais qu'il efface l'essentiel des représentations religieuses, comme c'est souvent le cas dans les adaptations cinématographiques de la légende arthurienne – à l'exception des films chrétiens [Breton, 2019].

On l'a dit, la particularité de la quête de Gawain vient de ce qu'elle le conduit au trépas, ce qui donne à la scène où il revêt son armure le caractère d'un *memento mori*. L'impression est renforcée par la tristesse des serviteurs et amis venus l'aider à revêtir son harnachement, mais aussi lui dire adieu. Les différentes pièces de l'armure de Gawain acquièrent donc des qualités particulières, puisqu'il ne s'agit pas pour lui de les revêtir pour se défendre d'un adversaire ; en effet, à la suite de l'accord conclu avec le Chevalier vert, il se doit d'accepter le coup que lui portera ce dernier sans riposter. L'armure joue donc ici le rôle de protection symbolique contre ce qui pourrait nuire au salut de l'âme de Gawain, et chaque élément a une signification bien précise : le pourpoint ou "tunic" ("doublet" dans le texte source, v. 571) que Gawain commence par enfiler représente, d'après le *Tretyse of Gostly Batayle*, la vertu de charité ou d'amour, mais aussi la tunique du Christ (l'auteur de l'enluminure représentant le *Knight of Faith* dans le manuscrit MS Harley 3244 attribue, lui, cette vertu au haubert, qui est décrit v. 580 au moyen d'une formule allitérée : "brawden bryné of bryght stel", *bryné* signifiant cotte de mailles) ; les jambières en métal se rapportent à l'idéal de pauvreté, mais aussi au fait que l'aide de Dieu est nécessaire pour affronter les tentations, *etc.* Le cheval et son harnachement participent à part entière à l'allégorie : la bête figure le corps et ses appétits, qui doivent être contenus au moyen de la bride, symbole d'abstinence. Les éperons représentent pour Llull le zèle du chevalier à accomplir sa tâche. L'épée de Gawain, quant à elle, est à peine mentionnée, malgré sa signification symbolique (elle représente la justice et la chevalerie), sans doute parce qu'elle n'a pas vocation à être utilisée contre le Chevalier vert, de même que le heaume. Toutefois, le poète précise qu'elle est maintenue par une ceinture de soie (v. 589). Or celle-ci, que le *Tretyse* glose comme signifiant la chasteté, sera plus tard recouverte par une autre ceinture de soie, verte celle-là, et qui deviendra le symbole de la honte de Gawain.

Mais l'armure entière ne serait rien sans les nœuds qui la maintiennent en place et qui étaient souvent appelés *points* en MA. Ils sont donc les équivalents des lignes du pentacle qui en forment les pointes. Il faut toutefois noter ici que le poète n'emploie à aucun moment *points* dans ce sens, préférant à la place des termes comme *knot* (v. 577) ou *thong (*v. 579), ou encore *loupe* (v. 591) pour caractériser différents types de liens qui servaient à relier les différentes parties d'une armure ; cela sans aucun doute dans un souci de précision, impression justifiée par le fait que la description s'attarde sur des éléments qui n'étaient pas porteurs de significations symboliques, comme la *capados*, que Armitage traduit par "cloak" (v. 572) mais qui était en réalité une sorte de bonnet descendant loin sur les épaules et qui servait, comme d'autres éléments en tissu ou en cuir, à protéger le corps du frottement avec le métal de l'armure). Les liens en question, à la fois solidement noués mais qui peuvent toujours se détacher et qui reviennent comme un leitmotiv tout au long du passage, trouvent leur place dans une thématique de la fragilité de la vertu et de la possibilité pour toute qualité de se transformer en son contraire, thématique dans laquelle pentacle, armure et ceinture sont utilisés tour à tour.

L'héroïsme comme force d'âme

La reformulation de l'épreuve de Gawain comme étant de nature spirituelle plutôt que mise à l'épreuve de ses qualités au combat, ou même de ses aptitudes en matière de courtoisie, permet de mieux comprendre pourquoi ses aventures dans les contrées désolées de l'ouest de l'Angleterre sont littéralement évacuées au profit d'une analyse détaillée des périls auxquels il est soumis dans la demeure de Bertilak, et qui mettent en danger son âme plutôt que son corps. C'est d'ailleurs l'une des caractéristiques de la poésie ricardienne, laquelle reformule, dans *SGGK* notamment, la notion d'héroïsme pour y inclure les situations où le vrai courage revient à se retenir d'agir, ce qui pourrait être, à tort, considéré comme de la passivité [Pike, 2021-2022, 13]. C'est ce que Jill Mann nomme "héroïsme passif" [in Owen, 2010, 178] et que Owen voit comme l'expression d'une force d'âme exemplaire (lat. *fortitudo*, MA *forsnes*, terme qui apparaît dans le poème (v. 647) et que Armitage traduit à juste titre par "fortitude") et, plus tard, de la patience tout aussi exemplaire de Gawain. Or le poète accordait beaucoup d'intérêt à cette dernière vertu, puisqu'il y a consacré une homélie. Pareille interprétation a le mérite de justifier la présentation du personnage et son autoidentification comme le chevalier parfait par autre chose que la tradition arthurienne (en tout cas une partie de cette tradition, v. Les deux visages de Gawain), comme cela a été fait jusqu'à présent. En effet, cette hypothèse éclaire le comportement de Gawain à la cour de Camelot d'un jour nouveau. Lorsqu'il prend la parole pour conseiller Arthur au début du poème, il fait preuve d'une maîtrise de soi sans égale à la cour, et qui apparaît notamment dans la courtoisie de son adresse. Dans l'hypothèse où ce serait par force d'âme qu'il s'exprime, le rappel de ses origines à Arthur n'est pas un moyen pour lui de souligner, tout en prétendant faire le contraire, les qualités qui justifient sa prise de parole ; il s'agit pour lui d'éviter au roi de perdre la face (ou la vie), et plus grave, au royaume de Logres de perdre son monarque. Or, en tant que neveu, il peut remplacer Arthur dans le jeu peut-être mortel qu'il a accepté de mener avec le guerrier vert. Le choix de Gawain serait donc motivé par l'abnégation, la générosité (bref, toutes les vertus représentées sous la forme du pentacle) plutôt que par l'orgueil – à ce moment-là du poème, en tout cas.

Par la suite, Gawain fait preuve, dans tout ce qui lui arrive, de la patiente endurance digne d'un véritable soldat du Christ, et la difficulté qu'il éprouve à le faire se lit, pour Owen [2010, 181, ici et pour le reste du paragraphe], dans la promptitude avec laquelle il fait face au Chevalier vert, une fois que celui-ci a porté le coup promis dans la Chapelle verte : l'agressivité de sa réaction (de même que sa parfaite immobilité, au moment où celui qu'il croit être son bourreau se décide à enfin user de sa hache pour de vrai) sert à prouver à l'auditoire que sa passivité précédente était due à l'accord qu'il avait conclu avec le guerrier surnaturel, plutôt qu'à un quelconque manque de courage. La faute de Gawain, c'est de n'avoir pu s'empêcher d'espérer sauver sa peau ; dans cette optique, l'espoir dont il est question n'est pas celui, positif, du chrétien, mais une passion répréhensible, et la ceinture verte l'emblème de l'incapacité de Gawain à faire preuve de patience jusqu'au bout.

Ce type d'analyse est séduisant, et dans l'ensemble convaincant, mais il nous faut néanmoins signaler ici un point important, qui est souvent escamoté dans les raisonnements des tenants d'une analyse allégorique ou théologique du poème tout entier, et dont Owen est un exemple (le paragraphe qui suit se concentre sur son article, mais Owen n'est pas le seul à tenter de faire entrer le poème dans le moule de l'allégorie, sans totalement y parvenir). *SGGK*, on l'a vu, a manifestement été créé par un poète qui souhaitait que son œuvre puisse être lue par des publics différents, et qui l'a composée de manière qu'elle autorise un grand nombre de niveaux de lecture. Il tient plus de la réflexion sur les vertus que du traité ; or les interprétations de type allégorèse du poème tout entier effacent une partie de sa puissance, ainsi que son caractère unique pour la littérature de l'époque. Gawain n'est pas l'incarnation de la *fortitudo* ; c'est un homme, faillible par définition, qui tente d'incarner toutes les vertus, notamment la force d'âme et la patience, et qui échoue parce qu'il aime trop la vie et ses plaisirs, ce que Owen (et d'autres) choisit souvent d'ignorer. Ainsi par exemple, lorsqu'il est dit de Gawain qu'il pâtit, au cours de son périple, de la solitude, il ne s'agit pas seulement du péril qui guette l'âme du chrétien ; Gawain souffre de ne plus pouvoir passer du temps en compagnie de ses amis, mais aussi de ne plus trouver nourriture digne de lui, une fois le royaume de Logres derrière lui (v. 694). La traduction de Armitage, qui propose "little to call food" pour "noght… the fare that he lyked", fait malheureusement disparaître l'allusion au palais raffiné de Gawain, qui a l'habitude d'une nourriture qui ravit les sens (on pense ici aux honneurs qu'il fait au repas qui lui est servi dans la demeure de Bertilak peu après son arrivée, et qu'il complimente maintes fois). De même, l'interprétation que donne Owen du passage en question efface également ce qui contribue à faire de Gawain un être humain pétri de contradictions, plutôt qu'une allégorie. Or ce n'est pas le seul moment, dans le poème, où les failles de Gawain affleurent à la surface.

Gawain est tenté à Hautdesert par des péchés qui ressemblent à ceux auxquels furent soumis nombre de saints dans le désert (on a déjà souligné que Hautdesert remplaçait dans le récit la forêt inculte des récits chevaleresques, de même que les déserts des vies de saints comme lieu de tentation), notamment saint Antoine. Et il nous paraît utile de noter ici que ce grand expert en tentations fut apparemment soumis aux sollicitations, non seulement de spectres de femmes nues, mais aussi à celles de la paresse et de l'ennui. Or paresse et ennui étaient deux passions de l'âme auxquelles les théologiens avaient donné le nom d'*acédie*, et à laquelle était censée remédier la force d'âme, justement. On peut se demander si ce n'est pas l'acédie, ou une forme de désespoir larvé, qui frappe Gawain, et qu'il cache sous des dehors affables, lors des journées passées à Hautdesert. Car si Gawain n'a de toute évidence pas le temps de s'ennuyer lors de son voyage au pays de Galles, puis lors de son séjour chez Bertilak, il nous semble tenté, entre autres, par l'oisiveté, qui lui fait tirer le meilleur parti de son lit pendant les trois jours qu'il consacre au Jeu des Échanges. C'est en tout cas l'interprétation que semble privilégier David Lowery dans *The Green Knight*, où Gawain paraît non seulement passif, mais aussi prompt à se complaire dans une certaine oisiveté.

Beaucoup de spécialistes ont noté la propension du poète à ces descriptions du monde chevaleresque et courtois comme particulièrement agréable à vivre, et la plupart considèrent qu'il ne faut pas aller chercher, derrière l'éloge, la critique en filigrane d'une noblesse qui serait engluée dans les plaisirs du monde physique et qui aurait oublié le devoir de consacrer son temps ici-bas à des contemplations plus spirituelles. Le poème fait ressortir à tous moments les agréments de la vie au sommet de la hiérarchie sociale : les plaisirs de la table, de la vie en communauté, les délices que l'on éprouve à converser avec des interlocuteurs aussi raffinés que soi, la joie que procure la vision d'une jolie femme tout comme celle du soleil éclairant un paysage scintillant sous l'effet du givre. Dans ces conditions, comment ne pas comprendre que Gawain éprouve du mal à s'en détacher ? Et ce d'autant plus que ces plaisirs ne sont jamais représentés comme répréhensibles, bien au contraire. Dès lors, on pourrait objecter que Gawain, quand il n'est pas submergé d'idées noires (ce qui lui arrive dès qu'il se retrouve seul dans sa chambre), ne fait que profiter de ses dernières journées comme un condamné à mort savourant son dernier repas. Et, on l'a vu, il semble revenir à la vie, une fois le coup porté par le Chevalier vert. Mais rien ne l'empêche, en théorie, de diviser le temps qu'il lui reste entre ses obligations courtoises (v. notamment La courtoisie comme socle de l'éducation d'un homme (ou d'une femme) de bien et *SGGK :* de la courtoisie due aux dames) et la chapelle du château. Or, s'il s'y rend bien en dehors des offices auxquels tout le monde assiste, lui compris, c'est pour confesser les fautes commises pendant la journée (et qui ont à voir avec la Dame). Ce n'est qu'après avoir accepté la ceinture talisman qu'il avoue au prêtre toutes ses fautes, grandes et petites (v. 1881), ne laissant rien de côté, afin que celui-ci l'absolve et qu'il puisse ainsi sauver son âme (v. 1879). Mais si, sur le plan religieux, Gawain a accompli ce qui était attendu de lui et qu'il s'est ainsi préparé comme il se doit à sa mort prochaine, il est tout de même frappant de constater qu'il choisit de s'habiller en bleu, couleur de la constance (v. 1928), le dernier jour du Jeu des Échanges. Certes, cela peut se comprendre comme une manière, à ses yeux, de signifier qu'il a toujours l'intention d'affronter une mort certaine le lendemain, mais cela paraît tout de même quelque peu hypocrite, au regard de sa décision de garder pour lui le cadeau de la Dame. On pourrait d'ailleurs considérer que le délire qui semble le prendre (v. 1951 *et seq.)*, et qui le fait ressembler à un fou ou un ivrogne, n'est rien d'autre qu'une forme d'hystérie née non seulement de l'angoisse qui l'étreint à la pensée de ce qui l'attend le lendemain, ou de son intempérance, mais aussi une manière d'expulser les craintes que l'acceptation de la ceinture a fait naître en lui. Or, ces craintes ont plus à voir, comme le prouve sa réaction à la fin du poème, avec la vision qu'il a de lui-même qu'avec la peur de mourir, de sorte que la véritable tentation de Gawain est moins celle de la chair, ou des autres plaisirs physiques, que ce que l'on pourrait nommer la tentation de l'idéal…

The Green Knight: du christianisme aux runes nordiques

Jouant avec les différents niveaux d'interprétation du romance, *The Green Knight* fait intervenir deux systèmes de croyances au début des aventures de Gawain, qui se croisent et se complètent, mais sans véritablement se rencontrer. Le film s'inscrit d'abord dans un cadre chrétien, en s'ouvrant lors des célébrations de Noël. Après le prologue à connotation mystique, les premiers mots de l'intrigue, prononcés par Essel et repris par Gawain, affichent ce contexte chrétien: "Christ is born", "Christ is born indeed" (2-3 min). Pourtant, la réponse du protagoniste ainsi que la suite de son parcours invitent à s'interroger sur la valeur de sa foi : si Gawain se réjouit, ce n'est pas en chrétien heureux de fêter la naissance du Christ, mais en amant stimulé à la vue de la prostituée. Il apparaît même comme un frein dans le cheminement chrétien d'Essel, en essayant de la retenir dans le bordel et demandant les raisons pour lesquelles elle souhaite se rendre à l'église (3 min). Loin d'être un défenseur de la foi, le héros adopte un comportement volontairement provocateur, voire contraire aux attentes chrétiennes: au son des cloches de l'église, il prend en selle son amante (4 min), il déclare être allé à la messe mais empeste le vin (5 min), et ne souhaite un joyeux Noël qu'à son cheval, Gringalet (Gryngelot, 4 min).

De fait, le héros apparaît particulièrement passif vis-à-vis de sa foi : il n'est par exemple jamais représenté en train de prier, y compris lorsqu'il s'apprête à recevoir le coup de hache du Chevalier vert.

Il s'inscrit même dans une forme de négligence à l'égard de sa foi. Certes, il reçoit les prières latines de l'évêque et celles, en anglais, de la reine lorsqu'il quitte le château pour mener sa quête (33-34 min), et son bouclier à l'effigie de la Vierge est béni (34 min). Néanmoins, la figure de Gawain elle-même reste secondaire dans toutes ces séquences, et il ne tarde pas à perdre son bouclier : dès sa rencontre avec le pillard et les bandits, la protection représentée par la foi chrétienne est remise en question. L'image de la Vierge apparaît en gros plan, mais à l'envers, figée, tandis qu'un brigand brise le bouclier de Gawain (48 min). Dans cet univers médiéval intrinsèquement symbolique (v. Comprendre le symbolisme médiéval), la représentation est ici évidente : inapte à maintenir sa foi, matérialisée par le bouclier peint et béni, Gawain perd cette protection chrétienne. Le reste du film n'apporte d'ailleurs pas d'autre représentation substantielle du christianisme, simplement suggéré lors des cérémonies évoquées dans la séquence proleptique (le couronnement de Gawain et son mariage).

Si *The Green Knight* met en scène des pratiques chrétiennes, c'est donc pour mieux les remettre en question, et leur substituer un autre système de croyances. Parallèlement aux prières formulées dans le château, le film de Lowery illustre ainsi les pratiques païennes de la mère de Gawain, qui grave des runes protectrices sur une petite pierre et la dissimule dans la ceinture qu'elle offre à son fils (34-35 min). Cette représentation convoque deux imaginaires complémentaires, rappelant d'abord que Gawain est issu des Orcades, un territoire largement marqué par la présence scandinave depuis la fin du VIIIe siècle. Les runes désignent en effet "un ensemble de signes graphiques employés par les peuples germaniques avant l'adoption de l'alphabet latin puis parallèlement à ce dernier" [GUFFROY, 2022, 167]. Les différents systèmes runiques sont ainsi étroitement associés à l'imaginaire nordique, puisqu'ils sont employés à peu près sans interruption jusqu'au XIXe siècle. Mais, au-delà de cette lecture historique et géographique du film, la séquence invite aussi à rapprocher cet usage des runes par la mère de Gawain de représentations largement développées dans l'imaginaire contemporain, renvoyant les runes à une pratique mystérieuse de la magie.

Le terme vieux-norrois "rún" (avec son pluriel "rúnar") fait écho à l'allemand "raunen", *murmure*, ce qui contribue à expliquer pourquoi les runes ont été perçues comme un art du secret et, par extension, des formules magiques. Dans la littérature norroise, l'utilisation des runes pour pratiquer la magie est attestée, même si "les textes sont sporadiques et surtout tardifs" [*Ibid.*, 169]. Ce système d'écriture sert d'abord à communiquer et à témoigner, mais il est par la suite associé "à quelque chose de beaucoup plus ésotérique, y intégrant tout un univers de pratiques magiques" [*Ibid*, 189]. C'est bien dans cette optique que les runes sont représentées dans le film de Lowery, afin d'apporter une protection merveilleuse au protagoniste. Sa mère lui recommande : "Wear it about your waist as you go. And if you wear it still when you return […], you will come with your head held high. I promise, you will not come to harm" (35 min). Si, comme pour le bouclier à l'effigie de la Vierge, Gawain perd cette protection magique lors de sa rencontre avec des brigands (48 min), *The Green Knight* lui accorde toutefois une deuxième chance par le don de la Dame, qui met d'ailleurs bien en évidence son rôle magique : "There's an enchantment sewn into its threads. Wear it and you will never be struck down" (1 h 32). L'épouse du seigneur renvoie ici directement à la pierre gravée en tant que "enchantment", soulignant sa capacité surnaturelle de protection. De fait, "jusqu'à la période viking, les runes ne sont pas gravées sur les pierres mais plutôt sur de petits objets que l'on peut porter sur soi tels que des amulettes, des peignes, des armes, etc." [Guffroy, 2022, 172].

Lowery superpose l'interprétation historique, attestée, des runes à des fins de communication et de décoration, et l'interprétation ésotérique qui leur confère un pouvoir surnaturel. C'est dans la culture contemporaine, et notamment en *fantasy*, que les runes deviennent étroitement associées à une pratique performative du langage à des fins magiques, soit en étant directement appliquées sur le corps, soit en venant compléter un équipement, comme c'est le cas pour enrichir la ceinture de Gawain. Cet usage des runes se développe à partir de l'extension du jeu de rôle *Dungeons and Dragons* (1974) intitulée *Viking Campaign Sourcebook* (1991), qui "propose notamment de nouvelles capacités magiques appelées magie runique […]. Les runes y sont présentées comme une forme d'écriture mais certaines d'entre elles permettent l'utilisation d'effets magiques et de charmes" [*Ibid.*, 186]. Si l'association des runes à la magie constitue une interprétation amplifiée des sources des mythes nordiques, elle est toutefois devenue un trope fréquent de la *fantasy* et du médiévalisme (v. Médiévisme et médiévalisme et *Fantasy* et fantastique).

The Green Knight en fait ainsi un usage habile, mêlant différentes traditions pour ajouter aux interprétations possibles de la narration, d'autant plus que les runes employées prennent tout leur sens dans l'intrigue. En effet, la mère de Gawain grave les runes "ᚦᛘᚱ" (34 min), qui sont clairement identifiables. La rune "ᚦ", Þorn, désigne Thor mais aussi les *jötunn*, ou géants, de la mythologie nordique (*etayn* étant le mot apparenté en MA qui figure dans le poème dans la description du Chevalier vert, v. Rôle et définition du merveilleux médiéval). Faisant écho au romance médiéval, le film de Lowery rappelle justement la très haute taille du Chevalier vert, qui est d'ailleurs qualifié de "giant" (28 min). Cette première rune gravée semble ainsi évoquer l'adversaire spécifique que doit affronter Gawain. La seconde est "ᛘ", *mannaz*, et désigne l'homme. Elle renvoie ici au porteur de la ceinture, le héros lui-même, qui se trouve au centre de l'aventure tout comme la rune est au centre de la pierre gravée. Enfin, la troisième rune, "ᚱ" prononcée *rad*, désigne le voyage et la chevauchée. Or, c'est bien un long périple – d'abord à cheval puis à pied – qu'entreprend Gawain juste après avoir reçu ce cadeau de sa mère. Plus qu'une protection magique, les runes apposées ici traduisent dans les grandes lignes l'aventure de Gawain, l'homme qui, confronté à un géant, part pour un voyage initiatique.

L'AMOUR COURTOIS ET SA REMISE EN QUESTION

Les trois entretiens de Gawain avec Dame Bertilak constituent, pour ce qui est de la manière dont ils se passent et du langage employé, un exemple frappant de ce que l'on appelait le (ou la, les deux genres sont possibles) *fin'amor*, ou "amour raffiné" (l'expression "amour courtois" date du XIXe siècle). Il est largement admis aujourd'hui que le *fin'amor* ne fut jamais plus qu'un thème littéraire ou, au mieux, un jeu de rôles aux conséquences pouvant se révéler dangereuses, donc pratiqué par la noblesse dans un cadre très strict.

Pour bien en saisir les enjeux, ainsi que le caractère extraordinaire du comportement de Dame Bertilak, il est sans doute utile ici de fournir un certain nombre de données concernant la condition féminine au Moyen Âge, ainsi que la nature véritable de l'amour courtois. Celles-ci seront probablement connues des agrégatifs, mais la vogue récente des romans ou séries mettant en scène un Moyen Âge largement réinventé nous pousse à brièvement les mentionner ici, afin d'éviter d'éventuelles erreurs d'interprétation.

L'APPARITION DU *FIN'AMOR* AU MOYEN ÂGE ET SON ARRIMAGE À L'ÉTHIQUE COURTOISE

Place de la femme dans la société seigneuriale et dans les romances : généralités

La femme au Moyen Âge est éternellement mineure et sous la tutelle d'un homme, d'abord son père, ensuite son mari. Certes, les veuves et les célibataires ont plus de libertés, surtout à partir du XIIIe siècle, mais il est difficile pour une femme de refuser de se (re-)marier, ou d'affirmer ses goûts personnels en ce qui concerne le choix d'un époux. Ses droits sur le plan légal sont restreints, de manière encore plus claire à la fin du Moyen Âge [OPITZ, 2002 (1990), ici et pour le reste du paragraphe, sauf mention contraire] qu'au début (on aurait tort d'imaginer que les droits des femmes progressent sur la période, car c'est plutôt le contraire). Son seul recours, si elle souhaite échapper à un mariage forcé, est le couvent. Il est attendu d'elle qu'elle obéisse à son mari en tout. Les mariages sont le plus souvent le résultat de "stratégies matrimoniales propres à chaque famille et variant suivant les couches sociales [*Ibid.*, 350-51], de sorte que l'adoption de la notion de "consentement" de la future épouse (ou du futur époux, d'ailleurs) comme condition nécessaire pour que le mariage soit célébré ne se fait que de manière très partielle au cours du Moyen Âge.

Dans la noblesse, les mariages étaient arrangés, souvent dès l'enfance, et, dans ce cas, on envoyait parfois la petite fille grandir dans la maison de son promis. Il arrivait que, pour des raisons politiques, le mariage soit conclu avant que l'épouse soit nubile. (Ce fut le cas d'Isabelle de Valois, mariée avant ses sept ans à Richard II, de vingt-deux ans son aîné. Une telle union fit l'objet de certaines critiques, notamment en raison du jeune âge de la mariée, mais Richard II fit taire les mécontents en leur objectant qu'il saurait attendre avant d'exercer ses droits conjugaux et que, de plus, un tel arrangement lui permettrait de modeler sa femme selon ses goûts. Cela étant, Charles VI fit ajouter une clause dans le contrat de mariage qui stipulait que le consentement de sa fille devrait être obtenu lorsqu'elle aurait atteint sa douzième année, pour que le mariage devienne effectif et qu'il ne puisse plus être annulé.) L'adultère était théoriquement passible de la peine de mort pour une femme (des compensations financières pouvaient aussi être négociées), alors qu'un homme ne risquait aucune condamnation autre que morale. "Le fait de ne disposer d'aucun pouvoir caractéris[e] les épouses" [Opitz, 2002 (1990), 358], ce qui n'empêche pas certaines de nouer, malgré le danger, des relations illicites avec des clercs ou des prêtres débauchés (la littérature du XIVe siècle, particulièrement celle d'inspiration satirique, est remplie de personnages de frères mendiants, de prêtres licencieux ou de jeunes clercs usant de leurs connaissances en matière de poésie courtoise pour séduire des femmes mariées).

Ces quelques remarques nous paraissent utiles pour comprendre un peu mieux Dame Bertilak et humaniser cette femme à qui le poète n'accorde même pas de nom, comme si elle n'existait qu'en tant qu'extension de son époux – ce qui s'avère être peu ou prou le cas, puisque c'est sur les ordres de son mari qu'elle tente de séduire Gawain (à moins qu'elle ne soit qu'une illusion, de même que le château et tout ce qui s'y produit). Aujourd'hui, nous dirions qu'il exerce sur elle une forme de coercition sexuelle, mais, au Moyen Âge, la notion n'existait pour ainsi dire pas pour les femmes mariées, à moins qu'elles soient déterminées à pratiquer une chasteté totale (et donc à se retirer au couvent) : seul l'exercice de la vertu pouvait être considéré comme une raison suffisante (et encore) pour se refuser à son mari. Et si le fait d'exiger de sa femme qu'elle s'offre à un autre aurait été considéré comme de mauvais goût, et même comme une faute morale, cela n'aurait pas pour autant donné le droit à une femme de désobéir à son mari. La soumission totale exigée des épouses ne faisait pas seulement l'objet de sermons ou de textes de loi ; elle figurait également dans les contes, et particulièrement celui, extrêmement populaire, de Griselda (repris par Chaucer dans ses *Canterbury Tales*), qui narre la vie difficile d'une jeune femme soumise pendant des années par son mari à des formes variées de torture psychologique, jusqu'à ce que ce dernier finisse par se lasser de la mettre à l'épreuve. Griselda, qui jamais ne se rebelle, mais qui endure au contraire ses tourments avec la patience et la douceur d'une sainte, était présentée comme l'épouse parfaite au Moyen Âge, au point d'être mentionnée dans une lettre envoyée par un membre du conseil du roi de France à Richard II pour le convaincre d'épouser Isabelle de Valois [Crane, 2002, 29].

Dame Bertilak a donc sans doute fait l'objet d'un mariage arrangé, et semble mener une vie parallèle à celle de son mari : le poème nous la présente tout d'abord en compagnie d'un certain nombre de femmes

(v. 942 ; la traduction de Armitage, "sisterly crew", est particulièrement heureuse ici), dissimulée aux regards masculins dans une section en partie fermée de la chapelle. Elle passe ses journées avec son aréopage, augmenté de Gawain une fois l'accord passé avec Bertilak, plutôt qu'avec son mari, et elle semble largement ignorée par ce dernier. À en croire l'arrangement des sièges décrit au v. 1001-1003, les deux époux sont situés de part et d'autre de Morgan, à qui est réservée la place d'honneur lors des repas du soir, ce qui signifie que, même en l'absence de Gawain, Dame Bertilak ne serait probablement pas assise à côté de son mari.

C'est évidemment pour mieux lui laisser le champ libre que celui-ci fait mine de l'ignorer, mais il n'en reste pas moins que l'attitude distante de Bertilak ne semble pas surprendre Gawain outre mesure. Cela n'a rien d'étonnant si l'on considère que, au Moyen Âge, il était admis qu'une femme se devait d'aimer son mari de toute son âme et sans modération aucune, même si cela allait jusqu'à lui faire estimer qu'il était le meilleur des hommes alors que c'était loin d'être le cas, tandis que le mari, lui, était censé garder ses esprits et faire preuve de discrétion dans l'expression de sa *dilectio* (*dilectio* étant le terme latin utilisé pour caractériser l'amour conjugal et le différencier de l'*amor* charnel) [VECCHIO, 2002 (1990), 148-149].

La retenue de Bertilak à l'égard de sa femme aurait donc constitué une preuve de plus de son excellente maîtrise de soi. Pour ce qui est des repas pris en commun le soir, ceux-ci étaient normalement pour les femmes de la maisonnée l'occasion de retrouver les hommes (comme le signale le poème aux v. 1372-73 par exemple), de sorte que la présence de Gawain aux côtés de l'épouse de Bertilak et de ses dames de compagnie dans la journée constitue une anomalie, dans le schéma normal de la vie à Hautdesert. Ici, le poème semble s'inspirer en partie d'*Ipomedon*, dont le héros devient un temps le *mignon* (*drew* en moyen-anglais) de la reine de Sicile, autorisé à passer du temps à ses côtés dans la journée et à lui donner un baiser tous les soirs. Dans le roman anglo-normand, la situation décrite plus haut est, elle aussi, le fruit d'un arrangement entre le chevalier et le mari de la dame, sans que cette dernière ait eu son mot à dire à aucun moment. La grande différence avec *SGGK* toutefois est que, dans *Ipomedon*, c'est le héros lui-même qui, tirant le meilleur parti de l'étiquette de cour, force le roi à accepter l'arrangement en question. Or Ipomedon devient bientôt l'objet de moqueries à la cour du roi de Sicile, tant de la part des hommes que des femmes, qui, tous, le considèrent comme une créature efféminée plutôt que comme un bourreau des cœurs, malgré la cour qu'il fait à la reine, justement parce qu'il occupe son temps de manière peu virile. Certes, Gawain ne devient à aucun moment l'objet de moqueries de la part des habitants de Hautdesert, mais on pourrait attribuer une partie de la gêne qui l'envahit (v. 1658-63) à l'inconfort de sa position dans le château, et à ce qui pourrait être considéré comme une forme d'émasculation. Sans parler de l'inquiétude qu'il ne peut que ressentir devant les risques pris par la jeune femme, qui, on le rappelle, n'aurait pas manqué d'être châtiée de cruelle manière en cas d'adultère (danger auquel la Dame fait d'ailleurs allusion de manière voilée, v. 1251-55) ; d'où son envie de la rabrouer (v. 1661), envie qu'il ne peut afficher, puisque cela reviendrait à lui faire honte, ce qui ne serait pas courtois.

SGGK : de la courtoisie due aux dames

La courtoisie qui était due à une femme d'un rang supérieur était en tout point modelée sur celle avec laquelle son époux était traité. Cela ressort de manière évidente dans le poème ; l'auteur y accorde la même attention qu'aux autres aspects de la vie à la cour. Ainsi, au tout début de *SGGK*, lorsque Gawain prend la parole pour conseiller Arthur, il demande d'abord à Guinevere s'il peut le faire. En effet, c'est la reine qui, d'une manière totalement symbolique et selon les principes du *fin'amor*, est censée exercer la plus haute autorité sur lui. Une fois à Hautdesert, dans tous ses échanges avec la Dame, il fait montre de la même humilité qu'avec Bertilak. Tout au plus peut-on remarquer qu'il affiche encore plus sa modestie avec elle, car elle ne lui sert pas seulement, comme c'est le cas pour Bertilak ou Arthur, à complimenter son interlocuteur par un effet de ricochet (il ne mentionne jamais sa propre absence de qualités sans faire l'éloge de celles de la personne à qui il parle). Elle est le seul moyen pour lui de s'extirper de la situation impossible dans laquelle la Dame l'enferme de manière répétée. En effet, son savoir-vivre lui intime de cacher ce qu'il pense vraiment d'elle, puisque cela reviendrait à lui faire honte ou à la critiquer, donc à faire preuve d'impolitesse, ce dont sa renommée ne pourrait que pâtir. Il ne peut dès lors que se résoudre à employer des platitudes sur son absence de valeur et sur le fait qu'il ne mérite pas l'attention de Dame

Bertilak ; ce stratagème finit d'ailleurs par avoir l'effet inverse de celui escompté, puisque la belle en vient néanmoins à le critiquer pour son manque de courtoisie, remettant par là même en question l'identité du chevalier (v. 1293 et 1481). Or cela n'est possible que parce que la Dame et Gawain ne s'accordent pas sur le sens à donner à la courtoisie, quand il s'agit des relations avec les femmes : pour Gawain, il ne s'agit que de faire usage de bonnes manières (v. 1295), et, pour la jeune femme, de pratiquer le *fin'amor*, un jeu érotique dont elle maîtrise tous les codes.

SGGK ET LE *FIN'AMOR*

Le *fin'amor* comme manifestation de la supériorité masculine plutôt que féminine

Dame Bertilak est manifestement plus jeune que son mari. (Ce dernier n'est pas vieux pour autant, mais tout, dans son comportement comme dans son physique, indique qu'il est au mitan de son existence : "in the prime of his life", v. 844). Elle est belle, et à ce titre, comme Guinevere à Camelot, objet de tous les regards, particulièrement des regards masculins ; elle est aussi la cible de leurs jugements et de leurs comparaisons : Gawain, frappé par son apparence tout autant que par sa mise lorsqu'il la rencontre pour la première fois, l'estime plus belle même que Guinevere (v. 945). Certes, à la différence de la souveraine de Camelot, elle n'a rien d'une icône sans vie ni voix (interprétation presque littérale dans le film de Lowery, d'ailleurs, où la reine sert même de vecteur à la voix du Chevalier vert), bien au contraire ; l'évaluation à laquelle Gawain soumet instantanément Dame Bertilak lorsqu'il la voit pour la première fois, avant de la regarder plus en détail, est symptomatique d'un monde dans lequel une belle femme est avant tout l'objet des désirs masculins. Or c'est ce désir qui est le véritable sujet du *fin'amor*, contrairement à ce qui a longtemps été présenté comme une nouvelle manière, plus civilisée en même temps que plus raffinée, de traiter les femmes, qui se serait développée à l'instigation de ces dernières. En réalité, le *fin'amor* est une création masculine (que l'on doit d'abord aux troubadours) et, pour employer une expression un peu brutale mais appropriée au vu du contexte de *SGGK*, il constitue pour les hommes une manière de plus d'exercer leurs qualités viriles en pourchassant les femmes [Duby, 2002 (1990), 324, 334]. Il est le nom donné à une forme de passion amoureuse qui adopte les codes chevaleresques et courtois en vigueur, plutôt qu'un sentiment (l'affection, ou *dilectio,* étant le nom réservé à l'amour entre les époux). Le *Gawain*-poet fait particulièrement bien ressortir la nature véritable du *fin'amor* dans la manière dont il représente les rapports entre Gawain et la dame, dans la façon que le chevalier a de se focaliser sur l'apparence de la jeune femme lors de chacune de leurs rencontres, détaillant son teint, sa silhouette, sa peau, son allure gracieuse. L'érotisme qui se dégage des descriptions de Dame Bertilak reflète l'attirance physique du jeune homme pour elle, attirance qui ne cesse de grandir jusqu'à le rendre fou (v. 1660) et lui faire oublier les risques qu'ils prennent. Et la jeune femme n'est pas en reste, elle qui n'a de cesse de le complimenter, non seulement sur ses qualités, mais aussi sur son apparence "exquise" (v. 1273). Son ardeur (l'*amor*, on l'a dit, est avant tout sexuel) s'exprime notamment dans la manière dont elle tente de le convaincre que sa renommée auprès des femmes signifie qu'il devrait chercher à l'embrasser, ne serait-ce que par politesse (v. 1299-1301); ce dont il s'acquitte, sans toutefois aller plus loin, donc sans outrepasser les limites de ce qui était considéré comme acceptable, ainsi que le souligne le poème ici (leur entretien se clôt d'une manière formelle, lorsque chacun des interlocuteurs recommande l'autre à Dieu, v. 1307).

Dans la plupart des œuvres de la littérature chevaleresque et courtoise, les femmes n'existent que pour "rehausser [les] qualités viriles" des jeunes héros [Duby, 2002 (1990), 328]. On pourrait certes nuancer le propos en convoquant les quelques textes courtois, principalement dus à Marie de France, qui accordent une place plus grande et plus centrale aux personnages féminins. Ainsi, les lais de Marie de France peuvent se lire non seulement comme une réflexion sur la place de la femme dans la société médiévale et sur la possibilité de l'amour dans un monde où le mariage est avant tout une transaction, mais aussi, de manière plus problématique, sur la possibilité de l'adultère comme échappatoire au carcan du mariage arrangé. Mais force est de constater que l'analyse proposée par Georges Duby fonctionne bien pour la majeure partie de la littérature chevaleresque et courtoise de langue anglaise. *SGGK*, avec sa représentation complexe de rapports entre hommes et femmes dans lesquels le pouvoir n'est pas toujours détenu par l'homme, y fait figure d'exception.

Le *fin'amor* était donc un jeu qui, loin d'un amour purement spirituel, permettait de canaliser l'énergie des hordes de jeunes chevaliers célibataires qui peuplaient les châteaux. Ils pouvaient chercher à obtenir des faveurs des dames mariées issues des échelons supérieurs, à condition de ne pas se départir de la retenue dont il a déjà été question plus haut, et qui était vue comme l'un des signes de la supériorité des hommes sur les femmes, en matière amoureuse comme ailleurs. Comme le *fin'amor* reproduisait les codes chevaleresques, il était acceptable d'obtenir de la dame des objets témoignant de l'estime qu'elle portait au chevalier, ou même des baisers, mais rien de plus. À ce sujet, il convient de rappeler ici que le baiser du seigneur au chevalier faisait partie de la cérémonie de l'adoubement, ainsi que d'autres rituels masculins (les hommes s'embrassent aussi de manière formelle lorsqu'ils se quittent en bons termes, d'où l'accolade entre le Chevalier vert et Gawain à la fin du poème), de sorte que l'imitation des codes chevaleresques dans les relations hommes-femmes s'exerçait également à ce niveau. Cela permet au poète d'affaiblir, sans tout à fait l'expurger, l'éventuelle ambiguïté du baiser que Gawain se voit contraint de donner à Bertilak chaque soir, lors du Jeu des Échanges. Le désir charnel du chevalier pour la Dame ne devait jamais être assouvi, mais rester à l'état de fantasme. C'était la condition *sine qua non* pour que fonctionne un modèle littéraire (dont on ne sait pas, à ce jour, dans quelle mesure il fut adopté réellement par les élites) visant à limiter les périls que

> la disposition des rapports entre masculin et féminin, faisait peser sur l'ordre social […] c'est pourquoi la littérature courtoise qui, complaisante à l'égard de son principal public, attisait la fougue des chevaliers sans épouse, fut en compensation l'instrument d'une adroite pédagogie. Elle eut fonction de promulguer un code de comportement dont les prescriptions visaient à limiter dans l'aristocratie militaire les dégâts d'un dévergondage sexuel irrésistible. [Duby, 2002 (1990), 334]

Or ce modèle reposait aussi sur la capacité de surveillance du groupe. Certes, il était attendu des chevaliers célibataires qu'ils fassent du champ amoureux le théâtre de leur hétérosexualité (les hommes passant la majeure partie de leur vie en compagnie de leurs pairs, il fallait pour eux contrer tout soupçon d'homosexualité ou d'homoérotisme ; faire la cour aux femmes de la noblesse était un bon moyen pour cela) tout autant que de leur capacité à tempérer leurs ardeurs, ce dont Gawain fait preuve à tous moments (voir par exemple v. 1282 ou v. 1284). On notera tout de même avec amusement qu'il lui faut recourir à la vision de sa mort prochaine pour éteindre les feux allumés par la Dame (v. 1284-87). Les spécificités de la vie dans les châteaux limitaient tout de même les risques de transgression. En effet, pendant longtemps, la rareté des espaces privés fit que les femmes nobles, qui étaient de toute manière entourées de dames de compagnie et de serviteurs partout où elles allaient, ne pouvaient guère céder aux prières de leurs amants courtois sans que cela se sache. D'où la révolution réalisée par la multiplication des chambres dans les châteaux à l'époque de *SGGK*, qui montre bien l'étendue de ce bouleversement pour les rapports entre hommes et femmes : c'est parce qu'une chambre privée a été donnée au chevalier que la Dame peut passer du temps seule avec lui, sans craindre d'être découverte (v. 1230-33). Le poème redouble d'ailleurs cette spatialisation de l'intime, en faisant de la couche de Gawain un lit à courettes. Dame Bertilak s'y glisse sans bruit et, ce faisant, ne se contente pas d'envahir son espace intime : c'est également dans les pensées du chevalier qu'elle s'introduit, pour y semer désordre et trouble (v. 1294-95).

Le *fin'amor*, pour qu'il fonctionne, repose sur deux principes. Premièrement, l'autorité de la dame sur son soupirant est contrebalancée par le fait qu'elle n'est, en réalité, pas maîtresse du jeu (ainsi que le souligne d'ailleurs Dame Bertilak), de sorte que l'ordre considéré comme naturel dans la société médiévale, qui implique la supériorité des hommes sur les femmes, n'est pas fragilisé. C'est le chevalier qui mène la danse, qui fait la cour à la dame qu'il a choisi d'honorer de cette manière, et qui réclame des baisers qu'elle est libre de lui accorder ou de lui refuser. Deuxièmement, le parallélisme que le *fin'amor* institue entre les codes chevaleresques et les codes courtois nécessite que la tension érotique créée par le jeu ne débouche jamais sur des relations physiques, car, dans ce cas, le chevalier ne peut plus être loyal à la fois à son seigneur et à sa dame. Or ce sont ces deux points fondamentaux que Dame Bertilak subvertit, se livrant à ce qu'un lecteur moderne ne manquerait pas de qualifier de harcèlement sexuel caractérisé, si le poème était écrit aujourd'hui. Dans ses échanges avec Gawain, c'est bien elle qui est la chasseresse et le jeune homme le gibier, ce dont elle ne se cache pas, et qu'il admet par ailleurs (v. 1540-45). Même lorsqu'elle prétend recevoir son enseignement sur les choses de l'amour (v. 1530-34), c'est bien elle qui dispense les leçons (v. 1485-86).

Il est bientôt clair que l'objectif de la Dame est d'obtenir des faveurs sexuelles d'un Gawain qui se montre, malgré son désir, réservé. Son approche est dès lors graduelle : lors du premier entretien, elle obtient du jeune homme qu'il l'embrasse au motif qu'un chevalier digne de ce nom ne peut se permettre de passer autant de temps avec une dame sans vouloir un baiser d'elle – ne rien tenter laisserait entendre qu'elle n'est pas si désirable que cela (v. 1298-1301), ce qui lui ferait honte ; lors de l'entretien suivant, elle va plus loin, et lui rappelle que les chevaliers sans reproche des romans (v. 1514) ne manquent jamais, après avoir enduré mainte aventure pour les beaux yeux de leur amante, de faire montre de leur valeur dans le boudoir de celle-ci (v. 1518-19 – affirmation assez peu compatible avec le roman courtois médiéval, par ailleurs : Dame Bertilak fait ici preuve de mauvaise foi). Le parallélisme est clair, et (contrairement à la tradition du *fin'amor*), mené à son terme : un chevalier digne de son nom ne peut qu'exprimer dans les relations intimes le même enthousiasme que celui qu'il montre au combat. Sinon, il faudrait en conclure qu'il n'est pas si vigoureux que cela, ou pire, ignorant.

Certes, Dame Bertilak n'a de cesse de jouer dans ses raisonnements sur le sens à donner aux mots qu'elle emploie pour caractériser le plaisir que pourrait/devrait lui donner Gawain ("bliss" ou "joy" peuvent s'entendre dans un sens charnel comme dans un sens plus spirituel, à condition de préciser le message, ce que fait Gawain plusieurs fois en précédant un terme ambigu de l'adjectif "pure" ou "good" ou encore "true", par exemple au v. 1247, lorsqu'il s'empresse de remplacer la perspective scandaleuse de la jouissance charnelle – la dame lui laissant entendre qu'il pourrait la prendre de force sans risquer d'être découvert – par l'expérience de la joie pure qui naît chez le chevalier pratiquant la version platonique, donc correcte, du *fin'amor*). Mais il est clair qu'elle souhaite plus qu'un simple discours sur l'amour, ce que Armitage rend d'ailleurs de manière plus évidente que le texte originel au v. 1533-34, lorsqu'il traduit "Dos teches me of you wytte" par "Perform for me". Le double sens de la "performance" ici attendue de Gawain est clair et, lors du troisième entretien, le poète expédie les jeux galants auxquels se livrent les deux jeunes gens en quelques vers, car leur relation est arrivée à un point de non-retour : Gawain "needed/ to allow her love or impolitely reject it" (v. 1771-72), cela alors que sa volonté est clairement affaiblie par le désir (v. 1762), et qu'à celui-ci s'ajoute l'ébauche d'un sentiment amoureux. Il est question d'amitié, de tendresse, d'affection

(v. 1764, v. 1766, v. 1777), ce qui n'avait pas été le cas auparavant. Là est le véritable danger, laisse entendre le narrateur, qui demande à la Vierge Marie de protéger son chevalier dans ce moment périlleux (v. 1769), vœu semble-t-il exaucé, puisque Gawain réussit à repousser les avances de la Dame.

Du romance à la romance

De manière intéressante, celle-ci s'avoue vaincue au moment même où Gawain lui révèle, à demi-mot, être réellement tombé sous son charme (v. 1790-91, révélation qui contribue par ailleurs à expliquer la véhémence de sa réaction lorsqu'il apprend qu'elle se jouait de lui – v. 2414 *et seq*.). Bien sûr, elle fait mine de considérer comme preuve de ce qu'il ne l'apprécie pas réellement le fait qu'il n'ait pas d'amante (les termes *lemman* et *lever* qu'elle emploie dans le texte d'origine laissent entendre qu'elle parle de quelqu'un avec qui il aurait des relations sexuelles), mais qu'il refuse néanmoins d'aller plus loin avec elle. Néanmoins, il nous paraît étrange qu'elle abandonne, au moment même où Gawain semble le plus vulnérable. Ne dit-il pas (v. 1790-91) qu'il n'a pas d'autre amante qu'elle, et qu'il n'en aura pas d'autre de sitôt ? On attendrait que Dame Bertilak pousse son avantage. Au lieu de cela, la jeune femme se contente d'une réponse finalement assez sibylline, se bornant à mentionner la douleur qu'elle éprouve sans préciser son objet : "Those words [...] are the worst of all./ But I asked, and you answered, and now I ache" (v. 1792-93). Se pourrait-il qu'elle souffre parce qu'elle a compris ce qu'il lui dit à mots couverts à ce moment précis, à savoir qu'il s'en va bientôt, et qu'il lui faudra du temps pour l'effacer de ses pensées ? On notera que, sous le coup de l'émotion, Gawain oublie qu'il va mourir bientôt. Il est clair que la Dame comprend qu'ils sont sur le point de se dire adieu, puisqu'elle réclame un objet de lui en souvenir, objet qu'il refuse de lui donner (car cela serait matérialiser le fait que leurs conversations ont abouti à une véritable liaison, sentimentale à défaut d'adultère, mais tout de même répréhensible). Elle tente alors de lui offrir une bague extraordinaire : une pierre jaune sertie dans un anneau d'or rouge. Il nous semble que la bague, qui est en soi un nouveau piège tendu par le Chevalier vert par l'intermédiaire de son épouse (si Gawain l'avait acceptée et gardée, il se serait rendu coupable d'une forme d'avarice proprement honteuse), cette bague, donc, peut également constituer un aveu, car elle est aux couleurs de Gawain, et peut-être même un gage d'amour. Certes, il se pourrait que le Chevalier vert l'ait choisie. Mais si ce n'est pas le cas, et si la Dame a eu toute liberté pour décider du bijou à donner, il nous semble qu'il faut voir l'anneau comme représentant les qualités revendiquées par Gawain, et qu'il a prouvées au cours de leurs conversations. En effet, rien dans le texte n'empêche le lecteur qui connaîtrait déjà l'oeuvre (comme cela pourrait avoir été le cas pour une partie de l'auditoire-lectorat du poète) et qui saurait déjà à quel jeu joue réellement la jeune femme, de penser qu'à cet instant précis, elle n'est peut-être plus totalement dans le rôle qui lui a été assigné. Le récit laisse entendre, au début du passage, que la tendresse entre les deux jeunes gens est partagée. Certes, contrairement à Gawain, l'auditoire n'a que très rarement accès aux pensées de la dame, mais au v. 1733-34, il est dit : "love would not let her ladyship sleep/ nor suppress the purpose which suppressed her heart". On notera que la répétition du terme "suppress" dans la traduction, là où "oppress" aurait également convenu, est un peu surprenante, d'autant qu'elle ne se trouve pas dans le texte d'origine, mais il est possible que Armitage joue ici sur les différents sens du terme, qui pouvait signifier "écraser, anéantir" autant que "supprimer". Ces vers sont ambigus, mais il semble que, à ce stade de leur relation, la jeune femme soit déchirée entre sa passion pour Gawain et la tâche qu'elle a à accomplir, et qu'elle en ait perdu le sommeil. Dès lors, la rapidité avec laquelle elle s'avoue vaincue le troisième jour nous paraît révéler qu'elle a commencé à nourrir des sentiments pour Gawain, de sorte que l'offrande qu'elle lui fait de la ceinture, après la bague, pourrait ne pas être aussi sournoise qu'il y paraît. En effet, rien ne prouve, ni dans ses paroles, ni dans celles de Bertilak dans la Chapelle verte, qu'elle soit au fait de la double identité de son mari, en tout cas pas au moment où elle lui offre la ceinture. Elle pourrait effectivement vouloir le sauver des griffes du guerrier surnaturel, d'autant que celui-ci (à en croire le serviteur qui, sur le chemin de la Chapelle verte, tente de convaincre Gawain de s'enfuir) est renommé pour sa cruauté. Le poème, ici comme ailleurs, ne nous dit pas si Dame Bertilak n'est que l'une de ces femmes qui prend plaisir à faire tourner les hommes en bourrique, ainsi que Gawain le déplore, ou une épouse soucieuse de suivre les directives de son mari et pour qui la seule liberté consiste à mener le jeu qu'il lui a été ordonné de jouer de la manière dont elle l'entend.

Il convient à ce sujet de garder à l'esprit que ce n'est pas parce que l'on est subordonné à quelqu'un que l'on perd toute capacité, toute liberté à décider de sa vie, quoi que puisse en penser un Bertilak finalement aussi orgueilleux que Gawain lorsqu'il déclare que le comportement de sa "jolie femme" (v. 2351) était entièrement le fruit de son travail à lui (v. 2361). Ainsi que nous l'avons montré, il est permis d'en douter... Ce que Gawain, malheureusement, ne fait pas, préférant décharger sa bile dans une tirade misogyne qui a laissé songeur plus d'un lecteur. Mais elle s'explique tout autant par la possibilité qu'il ait réellement été blessé (et pas uniquement dans son orgueil) que par le fait que, lorsqu'il s'agit des femmes, la délicatesse des manières ne se double pas chez lui de la noblesse des sentiments qui est censée aller de pair. En plus des fautes qui lui ont déjà été imputées, il s'avère mauvais amant; ou, dans une perspective plus charitable (ou plus romantique), ce serait un jeune homme amoureux, et malheureux (sur ce point, le film de Lowery est moins positif et conserve l'interprétation d'un piètre amant, y compris avec la prostituée Essel qu'il fréquente pourtant régulièrement). De même, dans *SGGK*, Dame Bertilak pourrait tout aussi bien être une Griselda. Gawain (tout comme les lecteurs) ne le saura jamais, et c'est toute la force du poète que de ne pas faire de ses personnages des archétypes, mais de leur prêter des motivations aussi floues, aussi complexes, aussi changeantes, que le seraient celles d'êtres de chair et de sang.

THE GREEN KNIGHT: GAWAIN ET LES PERSONNAGES FÉMININS, OU COMMENT SORTIR DE L'ENFANCE

Régulièrement, les adaptations cinématographiques des textes médiévaux, tout particulièrement des récits arthuriens, sont confrontées au décalage entre la faible présence des femmes dans les sources littéraires d'une part, et d'autre part la nécessité contemporaine de proposer une représentation sinon paritaire, du moins qui accorde une place plus nette aux personnages féminins [Breton, 2019, 421-423]. Le film de David Lowery s'inscrit dans cette lignée, en augmentant le nombre de figures féminines présentes à l'écran, en développant leur rôle narratif, mais en prolongeant également une logique déjà à l'œuvre dans le romance médiéval :

> Superficially, the medieval romance does not feature many women, but it is deeply preoccupied with the female point of view. Lowery has […] successfully built upon this foundation and even his additions, such as Saint Winifred, make perfect sense. Much like his own depiction of Bertilak's wife, Lowery seems to have carefully read not only the medieval classic but other romances as well, and it can be suspected, the critical apparatus surrounding it. [Kamčevski, 2023, 10]

Lowery étend ainsi la distribution du film en ajoutant aux personnages féminins initialement présents – ceux de Guenièvre, de Morgane et de l'épouse du seigneur Bertilak – ceux d'Essel et de Winifred, ainsi que plusieurs figures secondaires ou d'arrière-plan : la voix narrative initiale – enrouée et brute (coarse), mais féminine –, les prostituées, les trois sœurs qui assistent la mère de Gawain, la voleuse qui dépouille le héros avec le pillard, les géantes, l'épouse et la fille du protagoniste issues de la séquence proleptique, ainsi que diverses filles et femmes de la cour et du château. "The number itself still does not necessarily have to mean much unless it is backed by prominence in content" [*Ibid.*, 3]. Cependant, *The Green Knight* ne propose pas que des ajouts et des développements superficiels : les figures supplémentaires contribuent activement à structurer la narration et à guider le parcours du héros. "[Women] serve to define Gawain and show us who he truly is at the beginning of his story" [*Ibid.*, 5] ; ce n'est que dans un second temps qu'il peut parvenir à se définir par lui-même.

Le film souligne bien le caractère décisif des interventions féminines pour amorcer toute la quête du héros. C'est d'abord sa mère, entourée de ses sœurs, qui invoque la présence du Chevalier vert, lançant de fait l'élément perturbateur nécessaire à l'intrigue. Le nom de Morgane n'est pas convoqué dans le film : le personnage n'est pas nommé, et le générique et les éléments promotionnels n'emploient jamais que "Mother". Mais elle n'est pas la seule : Bertilak n'apparaît que comme "The Lord", Arthur et Guenièvre sont simplement "The King" et "The Queen", etc. Les personnages de *SGGK*, à l'exception des deux personnages éponymes, sont ici renvoyés à leur statut d'archétype, dans une logique qui n'est pas sans rappeler, dans une certaine mesure, celle des contes de fées, mais aussi et surtout la trame narrative des "family dramas" telle que l'analyse Derek Brewer, en rappelant que ce type de récit fait de tous les personnages mis en scène différentes facettes du personnage principal [Brewer, 1988] – comme on le retrouve très nettement dans le film de Lowery (v. L'aventure comme réalisation de soi dans *SGGK*, ou la progression impossible). En invoquant le Chevalier vert, la mère de Gawain offre une chance à son fils d'obtenir sa propre histoire et de devenir pleinement un chevalier. L'orchestration féminine est prolongée par l'action conjointe, décisive mais discrète, de la reine, qui rassure et encourage le jeune héros, l'incitant délicatement à agir par lui-même. C'est justement la reine qui saisit (16 min), puis transmet, d'une voix déformée et magique, le défi du Chevalier vert (17-18 min), diffusant la missive rédigée par Morgane (13 min). L'intrigue résulte entièrement des interventions féminines, là où les personnages masculins, le roi et ses chevaliers, demeurent en retrait, largement passifs.

Les personnages féminins du début du film contribuent d'ailleurs à associer Gawain au monde de l'enfance, ou, du moins, à un monde qui n'est pas celui d'un homme adulte. Essel pointe ainsi du doigt son impuissance (27 min), et des rencontres parfois ponctuelles servent à accentuer ce caractère dépendant, voire faillible, du personnage : "It is a female giant who attempts to pick up Gawain; another giant is carrying a child. Perhaps the scene aims to show Gawain as still a child, an undeveloped human being who needs to be handled with care" [Kamčevski, 2023, 5]. Or, *The Green Knight* développe les connotations négatives de l'enfance, dès lors qu'elle est associée aux figures masculines. Dans son discours à la cour, Arthur rappelle l'attitude de leurs ennemis vaincus : "bow their heads, like babes" (13 min). Rester un enfant signifie donc, pour Gawain, n'être pas tout à fait adulte, donc n'être pas prêt à s'élever au rang de chevalier. La mère du héros et la reine visent à le protéger, par leurs actions, par leurs propos réconfortants et leurs prières (34 min), de même que Essel, qui préférerait qu'il ne parte pas se faire couper la tête (34-35 min). Ces figures féminines ne cherchent toutefois pas pour autant à le tenir éloigné du monde : elles l'encouragent au contraire à trouver sa propre voie, de façon réfléchie et loin de l'immédiateté de l'enfance.

Ce parcours pour sortir de l'enfance est également prolongé par l'expérience sexuelle, amorcée avec Essel, mais qui n'aboutit pleinement que lors du retour de Gawain après son prétendu échec face au Chevalier vert, dans la séquence proleptique (1h 50-1 h51). La rencontre de Winifred renvoie le héros à son propre statut de chevalier en devenir mais aussi d'homme, interrogeant indirectement son rapport aux femmes :

> Winifred: A lord came seeking shelter, like thee. Perhaps he was thee. Was he ?
>
> Gawain: No.
>
> Winifred: You certain ?
>
> Gawain: Yes (59 min).

La mort de sainte Winifred est en effet étroitement liée aux enjeux de sexualité, en l'occurrence contrainte : "The most obvious element of her story is that she was beheaded for resisting rape. Her reason to do this was not only preserving her female dignity but also the fact that she vowed to become a nun" [Kamčevski, 2023, 4]. Il s'agit d'ailleurs d'une figure doublement exceptionnelle, d'abord par son rôle hagiographique, mais aussi parce qu'elle est décrite ainsi : "certainly one of the few – if not the only saint – to have her head restored atop her shoulders after beheading and to continue thereafter to lead an exemplary life" [Hart, 2023, 16]. Par sa confrontation à une épreuve sexuelle et une décapitation, Winifred apparaît comme un double de Gawain, à ceci près que la sainte sort grandie de la comparaison : contrairement à Gawain qui cède en partie aux avances de l'épouse du seigneur Bertilak, par un baiser d'abord puis par une éjaculation, Winifred reste fidèle à sa foi et à ses valeurs. C'est sa droiture qui lui apporte la sanctification, et qui lui permet même de récupérer sa tête. "Saint Winifred is already all she is supposed to be" [Kamčevski, 2023, 5]. Si elle apparaît comme un guide, indiquant clairement au protagoniste comment agir et comment ne pas agir, et encore quelles questions ne pas poser, elle devient surtout un miroir. L'emplacement central de la rencontre de la sainte marque un point de bascule au milieu du film, où, en étant confronté à un reflet de sa propre mort et de son rapport à la sexualité, Gawain franchit une étape supplémentaire dans son cheminement vers l'âge adulte.

La dernière aventure décisive du héros auprès de la gent féminine est la plus difficile, puisque la Dame représente pour lui une double tentation. Elle est certes un objet de désir sexuel, mais elle incarne également la tentation du confort de l'enfance. En restant auprès de l'épouse de Bertilak, Gawain demeure dans le château, profitant du repos, mais se tenant par conséquent éloigné de sa quête. Or, pour tout chevalier, l'aventure ne peut se rencontrer qu'à l'extérieur, si bien que la valeur n'est prouvée que par un départ loin des espaces castraux, symboles de protection mais aussi d'une certaine oisiveté. La Dame entretient également le héros dans ses défauts infantiles, comme son narcissisme, symbolisé par le portrait supplémentaire qu'elle fait de lui (1 h 20-1 h 21), et ses dissimulations puériles. En effet, elle lui confie un secret en lui intimant de ne pas le dévoiler, au sujet des livres qu'elle copie, mais qu'elle modifie aussi parfois elle-même : "sometimes… don't tell anyone this… Sometimes when I see room for improvements… I make them" (1 h 19). Cela semble être un rappel de la manière dont, dans *SGGK*, la Dame donne une version toute personnelle de la littérature courtoise et chevaleresque, allant jusqu'à prétendre que, dans les romances, un véritable chevalier montre toujours dans la chambre de sa dame la même ardeur que sur le champ de bataille. La Dame l'incite à nier son propre secret, qui concerne justement sa façon d'"améliorer" – donc de fausser – le réel. En choisissant de quitter le château du seigneur et les manipulations de son épouse, Gawain renonce au confort trompeur de l'enfance et de la sexualité facile, pour accepter pleinement son statut adulte et chevaleresque.

THE GREEN KNIGHT : DU JEU AU PIÈGE

Fidèle au romance médiéval, le film de David Lowery insiste à la fois sur le caractère léger du défi lancé par le Chevalier vert, et sur les conséquences pourtant majeures qu'il provoque. En pénétrant à la cour arthurienne, le mystérieux cavalier ne propose pas, en effet, un jeu mortel (v. Le Jeu de la Décapitation) : la lettre qu'il transmet, rédigée par la mère de Gawain, fait état d'un jeu qualifié de "friendly Christmas game" (17 min), reposant sur une logique de réciprocité et d'apparente facilité. Les enjeux amicaux sont d'ailleurs soulignés à deux reprises : "and then in trust and friendship we shall part" (18 min). Le défi ainsi établi correspond bien à une définition du "jeu" en tant qu'activité libre et improductive, dont l'issue est naturellement incertaine [Caillois, 2003, 42-43]. En effet, si les règles sont fixées et communiquées aux participants, le choix de la nature de l'affrontement et de ses conséquences est laissé à l'appréciation du chevalier apte à relever le défi [BRETON, 2023a, 3-6] :

> thy champ must bind himself to this: Should he land a blow, then one year and Yuletide hence, he must seek me out yonder [...]. He shall find me there and bend the knee, and let me strike him in return. Be it a scratch on the cheek or a cut on the throat, I will return what was given to me (17-18 min).

Les modalités du jeu sont ouvertement établies, et c'est en apparente connaissance de cause que Gawain relève le défi (19 min) (v. *The Green Knight* : masculinité, héroïsme et crise identitaire). On notera ici que le film rend encore plus évidente que le poème la liberté qui est laissée au chevalier : là où le Chevalier vert du poème laisse Gawain décider quel type de coup il souhaite porter, celui du film lui accorde la possibilité de ne pas porter de coup du tout ("*should* he land a blow"). Mais en attribuant un coup censé être fatal, le protagoniste tente de piéger son adversaire en détournant les règles du jeu. Le fait que le Chevalier vert se relève malgré sa décollation signifie l'échec de Gawain, pour avoir échoué à comprendre – ou à respecter – les règles préétablies ; ou plus encore, à mesurer l'étendue de la liberté qui lui était offerte.

De fait, *The Green Knight* détourne à plusieurs reprises la logique ludique pour proposer la mise en scène de pièges dans lesquels le protagoniste ne cesse de tomber : le défi lancé par le Chevalier vert, l'échange de gains proposé par le seigneur, et la relation de séduction menée par la Dame. Or, si les jeux se transforment en pièges, c'est avant tout que Gawain, le premier intéressé, n'en saisit pas tous les enjeux [BRETON, 2023b, 5]. Il ne signale d'ailleurs ouvertement son incompréhension qu'à son hôte (1 h 24), qui évite la question par une formule rhétorique. Par son silence et parce qu'il se prête volontairement aux jeux mis en place, le héros semble en accepter tacitement les règles, mais peine à en percevoir la portée. Par exemple, les échanges qu'il a avec la Dame reposent, comme dans *SGGK*, sur une logique courtoise. Mais le film va encore plus loin dans l'ambiguïté de la situation qui unit les deux personnages : les échanges de baisers sont ici écourtés, mais pour mieux précipiter la relation charnelle. Gawain embrasse la dame sur la joue, à sa demande insistante (1 h 20), puis la laisse le masturber dans son lit (1 h 33) : "Whereas in the romance, Gawain's chastity is emphasized, the film offers quite a reversal of this image" [KAMČEVSKI, 2023, 3].

Si, comme son avatar littéraire, la dame assume le rôle de séduction, elle est encore plus entreprenante dans l'interprétation de Lowery, avant de repousser entièrement Gawain sous prétexte que son attitude n'est pas celle d'un chevalier. Elle instaure une relation d'intimité avec le héros, lui confiant un secret et échangeant avec lui sur des sujets intimes, comme son rapport à l'amour ; elle établit ainsi une relation émotionnelle et intellectuelle qui double leur proximité physique, et qui lui permet de le piéger quand il se montre incapable de résister à la tentation.

Les séquences dans le château de Bertilak sont entrecoupées de plans sur des tapisseries représentant des scènes de chasse, où des cavaliers poursuivent un renard (1h 18), puis un homme à pied courant en sens inverse et portant une cape jaune semblable à celle du héros lui-même (1 h 30). Même reçu avec élégance, Gawain apparaît clairement pris au piège dans le château, voire traqué par l'action conjointe de ses hôtes : les énigmes et échanges du seigneur, la séduction de la dame et l'attitude mystérieuse de la vieille femme aveugle. Comme l'animal lors de la chasse, Gawain est non seulement en position de faiblesse, fatigué, perdu et comptant sur les indications du seigneur pour trouver la Chapelle verte, mais il se retrouve par ailleurs seul face à des attaques démultipliées, conçues par ses adversaires comme de simples divertissements. Le film entretient le parallèle entre le héros et le renard, à travers son compagnon de voyage qui devient son double. Or, la visite de Gawain auprès du seigneur se conclut par sa fuite précipitée et par la chasse simultanée du renard, renouant leurs deux parcours. Après avoir pris à son tour un baiser au héros (1 h 35), dans le cadre de l'échange de biens proposé auparavant, Bertilak illustre bien à quel point Gawain est désormais piégé. Désignant un sac de toile contenant le renard, le seigneur explique : "I caught this poor fellow in a trap this morning. I was going to give him to you, but I suppose we should leave him to nature" (1h 36). Si Gawain est libre de partir, ce n'est que par l'accord du seigneur, qui le relâche tout comme il rend le renard à la nature. Il ne s'agit plus d'un don : c'est un avertissement, un de plus, destiné au protagoniste qui s'est laissé piéger.

Ainsi, le début du film semble déjà contenir, de façon à la fois symbolique et prophétique, les enjeux du parcours de Gawain qui évolue de jeu en jeu, mais sans jamais maîtriser les règles qui lui sont imposées. Le chapitre "…a Too Quick Year" (25 min) annonce en effet cette manipulation systématique du protagoniste, à travers la représentation répétée du spectacle de marionnettes. Ce divertissement semble faire de Gawain son héros, en illustrant son combat contre le Chevalier vert. Le coup de hache qui décapite son adversaire est d'ailleurs présenté à plusieurs reprises (26 min), démultipliant sa victoire devant différents publics. Le spectacle est bien entendu un premier avertissement, puisque la figurine de Gawain, trop occupée à saluer le public, ne prête pas attention à la menace du Chevalier vert derrière lui (26 min), qui, une fois l'année écoulée, lui tranche la tête à son tour (32 min). Mais ce divertissement traduit déjà le rôle illusoire du héros, et son statut permanent d'objet plutôt que de sujet actant : "Le spectacle de marionnettes condense la situation de Gawain, mis en valeur mais contrôlé par un jeu qui le dépasse, et préfigure le parcours chaotique du protagoniste" [Breton, 2023a, 7]. Manipulé par des marionnettistes nombreux (sa mère, le Chevalier vert, le seigneur, la dame) et habiles, il conserve une illusion d'autonomie, mais ne peut que passer de piège en piège.

PERSPECTIVES

La présente section, outre une brève récapitulation des réécritures arthuriennes depuis *SGGK* jusqu'à *The Green Knight*, expose différentes réflexions nées de la confrontation des œuvres au programme. Elle ne prétend pas apporter de réponses toutes faites aux questions soulevées. Il s'agit simplement de prendre ici un peu de hauteur, pour dégager ce qui, pour *SGGK* comme pour *The Green Knight*, permet de les considérer comme des miroirs des questionnements qui ont toujours habité l'être humain sur son rapport à ce qu'il nomme "réel" ou "divin". Ce qui suit pourra donc être utilisé dans l'élaboration des sujets de leçon donnés aux étudiants, dans l'espoir de les aider à établir plus facilement des plans dans lesquels le mouvement d'une œuvre à l'autre se fera naturellement.

SGGK : ŒUVRE OUVERTE OU ROMAN À CLEF(S) ?

SGGK : UNE FIN OUVERTE POUR UNE ŒUVRE "TOTALE" ?

Au cours de cet ouvrage, nous avons pris le parti de privilégier les interprétations du poème permettant de relier les différents niveaux de lecture qui nous paraissaient avoir été envisagés par l'auteur lui-même, aux dépens de ceux qui nous semblaient en dire plus sur les interprètes eux-mêmes (et leur époque) que sur le poème en tant que tel. Cette décision, prise dans un souci d'ordre pédagogique (les agrégatifs n'ayant pas le temps d'examiner tout l'apparat critique, énorme on l'a dit, qui existe pour *SGGK*, et encore moins les complexités de la littérature médiévale), a eu pour effet de gommer, dans une certaine mesure, la sensation qui étreint les médiévistes amenés à traiter *SGGK* d'avoir affaire à une œuvre d'une plasticité extraordinaire, et dont le sens final se situe toujours quelque part au-delà du regard. Certains spécialistes ont d'ailleurs exprimé une certaine frustration à ce sujet, amusée pour les uns [Pearsall, 2011], indignée pour les autres [Aers, 1997, ainsi que dans ses autres écrits sur *SGGK*].

D'autres, comme nous l'avons fait ici, fondent leur vision de *SGGK* comme un texte sciemment multivalent sur les sens multiples accordés aux signes et autres symboles au Moyen Âge. À cet aspect de la culture médiévale, il faut ajouter le caractère indécis de la littérature de cette époque,

> brisée entre la fable qu'elle doit être pour plaire et le récit édifiant qu'elle se veut être pour être prise au sérieux, tiraillée entre le latin et le vernaculaire, entre les laïcs et les religieux, entre la ville et le monastère. Elle est le produit d'un auteur unique, d'un individu, sur lequel on peut malgré tout soupçonner l'influence d'un habitus, dont elle se fait l'écho de plusieurs manières. Elle est à la fois le un et le multiple, la tyrannie de l'auteur *imperator* et la vox *populi* des influences diverses. Elle est subversive à l'égard de la normativité, avec laquelle elle joue de multiples façons, à l'égard des structures monolithiques, des idées figées. [GIRBEA *et al.*, 2014, 9]

Or, si l'on s'en tient à certains niveaux de lecture pour lesquels, comme nous avons tenté de le montrer, le poète semble avoir donné des clefs permettant une interprétation limpide de son texte, le poème n'a rien d'une œuvre ouverte ; il faudrait plutôt la lire comme une oeuvre à tiroirs, le sens final dépendant de la clef choisie et de la manière dont le lecteur décide de prendre le poème, et qui peut dépendre du contexte plus que de la personne. Ainsi, un même lecteur pourrait le lire comme un précis de savoir-vivre à un moment, puis le reprendre plus tard pour réfléchir à la place accordée à la courtoisie dans les milieux nobles, et plus tard encore l'envisager comme une allégorie du voyage du chrétien vers Dieu, *etc.* Or ce projet, si effectivement ce fut celui du *Gawain*-poet et qui pourrait nous paraître aujourd'hui aussi ambitieux dans son objectif que malaisé dans sa réalisation, n'aurait pas paru si extraordinaire que cela, finalement, en raison non seulement du principe fondateur de la littérature médiévale, qui consistait à toujours joindre l'enseignement au divertissement (*sentence and solas*), mais aussi du caractère hétérogène de la plupart des manuscrits de l'époque, véritables bibliothèques portatives comprenant des textes purement didactiques, des chroniques, des romances… Pourquoi ne pas imaginer un type de texte qui conjuguerait le tout ? Dans ces conditions, plus qu'une œuvre ouverte, il faudrait parler d'œuvre totale pour *SGGK*. Son auteur aurait d'ailleurs en la matière un prédécesseur de renom en la personne de Raymond Llull, dont il a déjà été question (v. Le parcours du chevalier revu à la lumière de la théologie médiévale et Le cheminement d'un *miles Christi* qui est aussi un mort en sursis). Ce dernier, outre une abondante production didactique, écrivit également plusieurs romans dans lesquels il associe les apports des sciences aussi bien que ceux de la théologie sous la forme de récits fantastiques (voir par exemple *Felix de les maravelles del mon*, “Félix ou les merveilles du monde”, 1286).

THE GREEN KNIGHT : EN QUÊTE DE SENS

Le film *The Green Knight* est entièrement centré sur la quête de Gawain, de la mise en place contextuelle qui justifie son passage à l’acte et son acceptation violente du défi du Chevalier vert, à l’amorce du dernier coup de hache auquel le héros se soumet dans la Chapelle. Ce n’est qu’en ces derniers instants que le film semble se “boucler”, au sens littéral qui permet d’assembler les deux parties du titre du romance, éparpillées dans le récit filmique entre “Sir Gawain and…” (5 min) et “The Green Knight” (2 h 04). Le film possède ainsi une structure aristotélicienne traditionnelle, avec son début – les prémices de la quête et son déclenchement –, son milieu – tout le voyage de Gawain vers la Chapelle – et sa fin. Certes, cet aboutissement final est retardé par la longue séquence proleptique, qui donne à voir un avenir possible pour le protagoniste et l’éclaire sur le comportement à adopter face au Chevalier vert. Mais la quête semble bien résolue par les derniers mots du Chevalier, aux échos des *Aventures d’Alice au Pays des merveilles* : “Well done, my brave knight. Now… Off with your head” (2 h 03), réplique d’ailleurs absente dans le script originel [Lowery, 2018, 75]. Le jeu de mots invite au demeurant à une double interprétation contradictoire, ici : le Chevalier peut soit annoncer la décapitation de Gawain (“off” désignant la suppression de la tête du héros, à la manière de la reine de Lewis Carroll), soit le laisser partir (“off” étant alors une invitation à partir adressée à Gawain, la tête bien intacte sur les épaules). Par l’acceptation de Gawain, qui retire sa ceinture magique, et par l’intonation et la posture bienveillantes du Chevalier, cette menace du coup de hache prend des allures de réconfort, suscitant un effet d’apaisement à la fin du film.

Cependant, à cette composition apparemment close et clairement divisée en chapitres s’ajoute encore la coda, une brève scène post-générique qui instaure à la fois un retour en arrière et un prolongement de l'intrigue (2 h 08-2 h 09). L'on y voit la très jeune fille de Gawain, mise en scène auparavant dans ce qu'il imagine être sa vie future, ramper jusqu'à sa lourde couronne, tombée par terre à la fin de la séquence proleptique (2 h 02). Elle s'en empare et la place sur sa tête. Ce geste simple, correspondant à un jeu d'enfant, pose ici de nombreuses questions quant à la structure du film et à la réalité possible de l'existence de Gawain au sein de la diégèse. En saisissant la couronne, symbole du pouvoir royal, la petite fille semble prolonger le pouvoir de son père, et régner à son tour en tant que son héritière. Cette interprétation va de pair avec la position de la scène après le générique, suggérant que le récit continue, d'une façon ou d'une autre, même en dehors des bornes traditionnelles du récit filmique. La descendance de Gawain se prolongerait ainsi. Néanmoins, cette interprétation vient nier le retour à la chronologie première, lorsque la séquence proleptique s'achève sur la décapitation de Gawain, roi âgé, pour revenir à son image jeune aux côtés du Chevalier vert. Si la fille du héros existe bel et bien et si elle poursuit symboliquement son œuvre en adoptant sa couronne, alors la séquence résumant toute la vie de Gawain possède bien une valeur réelle au sein de la diégèse. Dans ce cas, c'est le retour au présumé présent de la narration, lorsque le héros jeune retire sa ceinture et qu'il accepte le coup de hache du Chevalier vert, qui ne serait qu'une illusion. Cette brève scène finale permet au film de se prolonger, mais aussi et surtout de renouer avec les codes du fantastique en remettant en question la structure du récit filmique : comme l'a longtemps fait le protagoniste, le spectateur est conduit à douter de ce à quoi il vient d'assister, et de ce qu'il pensait avoir compris. En posant la question de l'existence d'une descendance, la coda place le spectateur dans la position de Gawain lui-même, hésitant et devant construire sa propre interprétation. Le récit filmique n'est pas aussi clos qu'il le semble, de même que le jeu lancé par le Chevalier n'est pas aussi simple qu'il y paraît.

THE GREEN KNIGHT, ADAPTATION MÉDIÉVALE

The Green Knight fait preuve, dans la manière dont il modifie *SGGK*, de la même liberté que les auteurs médiévaux prenaient avec leurs sources. Contrairement à d'autres versions filmées du poème, en revanche, il témoigne de la connaissance beaucoup plus fine de Lowery concernant les attendus du romance médiéval, sa dimension réflexive, voire philosophique. Il adapte cet aspect du romance pour son public, d'une manière que n'aurait pas reniée un poète médiéval.

GAWAIN ET SES DOUBLES CONTEMPORAINS

La branche arthurienne du médiévalisme constitue un domaine particulièrement dynamique, et ce depuis le XIIe siècle, avec un important renouveau à partir du XIXe siècle. L'engouement pour la matière de Bretagne, sous toutes ses formes, ne cesse de se confirmer, en particulier dans la culture populaire [Blanc, 2016 ; Breton, 2019]. Mais, si le personnage de Gauvain/Gawain est généralement conservé parmi le personnel narratif traditionnel de la légende, il demeure toutefois une figure secondaire et rarement développée. Face à d'autres héros qui sont au cœur de nombre de réécritures et d'adaptations, comme Arthur lui-même, Merlin ou encore Lancelot, Gawain est moins passé à la postérité. Cette présence, avérée mais faible, dans la production arthurienne, est la conséquence d'une progressive dévaluation du personnage, perceptible depuis le XIIIe siècle [Walter, 2013, 7-12; v. Les deux visages de Gawain]. Gawain y est alors peu à peu remplacé par d'autres chevaliers, notamment à mesure que la quête du Graal devient une thématique de premier plan, puisque Gawain ne fait pas partie des élus appelés à approcher la relique.

Cette dynamique se prolonge jusqu'à l'époque contemporaine, où Gawain fait partie des grands noms de la Table ronde, mais n'est que rarement le protagoniste des récits [Amy de la Bretèque, 2004, 328]. Il est ainsi régulièrement présent au cinéma, à la télévision ou encore à l'opéra, notamment dans les adaptations du *Parzival* de Wolfram von Eschenbach [Sherman, 2015], mais il conserve chaque fois un rôle secondaire, voire se trouve réduit à une simple figuration d'arrière-plan. De même, il apparaît assez souvent dans les bandes dessinées et les *comics* consacrés aux réécritures et transpositions de la légende arthurienne, même si son aventure spécifique avec le Chevalier vert n'est en réalité traitée que de façon anecdotique. Dans la bande dessinée *Prince Vaillant* (depuis 1937), créée par Harold Foster, Gawain est par exemple l'ami du héros et l'accompagne dans nombre de ses aventures, y compris dans son long pèlerinage jusqu'à Jérusalem [Blanc, 2016, 164-165].

Alors que les textes médiévaux font naître différentes analyses dans la seconde moitié du XXe siècle et que la figure de Gawain devient l'objet de diverses interprétations [Fox, 1968], le chevalier apparaît dans des contextes variés dans les productions pour la jeunesse et, de façon plus large, dans la culture populaire. La mini-série de *comics The Knights of Pendragon* (1990-1991), créée par Dan Abnett et John Tomlinson pour Marvel Comics, actualise non seulement le personnage de Gawain, mais elle renvoie plus spécifiquement à *SGGK*, dans une intrigue modernisée et adaptée au genre policier. Ici, l'esprit du héros médiéval est réincarné dans un policier du XXe siècle, nouveau protecteur du peuple, qui enquête sur une série de meurtres liés à des problématiques écologiques. Le Chevalier vert n'est plus un ennemi, mais une image de la nature victime de la pollution, que le protagoniste doit apprendre à protéger. Ce n'est que par son propre sacrifice, comme dans le romance médiéval, lorsque Gawain offre sa nuque à la hache de son adversaire, que le policier contemporain parvient à sauver cette nature incarnée dans le Chevalier vert [Blanc, 2016, 429-430]. Cette interprétation est d'ailleurs prolongée dans quelques travaux de recherche qui, à partir des années 2010 notamment, croisent l'étude des sources médiévales avec des perspectives environnementales, proposant par exemple une lecture éco-critique de *SGGK* [Georges, 2010]. Il est à noter que ces questions de préservation de l'environnement sont d'ailleurs particulièrement prégnantes dans les productions culturelles des années 1990 : dans la série animée *King Arthur and the Knights of Justice* (1992-1993), les chevaliers adoptent des discours écologistes, invitant les jeunes spectateurs à préserver les cours d'eau et la diversité de la faune.

Gawain appartient pleinement aux réécritures de la légende du roi Arthur, et ce sous toutes leurs formes. Toutes les séries télévisées arthuriennes, à l'exception de la récente *The Winter King* (MGM+, depuis 2023), le mettent en scène en tant que soupape humoristique (*comic relief*), comme dans *Kaamelott* (M6, 2005-2009) ou *Merlin* (BBC One, 2008-2012 ; Chandler, 2015), ou en tant que figure plus taciturne et maître d'armes, à l'instar de *Camelot* (Starz, 2011). Une seule série propose un développement un peu plus approfondi du personnage, qui surtout puise en partie dans *SGGK* pour enrichir la figure du chevalier. En effet, dans la série *Cursed: La Rebelle* (Netflix, 2020), adaptée du roman graphique de Thomas Wheeler et Frank Miller (2019), c'est Gawain lui-même qui est surnommé "the Green Knight" parce qu'il arbore une armure vert foncé. Par ailleurs, la fin de la première – et unique – saison laisse à penser qu'une interprétation plus merveilleuse était envisagée pour un éventuel prolongement de la série : alors que Gawain est laissé pour mort lors d'une bataille, la végétation l'entoure et semble prendre possession de lui, annonçant une transformation du chevalier en homme sylvestre [Noacco et Duhem, 2017]. L'annulation de la série, faute d'audience et surtout de rentabilité, n'a toutefois pas permis de développer ce motif fusionnant Gawain et le Chevalier vert.

DE LA DIFFICULTÉ D'ADAPTER *SGGK*

Si les films arthuriens mettent fréquemment Gawain en scène, celui-ci demeure une figure secondaire dans l'immense majorité d'entre eux, à l'exception des trois adaptations librement inspirées de *SGGK* [Blanch et Wasserman, 2002] qui précèdent l'interprétation de David Lowery. Là où les films arthuriens se comptent par dizaines, l'on pourrait s'étonner du nombre restreint d'adaptations de cette œuvre célèbre et reconnue depuis longtemps pour ses qualités à la fois narratives et esthétiques, qui font aisément écho aux techniques cinématographiques [Spearing,

1970, 38 ; Ganim, 1976, 383]. C'est peut-être notamment parce que ces adaptations n'ont été que rarement considérées comme des succès – du moins jusqu'à *The Green Knight*, qui est marqué par une importante mise en valeur critique. Le plus souvent, les mises en scène cinématographiques de *SGGK* semblent passer à côté de ce qui fait la richesse du texte médiéval, tout en peinant à en adapter les enjeux à un contexte contemporain, nécessairement régi par ses propres règles et attentes. C'est nettement le cas des deux films de Stephen Weeks, *Gawain and the Green Knight* (1973) et *Sword of the Valiant: The Legend of Sir Gawain and the Green Knight* (1984), qui ne réussissent guère à adapter la pensée médiévale, présentée à tort comme simpliste sous prétexte qu'elle s'appuie sur une logique imagée (en particulier dans la toute première version proposée par Weeks). Au-delà de la narration, nécessairement amendée dans le passage d'un format littéraire à un format audiovisuel, ce sont les enjeux symboliques de *SGGK* qui ne sont pas transposés à l'écran, malgré les tentatives esthétiques qui, certes, vieillissent parfois un peu difficilement, comme les effets de flou et de dissonance magique proposés par Stephen Weeks. Si, de son côté, David Lowery prend des libertés avec le récit mis en scène, ajoutant des séquences entières et détournant parfois les propos du romance médiéval, reste du moins que *The Green Knight* semble bien saisir le potentiel symbolique de son matériau d'origine, qu'il transpose avec ses propres codes esthétiques – la photographie soignée constitue de fait l'un des points forts du film au programme de l'agrégation –, sonores et conceptuels, notamment par les choix de montage effectués par Lowery lui-même, et par l'intégration d'éléments issus de la *fantasy* (v. *The Green Knight*, œuvre de *fantasy* déconstruite).

THE GREEN KNIGHT, ŒUVRE DE *FANTASY* DÉCONSTRUITE

Le genre de la *fantasy* a souvent été réduit, à tort, à ses productions pour la jeunesse, du fait de facteurs multiples : la dimension escapiste des œuvres, souvent perçue comme problématique alors même qu'elle constitue une force réflexive du genre [Tolkien (1947), 2022], a parfois été interprétée comme un refus de toute perspective sérieuse, suggérant que la *fantasy* ne traitait donc pas de sujets d'importance et que, par conséquent, elle ne pouvait s'adresser qu'à un public jeune ou immature. Non seulement cette perspective dévalue le jeune lectorat et, de façon plus générale, l'enfance, mais de plus, elle infantilise la *fantasy*. Il faut dire que nombre de ses œuvres les plus populaires, parmi lesquelles le *Hobbit* de J.R.R. Tolkien et la saga *Harry Potter* de J.K. Rowling, en passant par *Le Monde de Narnia* de C.S. Lewis et *The Sword in the Stone* de T.H. White, s'adressent en effet d'abord à un jeune public, même si l'existence d'un double lectorat, voire d'un lectorat évolutif et grandissant, a bien été montrée pour l'ensemble de ces productions. De fait, le genre est loin de se limiter à des productions pour la jeunesse, qui elles-mêmes sont généralement bien éloignées de la superficialité souvent attribuée aux œuvres pour enfants. Toujours est-il que demeure cette image tenace de la *fantasy*. Ce fait est encore accentué par le choix de structures narratives qui mettent en scène le passage de l'enfance à l'âge adulte : la *fantasy* accorde en effet une place centrale aux récits d'apprentissage (*coming-of-age stories*), où le héros plus ou moins jeune – enfant, adolescent ou son équivalent, comme le hobbit Bilbo décrit par Tolkien – est entraîné dans une série d'aventures qui lui permettent de gagner en maturité, en expérience, mais aussi d'accéder parfois à une forme de désillusion propre au monde adulte.

C'est avec une parfaite connaissance de ce schéma narratif traditionnel que Lowery adapte *SGGK*, en proposant un film de *fantasy* qui s'empare des codes habituels pour mieux les déconstruire. Ainsi, il met en scène, en s'inspirant du romance médiéval, un protagoniste jeune, encore extérieur aux problèmes concrets de la cour (monde adulte par excellence) et qui doit encore faire ses preuves. C'est la raison pour laquelle Gawain, au début de *The Green Knight*, n'a pas encore d'exploit à raconter à son oncle, non qu'il soit particulièrement en retard par rapport aux autres figures de la cour, mais il se révèle simplement jeune. Si le film ne précise jamais l'âge du protagoniste, précisons toutefois que Dev Patel, l'interprète de Gawain, est âgé de vingt-neuf ans au moment du tournage de *The Green Knight :* il n'est donc plus un "jeune premier" à proprement parler. Pourtant, le film est construit de façon à insister sur sa jeunesse, entendue ici au sens d'immaturité. La scène initiale qui le présente endormi profondément alors que les cloches tintent et que, dehors, un incendie détruit une maison à proximité, donne à voir une image stéréotypée d'adolescent amorphe, particulièrement passif, et surtout étranger à tout ce qui ne le concerne pas directement (le narcissisme est justement une caractéristique traditionnellement associée à l'enfance, v. *The Green Knight :* Gawain et les personnages féminins, ou comment sortir de l'enfance), tandis que le parcours de Gawain vise à lui faire découvrir et pratiquer une forme légère d'altruisme (v. Soi-même et les autres : apprentissage de la générosité). Tout au long du film, le protagoniste brille peu par son charisme, par son éloquence ou sa présence d'esprit et il lui faut un long cheminement, réel et métaphorique, pour parvenir à l'issue de sa quête et accepter le coup de hache du Chevalier vert. Pendant ce temps, Gawain apprend, certes lentement, à se comporter en chevalier et à maîtriser ses propres sentiments, notamment son désir et sa peur. En ce sens, *The Green Knight* s'inscrit bien dans la lignée de tant d'œuvres de *fantasy* qui le précèdent, en mettant en scène le récit d'apprentissage du jeune Gawain.

Cependant, le film s'amuse également de ce schéma attendu, déconstruisant lentement des tropes associés au genre de la *fantasy*. On l'a vu, Gawain est un héros certes relativement jeune, mais il n'est plus un enfant ni un adolescent ; aujourd'hui comme au Moyen Âge, il a bien une apparence d'homme adulte. Son attitude désinvolte vis-à-vis de l'Église, des pratiques courtoises ou de l'engagement amoureux, ainsi que l'omniprésence de sa mère auprès de lui tant qu'il est à Camelot, l'inscrivent de fait dans une certaine infantilisation. Selon la perspective de Lowery, il est peut-être temps, en effet, que cet adolescent quitte le cocon familier de la cour pour se confronter à la réalité – ici, violente et trompeuse – de l'extérieur du château. Par ailleurs, dans le cas de Gawain, tel que son parcours est mis en scène dans le film, peut-on réellement parler d'apprentissage ? Son retour final à la cour n'est qu'une illusion, tout comme son accession au trône et la construction de sa famille. L'aboutissement du "jeu" du Chevalier vert tout comme ses conséquences ne sont jamais mises en scène, empêchant de fait toute résolution ludique et tout recul du héros. Comme dans *SGGK*, le protagoniste semble en réalité peu apprendre et peu comprendre, comme s'il était un vecteur d'enseignement à destination du public – lectorat, auditoire, spectatorat – plus qu'une figure qui apprend elle-même. Le film répète d'ailleurs à plusieurs reprises, et de maintes façons, que le récit mis en scène n'est pas celui auquel l'on pourrait s'attendre. Le prologue établit d'abord un parallèle avec l'histoire du jeune Arthur qui retire l'épée du perron, épisode tiré de diverses sources médiévales, mais surtout popularisé par T.H. White dans son roman à destination d'un jeune public, *The Sword in the Stone* (1938) ; ce parallèle n'est donc pas anodin, et il contribue à mettre l'accent sur cette association étroite de la *fantasy* et des récits d'apprentissage. Or, d'emblée, ce premier point d'ancrage est nié par la voix hors-champ de la narratrice : "But this is not that king… nor is this his song" (00 min). Dès ses premières secondes, le film annonce ce qu'il n'est pas, tout en s'évertuant à mettre en scène les mêmes codes, détournés, de ce type de récit d'apprentissage.

À plusieurs reprises, *The Green Knight* insiste sur son propre caractère de fiction, faisant ressortir les artifices plutôt que de chercher à privilégier la suspension consentie d'incrédulité. Lowery semble rappeler à quel point son récit filmique est une construction, et ainsi, forcément une illusion. Plusieurs formes artistiques sont intégrées à la narration et soulignent leur propre artificialité, comme le double portrait chaque fois trompeur auquel se livre Gawain : d'abord le portrait peint, réalisé à la cour (v. Déclenchement (retardé) de l'aventure), puis celui, photographique et donc anachronique, dans le château de Bertilak. À cela s'ajoute encore le spectacle de marionnettes mis en scène de façon répétée, qui simplifie de façon ludique l'aventure de Gawain pour n'en conserver que l'affrontement sanglant contre le Chevalier vert, délaissant toute la quête personnelle et mystique menée par le protagoniste. *The Green Knight* procède de la même façon que ce spectacle de marionnettes : le film s'empare du riche matériau, le texte de *SGGK*, pour en proposer une version adaptée, simplifiée et détournée en fonction d'enjeux propres à son format narratif et artistique. Tout comme les marionnettes mettent en avant le spectaculaire de la décapitation, flots de sang en tissu rouge à l'appui, le film s'adapte à son médium de l'image, mettant en valeur souvent l'esthétique de la photographie plutôt que la quête intérieure – et peu cinématographique – du héros. *The Green Knight* rappelle ainsi son propre statut d'illusion, et semble faire de l'épouse du seigneur un avatar détourné du réalisateur lui-même, qui se livre à des "améliorations" (le film emploie le terme "improvements", 1 h 19) à partir du matériau originel. Là encore, le film dissimule autant qu'il affiche son propre artifice : si la dame précise à Gawain que cette pratique de réécriture est un secret, elle le partage toutefois rapidement avec lui, dans une déclaration qui tient plus du jeu de séduction que de l'honnêteté artistique. La dame dévoile tout en disant qu'elle dissimule, tout comme *The Green Knight* n'a de cesse de nous rappeler qu'il est un récit fait d'artifices, alors même qu'il utilise lesdits artifices pour se construire.

INTÉRIORITÉ ET CRÉATION DE SOI

De façon surprenante, *SGGK* s'avère plus proche des questionnements contemporains sur le soi que *The Green Knight* (ou même que le métapoème de Armitage). En effet, sa représentation d'une culture (celle de la noblesse) fascinée par les apparences et dans laquelle exister, pour un individu, revient à manifester à tous les instants sa supériorité au moyen du raffinement de ses manières, fût-ce au prix de la fragmentation de sa psyché, trouve un écho inattendu dans la vision de la civilisation de "l'Homo Numericus" que nous donne Daniel COHEN dans l'ouvrage du même titre [2022], ou dans les écrits d'un autre LOWERY [2023], sans lien avec le réalisateur qui nous intéresse ici, sur la constitution du soi comme création sociale, pour ne citer que deux essais particulièrement récents.

LA QUESTION DE L'INTÉRIORITÉ À L'ÉPOQUE DU SELFIE ET DES RÉSEAUX SOCIAUX : DE LA POSSIBILITÉ DE L'INTIME À CELLE DE L'INTÉRIORITÉ

The Green Knight et *SGGK* (v. *SGGK*: de la courtoisie due aux dames) mettent en relation l'intime et l'intériorité. L'une des caractéristiques les plus extraordinaires de *SGGK* est sans doute la manière dont son auteur parvient à mettre en images la relation entre deux notions qui étaient encore largement impensées à son époque. Si l'intime commençait à être mis en image au Moyen Âge, notamment par le biais de représentations de femmes à leur toilette, il n'est pensé qu'en relation avec le corps et les ablutions qui permettent de le rendre propre ; ces ablutions ont une forte dimension symbolique : elles reprennent sur un mode profane les rituels religieux permettant au croyant de laver son âme de toute souillure (*Cleanness* fait un usage circonstancié de la comparaison entre propreté physique et hygiène de l'âme). Or nous avons vu que *SGGK*, en situant les scènes de séduction dans une chambre que l'on peut fermer de l'intérieur avec un battant, inscrit les conversations entre Gawain et la Dame dans ce nouvel espace privé (qui est aussi le lieu où le narrateur nous donne brièvement accès aux pensées de Gawain vis-à-vis de sa mort prochaine, donc à une forme d'intériorité du personnage). Dans l'espace doublement clos du lit à courtines de la chambre de Gawain, protégés du regard (et des oreilles) de leurs pairs, le chevalier et Dame Bertilak nouent un dialogue qui quitte bientôt le champ du *fin'amor* traditionnel, mettant au jour les failles et les désirs des deux jeunes gens. Il se crée alors entre eux une forme d'intimité qui dépasse la simple proximité des corps, de sorte que leur relation semble prendre un caractère sentimental à la fin des trois jours du Jeu des Échanges. Certes, le rapport qui est recherché par la Dame est présenté à la fin du poème comme ayant été en tout point orchestré par le Chevalier vert, mais son affirmation est peu crédible, au vu du comportement de cette dernière lors du troisième entretien (v. Du romance à la romance). Dans tous les cas, l'apparition d'une forme d'intériorité chez les personnages de *SGGK* est corrélée à une autre apparition, celle de la sphère privée, et au développement de l'intimité.

The Green Knight explore également l'articulation du public et du privé dans le cas de Gawain, mais le film, soucieux peut-être de ne pas perdre des spectateurs moins facilement scandalisés que l'auditoire de *SGGK* par les scènes se situant dans la chambre de Gawain, choisit de montrer au contraire la quasi-absence de l'espace intime au Moyen Âge (renversant du coup la perspective adoptée dans *SGGK*). La séquence d'ouverture du film présente par exemple Gawain en train de dormir, dans un espace que l'on supposerait personnel et intime ; mais son réveil violent et la suite de la scène montrent bien qu'il passe la nuit dans un bordel, où la notion d'intimité est remise en question : en parcourant les couloirs, Gawain croise de très nombreuses personnes, dont des couples en pleins ébats et plusieurs femmes faisant leur toilette (3-4 min). Ce premier espace mis en scène brouille la frontière du public et de l'intime, et annonce déjà la façon dont le parcours du protagoniste est soumis aux regards de tous : dans la salle du trône, il est appelé aux côtés du roi ; ses péripéties avec le Chevalier vert deviennent l'objet de spectacles et de récits ; son départ de la cour est accompagné par des cris d'enfants, etc. Ce n'est qu'une fois à l'extérieur du château arthurien que Gawain accède à une forme d'indépendance, mais qui est présentée comme une première épreuve : rapidement, il doit seul choisir le chemin à emprunter et faire face à diverses agressions (v. Déclenchement (retardé) de l'aventure). Son départ pour sa quête rebat les cartes du public et du privé : alors que les espaces clos de la cour sont marqués par une forte présence des autres personnages, à la fois réconfortante et oppressante, les espaces ouverts et naturels se traduisent par la solitude du protagoniste. Pourtant, dans chacun des cas, le film accorde peu de place à l'intériorité du protagoniste. Ses pensées ne sont pas vocalisées, et seul le souvenir d'Essel, matérialisé par le grelot qu'il porte un long moment contre sa poitrine, traduit graphiquement ce à quoi son esprit est occupé. (Il est intéressant d'ailleurs qu'il porte un grelot, qui était l'un des symboles, au Moyen Âge, de la folie et de l'enfance [Jacob, 2001, 83-84]. On a ainsi l'impression que Gawain n'arrive pas à devenir adulte en partie parce qu'il ne peut trouver d'espace où réfléchir sur lui-même – jusqu'à son départ pour la Chapelle verte). Ainsi, même le long cheminement dans des espaces désertiques, favorisant l'introspection car mettant en évidence la solitude du personnage, n'exploite pas cette possibilité. Le film prolonge en ce sens les éléments déjà épars issus de *SGGK*, où le poète ne donne que peu accès à l'intériorité de Gawain, ou alors dans des espaces très brefs et peu flatteurs pour le héros. De même, dans *The Green Knight*, Gawain paraît souvent "creux", loin de l'héroïsme et de l'élévation spirituelle attendue de pareil protagoniste. Ce qu'il est se reflète plus dans le regard que les autres personnages portent sur lui, et sur l'image qu'il tente de projeter, que son intériorité réelle.

LA THÉORIE D'UN SOI QUI SE RÉSUME À LA SOMME DE NOS *PERSONAE* SOCIALES ET *SGGK*

The Green Knight s'avère finalement plus traditionnel, en ce qui concerne la réflexion sur l'intime et la création de l'identité, que *SGGK*. En effet, le récit chevaleresque y est pensé comme un révélateur d'identité et une preuve des valeurs profondes du protagoniste. C'est dans cette optique que le roi lui demande de (se) raconter, afin que ses aventures passées, et surtout le récit qui en sera fait, illustrent ce qui constitue réellement l'intériorité de ce neveu peu connu. Mais Gawain ne peut puiser dans ce passé lacunaire pour y trouver d'anciennes péripéties dignes d'être racontées. Le héros est ici placé face à ses manques : puisqu'il n'a pas (encore) vécu d'aventure, et qu'il n'a donc aucun conte personnel à proposer au roi, il est réduit à une identité lacunaire, définie par défaut. Il n'est pas Lancelot, le héros absent de la cour qui laisse un siège vide aux côtés du couple royal ; c'est un neveu méconnu, incapable de se rattacher à son passé, devant donc nécessairement agir au présent pour construire son avenir de chevalier. Tout ce dialogue, ainsi que les ajouts de la reine qui rappelle que Gawain n'a pas "encore" ("yet", 12 min) de récit propre, sont nécessaires à la construction de l'intrigue, car ils confrontent le héros à ses faiblesses et le poussent à l'action. Ainsi, le défi de Noël semble débuter, pour ce qui est de l'identité de Gawain, avant même l'arrivée du Chevalier vert, puisque la mise en place narrative pousse le protagoniste à se définir lui-même : dans cet espace, c'est le récit d'aventure qui fait le chevalier. Donc, pour prétendre à ce statut, Gawain se doit d'avoir des péripéties à narrer – ce qu'il n'obtient que dans la séquence proleptique finale, lors de son retour à la cour. C'est alors seulement qu'il s'est construit en tant que chevalier, malgré son échec dans la Chapelle verte : le résultat de la quête importe moins que la quête elle-même, qui constitue une source de récit et donc d'identité personnelle. Plus que la somme des "Gawain" passés, littéraires ou cinématographiques (v. Gawain et ses doubles contemporains), le personnage de Lowery doit devenir la somme de ses propres histoires.

En cela, le film de Lowery suit le schéma classique du *Bildungsroman* ou roman d'apprentissage, récit détaillant le parcours d'un personnage depuis son enfance jusqu'à la maturité (et au-delà). Bien loin d'être né au XVIIIe siècle en Allemagne, ce type de récit remonte au roman médiéval (en vers ou en prose). Certes, les romans chevaleresques et courtois médiévaux ne sont pas tous des romans d'apprentissage, mais un certain nombre d'entre eux en adoptent la forme, que ce soit *Bevis of Hamtoune*, *Havelok the Dane*, le *Tristan en Prose*, *Perceval ou le Conte du Graal*. Si l'appellation *Bildungsroman* leur est rarement appliquée, c'est principalement en raison des préjugés qui ont longtemps marqué les études critiques de la littérature médiévale produites à partir du milieu du XIXe siècle, au moment de l'essor du roman moderne – essor qui se produit à l'époque où la psychanalyse commence à s'élaborer, ce qui n'est guère un hasard. Les personnages des romances médiévaux sont alors comparés à ceux des romans modernes, et critiqués pour leur côté stéréotypé et leur manque de profondeur. Les romances de langue anglaise sont particulièrement dénigrés en raison de la manière dont ils privilégient l'action plutôt que la réflexion, les combats avec des monstres plutôt que des dialogues propices à l'approfondissement de ce que l'on a coutume de nommer la psychologie des personnages. Certes, les critiques ne sont pas toutes infondées, mais la mauvaise qualité de nombre de textes médiévaux qui nous sont parvenus pourrait avoir été due au processus de transmission de ces textes, souvent mal recopiés ou réécrits de mémoire par des ménestrels peu habiles (Robert Mannyng, historien du XIIIe-XIVe siècle, se plaignait amèrement, déjà, de la façon dont les ménestrels déformaient son romance favori qui semble avoir été *Sir Tristrem*, et dont il ne nous reste qu'une version objectivement assez mauvaise dans le manuscrit Auchinleck). *SGGK* représente ce que la littérature médiévale pouvait produire de mieux, et qu'elle a peut-être fourni en quantité, mais qui a été perdu au fil des siècles (ou jamais été correctement consigné par écrit, à en juger par les récriminations de Mannyng au sujet des conteurs, ou encore par celles de Chaucer concernant les scribes).

Plus important, une œuvre comme *SGGK* montre, de manière proprement spectaculaire, que les jugements négatifs prononcés à l'égard de la littérature médiévale par des critiques utilisant pour l'évaluer les mêmes outils que ceux employés pour la littérature moderne résultent d'une profonde méconnaissance de la culture médiévale. Cet angle d'approche n'est pas sans présenter un certain nombre de points communs avec la mentalité impérialiste et/ou raciste dénoncée dans les études postcoloniales, auxquelles on pourrait ajouter ici les études de genre ; mentalité qui juge inférieur tout ce qui ne lui ressemble pas. Or, de manière assez amusante pour les médiévistes habitués à défendre une littérature médiévale souvent perçue comme archaïque et simpliste, les ressemblances entre nos sociétés postmodernes et leur équivalent médiéval sont plus nombreuses qu'il n'y paraît au premier abord, de sorte qu'une oeuvre comme *SGGK* peut se lire comme une réflexion sur le monde actuel, un monde dominé par le numérique, en passe de créer un "nouveau type de société" qui

> ne repose ni sur l'individualisme contemporain ni sur le modèle hiérarchique des sociétés passées. C'est un "individualisme collectif" qui voit le jour où l'on épouse l'identité d'un groupe à son image. Alors que la méfiance se propage partout, les réseaux sociaux développent une culture qui fait perdre toute pudeur dans la mise en scène de soi-même lorsqu'on s'exhibe devant sa tribu. [COHEN, 2022, 229]

Cohen décrit notre société post-post-contemporaine, mais il pourrait tout aussi bien parler de celle décrite dans *SGGK*, qui appartient pourtant au "modèle hiérarchique des sociétés passées" (et prouve par là même qu'il faut regarder ces sociétés comme des systèmes aussi éminemment complexes que celles d'aujourd'hui). Sa description s'applique d'ailleurs tout aussi bien à des communautés dont l'établissement est antérieur à Internet, par exemple les associations étudiantes des grandes universités américaines, qui regroupent les étudiants capables de payer le prix de l'admission dans ces "maisons", et régissent jusque dans les moindres détails (plus chez les associations féminines que chez leurs équivalents masculins, il faut le dire) la vie de leurs membres, dans le but de prolonger la domination du groupe qu'elles représentent dans la société américaine. Les réseaux sociaux, et plus largement Internet, n'ont donc pas créé ce type de système social. Ils n'ont fait que permettre une surveillance de tous les instants du groupe sur l'individu ; un type de surveillance qui existait au Moyen Âge, où il était rendu possible par la rareté des espaces privés. L'apparition des réseaux sociaux et de modes de vie qui s'effectuent en partie en ligne a rendu obsolète une séparation entre privé et public qui était, jusqu'alors, fondée sur la spatialisation de ces notions. D'où la troublante ressemblance entre les tribulations de Gawain et celles de lecteurs contemporains sommés de trouver leur place dans une société dominée par le paraître, où chaque individu consacre une grande partie de son énergie à se créer sur Internet des avatars virtuels et parfaits, miroirs/blasons aussi complaisants que désespérants.

Ce n'est pas une coïncidence si, depuis le début du XXe siècle, les sciences sociales et cognitives, en ce qui concerne notre expérience de l'intériorité, ont tendance à s'éloigner d'une vision psychanalytique du soi liée au développement sexuel d'une personne (donc ancrée dans l'intime), pour aller vers une théorie d'un soi entièrement déterminé par les interactions sociales [B. Lowery, 2023, 4] :

> Selves don't emanate from some ineffable light within people. Instead, selves are created in relationships… What people reflect back to you isn't some "true" representation of what or who you are, nor of what they are. It's a construction filtered through the self of the person you're interacting with. As is their self, in that moment, co-created by you. In the halls of mirrors, we see ourselves reflected, or perhaps refracted, in the multitude of people who surround us. [B. Lowery, 2023, 4-5]

Là encore, et de manière fascinante, le commentaire ci-dessus pourrait être appliqué à *SGGK*, comme si le poème représentait une mise en images tout autant qu'une mise en histoire de la théorie de Brian Lowcry. Gawain ne donne à aucun moment l'impression d'exister autrement que dans le regard d'autrui, et son identité fluctue au gré des interprétations de ceux qu'il rencontre. Mais, pour un personnage obsédé par l'idée d'incarner la vertu à tous moments, de telles fluctuations sont insupportables, car la vérité (qui au Moyen Âge est synonyme de pureté et émane de Dieu) est nécessairement immuable. La lecture de *SGGK* à la lumière de théories contemporaines fait ainsi se rejoindre l'expérience du soi médiévale et celle qui est la nôtre aujourd'hui, renvoyant aux oubliettes de l'histoire le roman moderne et ses personnages censément complexes, mais finalement moins représentatifs des questionnements contemporains sur la construction du soi et la redéfinition de l'intériorité à l'époque des réseaux sociaux.

DOUBLES ET MIROIRS
DANS *SGGK* ET *THE GREEN KNIGHT*

Dans *The Green Knight*, la création du soi ou de l'identité semble tout bonnement impossible. Tout se répète, et rien ne disparaît véritablement : le portrait photographique de Gawain fait par la dame (1 h 21), qu'il semble abandonner dans le château lorsqu'il repart précipitamment vers la Chapelle verte, se retrouve accroché derrière lui dans la salle du trône de sa vision proleptique (2 h 01-2 h 02). Même la couronne de Gawain, qui se brise sur le sol lorsque tombe sa tête décapitée, est de nouveau complète et intacte dans la scène post-générique (2 h 08), suggérant la possibilité d'un recommencement identique du pouvoir royal [Breton, 2023b, 6]. Le film crée des effets d'attente, se répétant sans cesse sous des formes différentes et mettant en question l'étendue de la progression du héros (v. *The Green Knight* : Aiôn et temps cyclique). Le dédoublement, voire le triplement des motifs, pose de façon différente la question de la continuité de la quête et de son possible aboutissement. Par exemple, la mère de Gawain apparaît trois fois à son chevet, le veillant lorsqu'il dort (6 min, 32 min et 1 h 14). Mais la troisième occurrence n'est qu'une illusion, où le visage de la mère se confond avec celui du seigneur Bertilak : "Each time, the motif is repeated but eventually loses momentum, not allowing for progression but rather an ultimately vain renewal" [Breton, 2023b, 7]. Cet usage des motifs répétés fait ainsi écho à la thématique de l'alternance des saisons, incarnée par le Chevalier vert et son défi hivernal aux chevaliers arthuriens, mais aussi à la structure plus générale de *The Green Knight*, dont la cyclicité apporte le renouveau des possibles, mais aussi l'éternelle condamnation du héros.

Par ailleurs, le processus de dédoublement entre en résonance avec un autre effet récurrent mis en place par Lowery : la fragmentation symbolique. L'ensemble du film *The Green Knight* est en effet structuré par des chapitres eux-mêmes fragmentés, dont la plupart débutent par des points de suspension : "…a Too Quick Year" (25 min). Cette partie résume en quelques minutes l'année écoulée entre le défi lancé à la cour royale et la nécessité pour Gawain de se mettre en quête de la Chapelle verte. Le titre est d'ailleurs lui-même brisé, mis en scène sur les planches du couvercle du coffret de bois qui enferme la hache du

Chevalier vert, laissé au milieu de la Table ronde après sa décapitation. Comme l'arme, l'année vécue par Gawain est enserrée, ne constituant qu'une parenthèse entre deux épisodes décisifs de son parcours. C'est une année qui est loin d'être chevaleresque pour le héros : s'il devient l'objet de récits et de mises en scène théâtrales, notamment par l'intermédiaire de marionnettes (25 min), et qu'il pose pour son portrait dans une attitude épique (27 min), il passe visiblement l'essentiel de son temps à fréquenter le bordel en compagnie d'Essel, où par ailleurs il se montre impuissant (26-27 min), à boire et à se battre à la taverne (27-28 min). Le montage ainsi proposé permet au spectateur de faire l'expérience d'un temps fragmenté, tout comme Gawain semble passer de séquence en séquence sans réel effet ni progression véritable. Par l'enchaînement assez rapide des scènes, l'année est non seulement réduite à quelques minutes, mais elle se résume par ailleurs à des événements épars, sans lien entre eux et ne permettant pas d'apprentissage pour le personnage. Au cours de sa quête, Gawain doit non seulement trouver la Chapelle verte et surmonter sa peur pour affronter le Chevalier, mais, ce faisant, il doit aussi accéder à une forme d'unité et de cohérence qui lui échappait jusqu'alors, ce qu'illustre bien la première partie du film. Cette importance des motifs de la fragmentation, dans le paratexte cinématographique et dans les techniques de montage du film plus que dans sa narration à proprement parler, invite à s'interroger sur les effets de dédoublement et de miroirs proposés par le film : s'agit-il de multiplier les objets, les figures et les scènes, ou de les éparpiller en autant de morceaux incomplets ? Les doubles mis en scène sont ainsi peut-être moins des multiplications que des fragments, que Gawain doit parcourir progressivement pour accéder à une forme de complétude.

L'ÉNIGME DU DIVIN, DE *SGGK* À *THE GREEN KNIGHT*

LE CHEVALIER VERT ET LA QUESTION DU DIVIN, DE *SGGK* À *THE GREEN KNIGHT*

SGGK, *The Green Knight* et la possibilité du bonheur

On ne s'étonnera pas, au vu de ce qui a été dit dans la précédente section, que le bonheur semble toujours hors d'atteinte pour un personnage principal qui, dans le poème si ce n'est dans le film, est pourtant représenté de nombreuses fois en train de rire et de s'amuser. On s'esclaffe beaucoup dans *SGGK*, ce qui est étonnant, au vu du caractère généralement négatif que le Moyen Âge prête au rire [BAUMSTARK, 2003], mais justifié par la période dans laquelle s'inscrit l'action du poème : il est acceptable, et même souhaitable, pour les hommes et les femmes du Moyen Âge, de ressentir une joie extrême lors des fêtes de Noël, qui célèbrent la venue au monde du Sauveur de l'humanité. Le véritable bonheur, pour l'homme du Moyen Âge, est celui qu'apporte la foi en Jésus Christ. Croire en lui, c'est croire en la possibilité d'une "paix parfaite" (v. 2530) à laquelle lui seul peut nous mener, et il faut dès lors considérer que la joie des protagonistes, quand elle s'exprime dans les circonstances énoncées plus haut, n'est pas feinte. Du fait de l'importance accordée aux fêtes de Noël dans le poème, certains spécialistes ont d'ailleurs vu dans le Chevalier vert une allégorie du Christ sauveur.

Mais le rire et les jeux qui marquent cette période ont également une autre fonction, celle de ciment social. Leur existence manifeste la bonne santé de la société qui les organise. Ils servent, comme d'autres marqueurs, de validation de l'ordre social, d'où l'insistance dans *SGGK* sur la bonne humeur qui règne à Camelot ou à Hautdesert. Le poème offre une description aussi claire que synthétique du processus de confirmation des valeurs du groupe par le rire, à la fin du poème : après que Gawain a exprimé, d'une manière chargée d'émotion, la honte qu'il ressent, le roi le rassure ("gave comfort") ; "then the whole of the court/ allow, as they laugh in lovely accord/ that the lords and ladies [...] should bear such a belt" (v. 2513-18). Le roi réconforte Gawain, et, dans le même mouvement, toute sa cour et lui-même décident d'un commun accord de porter la bande de soie verte : "for the sake of this man" (v. 2518). Cette formulation ambiguë peut signifier qu'ils le font par respect pour Gawain, ou alors pour l'aider à surmonter son embarras. Dans le premier cas, leur décision matérialise la réussite de son aventure et la sanction du groupe au moyen de la création d'un nouveau symbole, la bande de soie verte, auquel est conféré un sens différent de celui que lui donnait Gawain, sens qui se situe dans la lignée de l'interprétation proposée par le Chevalier vert qui déclare le protagoniste "lavé de ses fautes" v. 2393, et qui fait de la ceinture un simple souvenir de ses tribulations (v. 2397). Dans le second, il s'agit plutôt de circonscrire le désordre que Gawain risque d'introduire à Camelot avec ses idées noires, tant pour son propre bien que pour celui de la communauté à laquelle il appartient, et ainsi de ramener le jeune homme à une notion plus pragmatique de la vie ici-bas : "with acceptance of its limitations along with its joys" [Mathewson, 1984, 44]. Le poème ne nous dit pas si leur tentative fut couronnée de succès, puisqu'il se clôt de manière presque péremptoire par un retour sur les origines troyennes de la Grande-Bretagne et par la prière habituelle, de sorte que, en l'absence de preuve du contraire, il faut imaginer Gawain heureux.

Il en va tout autrement dans *The Green Knight*, où les personnages expriment peu, voire pas du tout leur joie, ni même une forme de contentement : les sourires sont rares et sont parfois ambigus, comme dans les jeux de séduction que l'épouse du seigneur met en place, ou dans le rire embarrassé de Gawain lorsqu'elle lui réclame un baiser (1 h 20). Certes, le bonheur, surtout dans son acception chrétienne, peut être intérieur et ne pas nécessairement s'afficher. Mais dans *The Green Knight*, les éléments de joie évoqués sont ancrés dans des plaisirs terrestres, et n'impliquent pas d'élévation spirituelle. Essel interroge ainsi Gawain : "Do you still fancy me ? Do I make you happy ?" (38 min). Si le protagoniste affirme que oui, il est heureux avec elle, il est à noter que cette scène n'apparaît que dans une analepse (*flashback*), un souvenir auquel se raccroche Gawain après avoir quitté le château et ses plaisirs. La joie évoquée, signalée verbalement et perçue par bribes dans les scènes d'intimité entre les deux amants, appartient donc au domaine du passé, et n'apparaît jamais comme un apaisement profond, mais davantage comme passagère, voire futile.

La quête que Gawain entreprend jusqu'à la Chapelle verte, loin de lui permettre d'accéder au bonheur, semble l'éloigner de ce qui le rend heureux, sans lui apporter de quelconque satisfaction en retour : la séquence proleptique met certes en scène le sacre de Gawain, son mariage ou encore la naissance de ses enfants, mais aucun de ces événements n'est présenté comme un temps joyeux ; à l'inverse, après sa quête, Gawain semble simplement entraîné par une inertie vide de sens et de tout sentiment. Comme le film de Lowery ne donne à voir ni le retour du protagoniste à la cour ni le dévoilement du jeu, alors aucune joie partagée n'apparaît véritablement dans *The Green Knight*. De façon intéressante, le lexique lié au bonheur est d'ailleurs particulièrement limité. L'adverbe "happily" apparaît une fois aux côtés de l'adjectif "happy" dans les propos du renard, qui cherche à mettre en garde Gawain contre l'issue de sa quête : "You will find no mercy. No *happy* end." (1 h 37), "If any man truly knew, he would bear his shame *happily* and turn away, head held high, to end his song in falsehood as he saw fit" (1 h 38, nous soulignons). La joie évoquée ici est niée, et le contentement auquel fait référence le renard est nécessairement teinté d'amertume, comme le suggère l'oxymore "bear his shame happily". Le seul usage positif de l'adjectif "happy" renvoie ainsi aux propos d'Essel, qui pose la question plus qu'elle n'affirme cette joie, et même la réponse positive de Gawain, prononcée de façon peu enjouée, invite à s'interroger sur la portée de ce prétendu bonheur. Dans une scène développée dans le script original du film mais supprimée de sa version finale, Gawain échangeait avec sa mère pour savoir s'il partirait bien en quête du Chevalier vert une fois l'année écoulée, sa mère l'incitant à envisager cette option, tandis que Gawain aurait souhaité rester : "Surely you don't want me to go. I'm happy right where I am. I did my part. I faced him. It's finished"

[Lowery, 2018, 15]. Une nouvelle fois, la joie convoquée par le terme "happy" renvoyait davantage à une forme de contentement inertiel, plutôt qu'à un bonheur pur et entier. Mais même ces indications disparaissent de la version de *The Green Knight* soumise au public. De même, lorsque le seigneur met en place le jeu d'échange, la version complète du script comportait deux phrases de Gawain disparues de la version filmée, ici en italiques :

> Who knows ? This house is full of mysteries [*strange things*, dans la version filmée]. *I will be happy to leave it. I see things here that I cannot comprehend.* But then again, I see things everywhere that bear no logic. Have you ever seen a hawk kill a horse ? [*Ibid.*, 52]

Là encore, "happy" renvoyait à un *statu quo*, à un état de stabilité et de détachement des protagonistes, plutôt qu'à une recherche active du bonheur. Les autres occurrences du terme "happy" dans le script d'origine portent sur des descriptions des personnages, à la manière des didascalies théâtrales : ce sont les chasseurs accompagnant le seigneur qui sont présentés ainsi [*Ibid.*, 48], Bertilak lui-même [*Ibid.*, 56], ou le regard du roi mourant contemplant Gawain [*Ibid.*, 71]. La joie est peu dite, mais elle est également peu mise en scène, ou alors à la périphérie, de façon discrète et teintée d'amertume, comme dans les yeux du souverain aux portes de la mort. À l'inverse, dans la longue prolepse finale telle qu'elle apparaît dans le script, les sujets de Gawain sont décrits comme "unhappy" [*Ibid.*, 73], ce qui est clairement représenté dans le film et qui entraîne la répression du peuple par les soldats du roi (1 h 59). De fait, dans *The Green Knight*, la joie réelle ne paraît pas possible – du moins pas pour Gawain – auprès d'une structure familiale ; comme la religion n'est que peu présente dans le film, elle n'apporte pas non plus de réconfort au protagoniste, qui est d'ailleurs peu entouré et se retrouve le plus souvent seul. Si le bonheur est évasif, sa quête n'est pas non plus centrale, car la passivité générale de Gawain fait de celui-ci un personnage qui assiste au déroulement de son existence plus qu'il n'y participe, devenant lui-même spectateur de sa vie. Pour David Lowery, il semblerait en réalité que la quête du bonheur ne soit qu'une illusion.

La Nature, nouveau visage du divin dans *The Green Knight ?*

La représentation du Chevalier vert dans le film de Lowery intrigue, en particulier lorsqu'elle est mise dans la perspective des premières adaptations cinématographiques de *SGGK*, dont les interprétations de cet être mystérieux varient. S'il est possible de considérer que Lowery connaît ces premières mises en scène (v. De la difficulté d'adapter *SGGK*), l'esthétique qu'il adopte dans *The Green Knight* montre surtout qu'il puise dans d'autres sources d'inspiration, plus récentes et ayant connu davantage de succès populaire et critique ; l'intérêt ne serait pas de reproduire une formule qui ne fonctionne pas. Des films majeurs dans l'histoire de la *fantasy*, comme *Excalibur* de John Boorman (1981) ou la trilogie du *Seigneur des Anneaux* (2001-2003) de Peter Jackson, constituent désormais des références évidentes, voire attendues, dans la représentation de quêtes épiques où le médiévalisme s'articule à une représentation souvent idéalisée de la nature. Dans *The Green Knight*, la nature que traverse Gawain se fait souvent désertique ou dangereuse, abîmée par la main humaine, mais elle est aussi incarnée dans la figure du Chevalier vert, homme vert qui n'est pas seulement couvert de feuillages, comme d'autres interprétations le suggéraient, mais qui devient lui-même une figure sylvestre : n'y a-t-il pas un peu de Barbebois – anciennement appelé Sylvebarbe – et des Ents créés par J.R.R. Tolkien dans ce Chevalier vert à la tête comme un tronc d'arbre usé et à la barbe végétale ? Lui aussi parle d'ailleurs d'une voix très grave et assez lente, quoique certes moins lentement que les créatures de Tolkien. Peut-être faut-il y voir aussi une filiation discrète avec l'extra-terrestre héroïque Groot, créé en 1960, mais popularisé auprès du grand public par le film *Guardians of the Galaxy* (2014) ; comme le Chevalier vert et Barbebois, Groot se caractérise par son apparence, immense et végétale, par sa voix profonde et ses rares discours (rappelons d'ailleurs que, dans le film de David Lowery, la voix du Chevalier vert n'apparaît d'abord qu'indirectement, se superposant à celle de la reine, en transe, lisant la lettre transmise par le cavalier (18 min)). Si *The Green Knight* ne convoque pas directement les imaginaires de super-héros suggérés par la figure de Groot, reste que tous ces personnages s'inscrivent dans une même lignée esthétique, donnant à voir l'incarnation extraordinaire d'une nature puissante et mystérieuse.

Pour ce film largement ancré dans la pensée occidentale contemporaine et post-nietzschéenne, il n'y a aucun doute sur l'absence de Dieu ; ce qui ne signifie toutefois pas l'absence de divin. Certes, en s'appuyant sur *SGGK*, le film ne parvient pas à évacuer entièrement la représentation du christianisme, même s'il s'agit, comme dans l'immense majorité des films arthuriens, d'un simple saupoudrage culturel plus que cultuel [Breton, 2019]. Le film s'ouvre à Noël, même si les célébrations religieuses elles-mêmes ne sont jamais mises en scène – Gawain déclare s'être rendu à la messe, mais même sa mère met en doute sa parole à ce sujet. Le protagoniste est l'objet de bénédictions avant son départ du château, mais celles-ci s'accompagnent d'invocations païennes (v. *The Green Knight* : du christianisme aux runes nordiques), symbolisées par la ceinture, conçue et offerte en parallèle des prières chrétiennes (33-35 min). Il est clair que, dans cette interprétation de Lowery, Gawain, figure d'identification du spectateur, ou du moins personnage principal auquel le spectateur est invité à s'attacher tout au long du film, n'a pas d'attache chrétienne.

En revanche, son parcours jusqu'à la Chapelle verte traduit une prise de conscience d'une autre forme de divin, attaché à la nature, et qui fait écho aux problématiques contemporaines et occidentales qui, d'une part, rejettent progressivement les religions institutionnalisées, et voient, d'autre part, dans la nature des forces anciennes avec lesquelles il s'agit de renouer. Bien entendu, *The Green Knight* ne s'inscrit pas dans une vague New Age, comme pouvaient le faire le roman *The Mists of Avalon* (1983) de Marion Zimmer Bradley ou son adaptation en téléfilm par Uli Edel en 2001. Il ne s'agit pas de prôner des croyances païennes associées à la féminité au détriment d'un christianisme jugé patriarcal ; malgré tout, quelques parallèles demeurent, dans la façon dont *The Green Knight* replace la nature au centre de la quête du héros arthurien. Il ne s'agit pas non plus, comme dans *Excalibur* (1981) de John Boorman, de retrouver le lien étroit qui unit le souverain à sa terre, faisant de la nature une extension du corps et de l'esprit du roi. Mais la nature demeure un acteur de la narration. L'apprentissage de Gawain, si apprentissage il y a, ne peut se faire qu'en dehors de la cour, lorsque le protagoniste se trouve seul dans une nature souvent désertique, parfois hostile, mais toujours source d'émerveillement. On l'a vu, les plus grandes menaces envers Gawain ont lieu dans la nature, mais sont bien le fait d'êtres humains (v. *The Green Knight :* merveilleux cinématographique). À l'inverse, héros et spectateur sont invités à admirer la puissance (parfois inquiétante) des espaces naturels, lieux de tous les possibles, y compris la rencontre de géants et d'animaux qui parlent. À mesure qu'il avance dans sa quête, Gawain accède à des lieux de plus en plus en vue, emplis et de plus en plus vivants : alors que, autour du château, ce ne sont que ruines, cadavres et espaces dévastés, plus loin le personnage découvre des forêts, des terrains rocheux variés et une végétation qui se fait plus dense, à mesure qu'il approche de la Chapelle verte.

De fait, ce lieu empreint de mystère, où semble aboutir la quête du protagoniste, apparaît comme l'espace le plus vivant de tout le film : même en ruines et caractérisée par la présence du Chevalier plongé dans un long sommeil, la Chapelle est couverte de végétation, d'eau et d'une lumière chaude qui forment une image positive. Elle se fait un berceau vif au cœur de l'hiver pourtant mis en scène tout autour, pendant le parcours de Gawain, et devient ainsi le reflet de la figure surnaturelle du Chevalier (v. L'Homme sauvage). Si l'on est souvent tenté de rejeter les interprétations qui, s'appuyant sur *SGGK*, font du Chevalier vert une divinité du printemps [Weston, 1957, 34-64 ; Speirs, 1957, 215-251], lecture qui a tendance à négliger de nombreux éléments d'interprétation et de contextualisation du personnage (v. *The Green Knight :* Aiôn et temps cyclique), l'analyse est plus convaincante dans le cas de l'adaptation qu'en propose David Lowery. *The Green Knight* présente le Chevalier sous les traits d'une figure sylvestre, hybride et aux caractéristiques fantastiques ; au-delà de son apparence, déjà commentée, mentionnons ici le timbre bien réel mais extrêmement bas et puissant de son interprète, Ralph Ineson. Personnage surnaturel, il est ici intrinsèquement lié à la nature puisqu'il est lui-même constitué de branchages et de feuillages, entraînant d'ailleurs des bruissements de feuilles à chacun de ses mouvements. Lowery semble faire du Chevalier vert une incarnation de la nature elle-même, qui transmet des messages parfois énigmatiques, parfois ludiques, mais qui demande à être traitée en égale : n'est-ce pas ce que fait le Chevalier, lorsqu'il se soumet aux coups des membres de la cour arthurienne, mais qu'il exige une réciprocité en retour ? À l'heure où les enjeux écologiques apparaissent de plus en plus comme une nécessité, *The Green Knight* livre une réflexion, plutôt qu'un message assertif, sur la place de la nature, symbolisée par cet apparent ennemi qui gouverne pourtant toute l'organisation du récit, et auquel Gawain ne peut que se soumettre pour réussir sa quête.

LE RENARD COMME PASSEUR DANS *SGGK* ET *THE GREEN KNIGHT*

Dans *The Green Knight*, le renard apparaît d'abord comme un compagnon, puis comme un double de Gawain, subissant les mêmes épreuves (solitude, faim, froid, *etc.*) et annonçant le piège du seigneur et de la dame qui se referme progressivement sur le protagoniste enserré dans le château. Mais la dernière partie du film de Lowery prolonge cette image, renouant avec des thématiques présentes en filigrane dans *SGGK* en les teintant d'emprunts culturels différents. En effet, à l'approche de la Chapelle verte, le renard devient doué de parole ; ou peut-être révèle-t-il alors un don présent depuis le début. Il met ouvertement Gawain en garde contre la ceinture qu'il porte à la taille (1 h 38), et tente de lui ouvrir les yeux sur la nécessité de comprendre, et surtout d'accepter son sort : s'il pénètre dans la Chapelle verte, il mourra. Or, Gawain n'apparaît de toute évidence pas prêt à subir cette épreuve, comme le montre la suite avec le Chevalier vert. Le renard révèle une partie des mystères de la quête à Gawain, ce qui s'ajoute à son rôle de guide jusqu'au lieu de son supplice. Dans cette perspective, il est possible de voir alors ce renard non plus comme un animal traditionnel des forêts britanniques, mais comme un *yokai*, un de ces esprits issus des traditions japonaises, prenant ici une fonction psychopompe, d'intermédiaire au moins symbolique entre la vie et la mort [Duranton et Muller-Thoma, 2020]. Lowery ne développe pas davantage cet écho folklorique, mais l'ancrage du film dans le genre de la *fantasy* et l'importance des croisements culturels dans *The Green Knight* invitent du moins à s'interroger sur ce rôle du renard. Dans la séquence, la luminosité très chaude, le brouillard permanent, le franchissement d'une rivière en barque par Gawain et les différents obstacles naturels invitent à lire cette séquence comme un passage vers un autre monde (v. Symbolisme "progressif" et symbolisme "séquentiel"), qui n'est possible qu'une fois que le protagoniste a fait face à son gardien, ce mystérieux renard (v. Le merveilleux).

Dans le présent ouvrage, nous avons insisté sur le fait que *SGGK* était construit pour être interprété au moyen de différentes grilles d'interprétation correspondant à différents aspects de la notion de courtoisie, laquelle s'insère dans un ensemble plus large nommé "prouesse" ou "vérité" ("truth"), selon les moments. Cet ensemble définit la noblesse, selon une logique circulaire qui en fait à la fois sa nature et son but. Nous avons vu comment les valeurs chevaleresques et courtoises telles que les véhiculent les romances, et particulièrement *SGGK*, sont pour l'élite politique de toute la période une manière de se différencier du reste de la société, tant sur le plan politique et social que sur le plan esthético-culturel. Elles sont aussi une manière de s'approprier, par le biais des similitudes et des analogies chères à la pensée symbolique médiévale, la puissance des mythes et des récits fondateurs de cultures antérieures (on pense ici aux références à l'ancienne Troie comme origine de la noblesse occidentale notamment, ou à l'appropriation des légendes celtes par les poètes anglo-normands). Comme si cela ne suffisait pas, la noblesse s'approprie également une partie de la puissance des dogmes chrétiens, notamment, on l'a vu, au moyen des équivalences qui sont établies entre les valeurs de la société seigneuriale séculière et les vertus chrétiennes. Or ce système, pour fonctionner, suppose une maîtrise de soi de tous les instants chez les membres de l'aristocratie, et leur obéissance sans faille à des codes de conduite qui, au cours de la période, transforment en diktats les moindres aspects de la vie à la cour. Dans un tel monde, exister devient une performance de tous les instants. L'exercice, déjà difficile en soi, est rendu impossible par l'objectif de perfection qui le sous-tend et qui prétend transformer la vie d'un être humain, par nature changeante et soumise aux aléas du temps tout comme aux accidents de parcours, en un "projet d'identité" dont le but est le suivant : "preserve a sense of what one is, before oneself and before others, unimpaired across time" [Davis, 1997, 337]. Mais il suffit d'un faux-pas pour que l'image se brise, et que les lignes sans début ni fin du pentacle se rompent [Pearsall, 1997, 351]...

Nous refermerons ce petit ouvrage sur une dernière hypothèse, qui est en fait une dernière interrogation, à laquelle le poète semble n'avoir pas voulu, ou pas su donner de réponse, et qui nous semble être le véritable mystère sur lequel il souhaitait attirer l'attention des plus perspicaces de ses lecteurs : que faire de cette part de soi qui résiste à l'identification aux valeurs d'un groupe, lorsque ledit groupe exige de ses membres la soumission totale aux valeurs en question, sans quoi l'individu perd sa raison d'être ? Cette part de soi qui veut continuer à vivre, peu importe comment, comme le renard que poursuivent les gens de Bertilak et qui, jusqu'à la fin, tente d'échapper à son sort. Nous avons vu (v. Symbolisme "progressif" et symbolisme "séquentiel") que le renard pouvait être considéré, selon les niveaux d'interprétation, comme symbolisant Gawain et la façon dont il tente d'échapper aussi bien aux avances de la Dame qu'au destin qui l'attend. Il pourrait aussi représenter la somme d'affects et de passions coupables que ressent Gawain et qu'il est censé, en bon chrétien, rejeter avec autant de mépris que l'est la dépouille du goupil dans le poème. Mais si certains aspects du comportement de Gawain le rendent semblable à l'animal pourchassé, qui emploie la ruse pour tenter de s'échapper, on peut également noter que la séquence de la chasse au renard se détache des précédentes par le pathos qui s'en dégage, par son caractère chaotique et la fin ignominieuse de la proie, qui ne peut être mangée, et qui n'a donc aucun intérêt [Plummer, cité par Casas Pedrosa, 2006-2007]. Or il nous semble qu'elle symbolise, au-delà de ses similitudes avec la situation de Gawain, la part de nature irréductible en l'homme : celle qui résiste aux tentatives de programmation que lui impose la société médiévale, laquelle lui dénie toute valeur, et que ramène Gawain à Camelot, malgré tout, sous la forme de la ceinture, d'où les manœuvres immédiates d'Arthur et de sa cour pour civiliser le revenant et faire disparaître les germes du désordre qu'il rapporte de son périple.

BIBLIOGRAPHIE

TEXTE(S)

Éditions et traduction du poème

• Édition de référence

ARMITAGE, Simon, *Sir Gawain and the Green Knight, A New Verse Translation,* New York et Londres, Norton, 2007. Édition bilingue : texte moyen-anglais (graphie modernisée) / traduction en anglais de Simon Armitage.

• Autres éditions et/ou traductions du poème

ANDREW, Malcolm et WALDRON, Ronald, *The Poems of the Pearl manuscript in modern English prose translation.* Pearl, Cleanness, Patience, Sir Gawain and the Green Knight, Liverpool, Liverpool University Press, 2014.

– , *The Poems of the Pearl manuscript.* Pearl, Cleanness, Patience, Sir Gawain and the Green Knight, Liverpool, Liverpool University Press, 2007.

HOWES, Laura L. et BORROFF, Marie, *Sir Gawain and the Green Knight (Norton Critical Edition)*, New York et Londres, W. W. Norton, 2010.

PUTTER, Ad et STOKES, Myra (éd.), *The Works of the* Gawain *Poet: Sir Gawain and the Green Knight, Pearl, Cleanness, Patience*, Londres, Penguin Classics, 2014.

SIMONIN, Olivier, *Sire Gauvain et le Chevalier vert*, Lettres gothiques (Livre de Poche), à paraître début 2024 (édition bilingue du poème, annotée et introduite).

• **Manuscrit**

Pour des photos de quelques-unes des pages du manuscrit (avec illustration), voir https://www.bl.uk/collection-items/sir-gawain-and-the-green-knight

Ou, pour des reproductions en noir et blanc de certaines pages et une présentation détaillée du manuscrit tout entier (et pas seulement de *SGGK*), voir EDWARDS, A.S.G, "The Manuscript: British Library MS Cotton Nero A.x", dans *A Companion to the* Gawain-*Poet*, BREWER, Derek, et GIBSON, Jonathan (éd.), Cambridge, D.S. Brewer, 1997, 197-219.

Autres œuvres médiévales en relation avec *SGGK*
ou utiles pour son analyse

The Awntyrs off Arthure at the Terne Wathelyn: An Edition Based on Bodleian Library MS. Douce 324, éd. HANNA, R., Manchester, Manchester University Press, 1974.

The Etymologies of Isidore of Seville, éd. BARNEY, Stephen *et al.*, Cambridge, Cambridge University Press, 2006.

Stanzaic Morte Arthur *and Alliterative* Morte Arthure, éd. BENSON, Larry D., rév. FOSTER, Edward E., Kalamazoo, West Michigan University, 1994.

MALORY, Thomas, *Le morte Darthur*, éd. MOORE, Helen Dale, Ware, Wordsworth editions, 1996.

FILM

LOWERY, David, *The Green Knight*, États-Unis, prod. A24, Sailor Bear, BRON Studios, Creative Wealth Media Finance, Ley Line Entertainment et Wild Atlantic Pictures, 2021, 130 min.

LOWERY, David, script original de *The Green Knight*, 2018, URL : https://thescriptlab.com/wp-content/uploads/scripts/36474-THE-GREEN-KNIGHT-by-David-Lowery-.pdf.

ÉTUDES CRITIQUES

Études générales sur la littérature médiévale ou certains de ses aspects

FARNSWORTH, William Oliver, *Uncle and nephew in the Old French chansons de geste: A Study in the Survival of Matriarchy*, New-York, Columbia University Press, 1913, doi.org/10.7312/farn94492.

NOACCO, Cristina et DUHEM, Sophie (éd.), colloque "L'homme des bois et l'homme vert. L'imaginaire de l'homme sylvestre dans la littérature et les arts", Université de Toulouse 2 Jean Jaurès, 8-9 février 2017, URL : www.fabula.org/actualites/77161/l-homme-des-bois-et-l-homme-vertl-imaginaire-de-l-homme-sylvestredans-la-litterature-et-les-arts.html.

ROSENBERG, Bruce A., "Folklore Methodology and Medieval Literature", *Journal of the Folklore Institute*, Vol. 13, No. 3, Special Issue: *Folklore and Literature*, 1976, 311-325.

SPEIRS, John, *Medieval English Poetry: The Non-Chaucerian Tradition*, Londres, Faber, 1957.

WATSON, Jonathan, "The minim-istic imagination: scribal invention and the word in the early English alliterative tradition", *Oral tradition*, Vol. 17 (2), 2002, 290-309.

WESTON, Jessie L., *From Ritual to Romance*, Garden City, Doubleday, (1920) 1957.

Études sur l'histoire du Moyen Âge : culture, religion, politique

AURELL, Martin, "Chevaliers et chevalerie chez Raymond Lulle", dans *Raymond Lulle et le pays d'Oc, Cahiers de Fanjeaux*, Vol. 22, 1987, 141-168.

BASFORD, Kathleen, *The Green Man*, Ipswich, D.S. Brewer, 1978.

BAUGH, Albert C., "The Middle English Romance: Some Questions of Creation, Presentation, and Preservation", *Speculum*, Vol. 42, No. 1 (janvier 1967), 1-31.

BAUMSTARK, François, “La Bible condamne-t-elle le rire ?”, *Écoutes et Regards* 48 (déc. 2003), 13-16.

BEAUJOUAN, Guy, “Le symbolisme des nombres à l’époque romane”, *Cahiers de civilisation médiévale*, n°14, avril-juin 1961, 159-169.

BENNETT, Michael J., *Community, Class and Careerism: Cheshire and Lancashire Society in the Age of* Gawain and the Green Knight, Cambridge, Cambridge University Press, 1983.

BENNETT, Philip E., CARPENTER, Sarah, GARDINER, Louise, “Chivalric Games at the Court of Edward III”, *Medium Ævum*, Vol. 87, No. 2 (2018), 304-342.

BERNHEIMER, Richard, *Wild Men in the Middle Ages: A Study in Art, Sentiment, and Demonology,* Cambridge, Harvard University Press, 1952 ; Londres, Oxford University Press, 1952.

BLOCK, Elaine C., “The Green Man: Link between Two Worlds (Folliate Heads on Medieval Misericords)”, *Reinardus: Yearbook of the International Reynard Society*, Vol. 13 (2000), 15-34.

BREWER, Derek, *Traditional Narratives of the Family Drama in English Literature* (D.S. Brewer 1980), Longman 1988.

CRANE, Susan, *The Performance of Self. Ritual, Clothing, and Identity During the Hundred Years War*, Philadelphia, University of Pennsylvania Press, 2002.

DUBY, George, “Le modèle courtois”, dans *Histoire des femmes en Occident – II. Le Moyen Âge*, dir. KLAPISH-ZUBER, Christiane, Paris, Perrin, 2002 (1990), 323-342.

ECO, Umberto, *Écrits sur la pensée au Moyen Âge*, Paris, Bernard Grasset, 2012.

FALETRA, Michael A., *Wales and the medieval colonial imagination: the matters of Britain in the twelfth century*, New York, Palgrave Macmillan, 2015.

FINLAYSON, John, “The Marvellous in Middle English Romance”, *The Chaucer Review*, Vol. 33, No. 4 (1999), 363-408.

FORD, John, “In romance as we read and as we hear in geste. Written orality in the medieval ‘Short story’: the verse romances of the 13th & 14th centuries”, *Journal of the Short Story in English*, Vol. 47 (automne 2006), 29-48.

FRUGONI, Chiara, “ La femme imaginée ”, dans *Histoire des femmes en Occident – II. Le Moyen Âge*, dir. KLAPISH-ZUBER, Christiane, Paris, Perrin, 2002 (1990), 441-519.

GILLINGHAM, John, “From Civilitas to Civility: Codes of Manners in Medieval and Early Modern England”, *Transactions of the Royal Historical Society*, Vol. 12, 2002, 267-289.

GIRBEA, Catalina, HABLOT, Laurent et RADULESCU, Raluca, *Marqueurs d'identité dans la littérature médiévale : mettre en signe l'individu et la famille (XIIe-XVe siècles) : actes du colloque tenu à Poitiers les 17 et 18 novembre 2011*, Turnhout, Brepols, 2014.

GUYÉNOT, Laurent, *La mort féérique : anthropologie du merveilleux : XIIe-XVe siècle*, Paris, Gallimard, 2011.

HARDING, Stephen, *Viking Mersey. Scandinavian Wirral, West Lancashire and Chester*, Countyvise Limited, Birkenhead, 2002.

HOPPER, Vincent Foster, *Medieval Number Symbolism: Its Sources, Meaning, and Influence on Thought and Expression*, Columbia University Press, 1938

HUIZINGA, J., *L'automne du Moyen Âge [1919]/ avec un entretien de Jacques le Goff*, Paris, Petite Bibliothèque Payot, 1975.

HUSBAND, Timothy, *The wild man: medieval myth and symbolism*, 1986, URL : https://cdm16028.contentdm.oclc.org/digital/collection/p15324coll10/id/105863. (Article riche en images issu du catalogue d'une exposition datant de 1980.)

JACOB, Robert, “Le faisceau et les grelots. Figures du banni et du fou dans l'imaginaire médiéval”, *Droit et Cultures*, Vol. 41 (2001), 65-98.

JAEGER, Stephen C., *The Origins of Courtliness. Civilizing trends and the formation of courtly ideals, 939-1210*, Philadelphia, Philadelphia University Press, 1985.

JEWELL, Helen M., *The North-South divide: the origins of northern consciousness in England*, Manchester, Manchester University Press, 1994.

KARRAS, Ruth Mazo, “Clergé, mariage et masculinité au Moyen Âge”, dans *Une histoire sans les hommes est-elle possible. Genre et masculinités*, SOHN, Anne-Marie (éd.), Lyon, ENS Éditions, 2014, 109-120.

KENNEDY, Jonathan, “Ancient Britons built Stonehenge – then vanished. Is science closing in on their killers ?”, *The Guardian*, 19 juin 2023, URL : www.theguardian.com/commentisfree/2023/jun/19/ancient-britons-stonehenge-killers-plague-britain-migration.

KUPPER, Jean-Louis, “L’oncle maternel et le neveu dans la société du Moyen Âge”, *Bulletins de l’Académie royale de Belgique*, Vol. 15, n°7-12, 2004, 247-262.

LE GOFF, Jacques, *L’imaginaire médiéval : Essais*, Paris, Gallimard, 1985.

LECOUTEUX, Claude, *Les Monstres dans la pensée médiévale européenne*, Paris, Presses de l’Université de Paris-Sorbonne (1993), 1999 (3e éd.).

LEWIS, C.S., *The Discarded Image*, Cambridge, Cambridge University Press, 1964, 1994.

MARTIN, Hervé, *Mentalités Médiévales. XIe-XVe siècle*, Paris, PUF, 1996.

OPIZ, Claudia, “ Contraintes et libertés ”, dans *Histoire des femmes en Occident – II. Le Moyen Âge*, dir. KLAPISH-ZUBER, Christiane, Paris, Perrin, 2002 (1990), 343-418.

PASTOUREAU, Michel, *Bestiaires du Moyen-Âge*, Paris, Éditions du Seuil, 2020 (2011).

—, “ Formes et couleurs du désordre : le jaune avec le vert ”, *Médiévales* 4 (mai 1983), 62-73.

—, *Rouge, histoire d’une couleur*, Paris, Éditions du Seuil, 2019 (2016).

—, *Une histoire symbolique du Moyen Âge*, Paris, Éditions du Seuil, 2004.

—, *Vert, histoire d’une couleur*, Paris, Éditions du Seuil, 2017 (2013).

RADFORD, Tim, “Irish DNA originated in Middle East and eastern Europe”, *The Guardian*, 28 décembre 2015, URL : www.theguardian.com/science/2015/dec/28/origins-of-the-irish-down-to-mass-migration-ancient-dna-confirms.

ROBINSON, Dan, “Scandinavian Settlement in West-Cheshire: Stretching the Boundaries”, *Cheshire History*, No. 43 (2003-2004), 28-40.

ROGERS, Clifford J., “The symbolic meaning of Edward III’s Garter badge”, dans *Military Communities in Late Medieval England: essays in honour of Andrew Ayton*, éd. Baker, Gary P., Lambert, Craig L., et Simpkin, David, Woodbridge, Boydell, 2018, 125-45.

Schmitt, Jean-Claude, *La raison des gestes dans l'Occident médiéval*, Paris, Gallimard, 1990.

Scott-MacNab, David, "'The Names of All Manner of Hounds': A Unique Inventory in a Fifteenth-Century Manuscript", *Viator*, Vol. 44 (2013), 339-68.

Yamamoto, Dorothy, *The Boundaries of the Human in Medieval English Literature*, Oxford, Oxford University Press, 2000.

Vecchio, Silvana, "La bonne épouse" (1990), dans *Histoire des femmes en Occident – II. Le Moyen Âge*, dir. Klapish-Zuber, Christiane, Paris, Perrin, 2002, 143-180.

Études sur *SGGK* et le *Gawain*-poet

D'Ardenne, S.R.T.O., "The "Green Count" and Sir Gawain and the Green Knight", *The Review of English Studies*, Vol. 10, No. 38 (mai 1959), 113-126.

Aers, David, "Christianity for Courtly Subjects: Reflections on the *Gawain*-Poet", dans *A Companion to the* Gawain-*poet*, Brewer et Gibson, Cambridge, D.S. Brewer, 1997, 91-101.

Andrew, Malcolm, "Theories of Authorship", dans *A Companion to the* Gawain-*poet*, Brewer et Gibson, Cambridge, D.S. Brewer, 1997, 23-33.

Bowers, John M., *An introduction to the Gawain-poet*, Gainesville (Florida), University Press of Florida, 2012.

Brewer, Derek et Gibson, Jonathan (éd.), *A Companion to the* Gawain-*poet*, Cambridge, D.S. Brewer, 1997.

Brewer, Derek, "Introduction", dans *A Companion to the* Gawain-*poet*, Brewer et Gibson, Cambridge, D.S. Brewer, 1997, 1-21.

—, "Feasts", dans *A Companion to the* Gawain-*poet*, Brewer et Gibson, Cambridge, D.S. Brewer, 1997, 131-142.

—, "Armour II: The Arming Topos as Literature", dans *A Companion to the* Gawain-*poet*, Brewer et Gibson, Cambridge, D.S. Brewer, 1997, 175-179.

BREWER, Elisabeth, “Sources I: The Sources of Sir Gawain and the Green Knight”, dans *A Companion to the* Gawain-*poet*, BREWER et GIBSON, Cambridge, D.S. Brewer, 1997,243-255.

BURNLEY, John David, “The Hunting Scenes in *Sir Gawain and the Green Knight*”, *Yearbook of English Studies*, Vol. 3, 1973, 1–9.

BURROW, J.A., *The Gawain-poet*, Plymouth, Northcote House, 2001.

CARRUTHERS, Leo Martin, “The Duke of Clarence and the Earls of March: Knights of the Garter and *Sir Gawain and the Green Knight*”, dans *Sir Gawain and the Green Knight (Norton Critical Edition)*, éd. HOWES, Laura L., et BORROFF, Marie, New York et Londres, W. W. Norton, 2010, 217-31.

CASAS PEDROSA, Antonio Vicente, “Symbolic Numbers and their function in *Sir Gawain and the Green Knight*”, *Philologica Canariensia*, Vol. 12-13 (2006-2007), 67-88.

DAVIS, Nick, “Narrative Form and Insight”, dans *A Companion to the* Gawain-*poet…*, BREWER et GIBSON, 1997, 329-349.

DUGGAN, H.N., “Meter, Stanza, Vocabulary, Dialect”, dans *A Companion to the* Gawain-*poet…*, BREWER et GIBSON, 1997, 221-242.

ELLIOTT, Ralph W.V, “Landscape and Geography”, *A Companion to the* Gawain-*poet…*, BREWER et GIBSON, 1997, 105-117.

GANIM, John M., “Disorientation, Style, and Consciousness in *Sir Gawain and the Green Knight*”, *PMLA*, Vol. 91, n°3, mai 1976.

GEORGES, Michael W., “Gawain’s Struggle with Ecology: Attitudes toward the Natural World in *Sir Gawain and the Green Knight*”, *Journal of Ecocriticism*, 2-2, 2010, 30-44.

HATT, Cecilia, *God and the* Gawain-*poet: theology and genre in* Pearl, Cleanness, Patience *and* Sir Gawain and the Green Knight, Cambridge, D. S. Brewer, 2015.

HINTON, Norman D., “The Language of the *Gawain*-Poems”, *Arthurian Interpretations*, Vol. 2, No. 1 (automne 1987), 82-94.

HOWARD, Donald R., “Structure and Symmetry in *Sir Gawain*”, *Speculum*, Vol. 39, No. 3 (1964), 425-433.

JUCKER, Andreas H, “Courtesy and politeness in *Sir Gawain and the Green* Knight”, *Studia Anglica Posnaniensia*, Vol. 49, No. 3, 2014, 5–28.

MATHEWSON, Jeanne T. “Sir Gawain and the medieval school of comedy”, *Arthurian Interpretations*, Vol. 15, No. 2 (printemps 1984), 42-52.

MCALINDON T., “Comedy and Terror in Middle English Literature: The Diabolical Game”, *The Modern Language Review*, Vol. 60, No. 3 (juillet 1965), 323-332.

MOORMAN, Charles, “The English Alliterative Revival and the Literature of Defeat”, *The Chaucer Review*, Vol. 16, No. 1 (été 1981), 85-100.

NEUHAUSER, Richard, “Sources II: Scriptural and Devotional Sources”, dans *A Companion to the* Gawain-*poet*..., BREWER et GIBSON, 1997, 257-275.

NICHOLLS, Jonathan, *The Matter of Courtesy. A Study of Medieval Courtesy Books and the* Gawain-*poet*, Woodbridge, Brewer, 1985.

OWEN, Corey, “Patient Endurance in *Sir Gawain and the Green Knight*”, *Florilegium*, Vol. 27 (2010), 177-207.

PEARSALL, Derek, “*Sir Gawain and the Green Knight*: An Essay in Enigma”, *The Chaucer Review*, Vol. 46, No. 1-2 (2011), 248-258.

—, “Courtesy and Chivalry in *Sir Gawain and the Green Knight*: The Order of Shame and the Invention of Embarrassment”, dans *A Companion to the* Gawain-*poet*..., BREWER et GIBSON, 1997, 351-362.

PIKE, Daniel, “*Sir Gawain and the Green Knight*: Armed with Virtues in the Face of Death”, dans *Le vêtement, un signe complexe dans la littérature, la culture et la société de l'Angleterre médiévale*, éd. SILEC-PLESSIS, Tatjana, et YVERNAULT, Martine, ÉMA, Vol. 98, n°2, 2021-2022.

PUTTER, Ad, Sir Gawain and the Green Knight *and French Arthurian Romance*, Oxford, Clarendon Press, 1995.

—, *An introduction to the* Gawain-*poet*, Londres, Longmann, 1996.

PUTTER, Ad et STOKES, Myra, “The *Linguistic Atlas* and the Dialect of the *Gawain* Poems”, *The Journal of English and Germanic Philology*, Vol. 106, No. 4 (oct. 2007), 468-491.

RANDALL, Dale B. J., “Was the Green Knight a Fiend?”, *Studies in Philology*, Vol. 57, No. 3 (juillet 1960), 479-491.

RUDD, Gillian, “‘The Wilderness of Wirral’ in *Sir Gawain and the Green Knight*”, *Arthuriana*, Vol. 23, No. 1 (printemps 2013), 52-65.

SALTER, Elisabeth, "Alliterative modes and affiliations in the fourteenth century", *Neuphilologische Mitteilungen*, Vol. 79, No. 1 (1978), 25-35.

SAVAGE, Henry L., "The Feast of Fools in Sir Gawain and the Green Knight", *The Journal of English and Germanic Philology*, Vol. 51, No. 4 (oct. 1952), 537-544.

SHOAF, R.A., *The Poem as Green Girdle: "Commercium" in* Sir Gawain and the Green Knight, Gainesville, University Press of Florida, 1984.

SILEC-PLESSIS, Tatjana, "The Green Knight as a Lord of Misrule", éditions de l'AMAES, à paraître (2023-2024).

—, "The transmission of courtly values in the romances of 14th-century England", *ÉMA*, à paraître (2023-2024).

SIMONIN, Olivier, "Engagements de Gauvain et courtoisie", *Bulletin des Anglicistes Médiévistes*, Vol. 87, Association des médiévistes anglicistes de l'enseignement supérieur, Amiens, 2015, 123-144.

SMITH, Joshua Byron, "'Til þat he neȝed ful neghe into þe Norþe Walez': Gawain's Postcolonial Turn", *The Chaucer Review*, Vol. 51, No. 3 (2016), 295-309.

SOBECKI, Sebastian I., "Nature's Farthest Verge or Landscapes Beyond Allegory and Rhetorical Convention ? The Case of *Sir Gawain and the Green Knight* and Petrarch's Ascent of Mount Ventoux", *Studia Anglica Posnaniensia,* Vol. 42 (2006), 463-77.

SPEARING, Anthony Colin, "Narrator theory and Medieval English Narratives", dans *Optional-Narrator Theory. Principles, Perspectives, Proposals*, éd. PATRON, Sylvie, Lincoln, University of Nebraska, 2021, 166-183.

—, "Poetic identity", dans *A Companion to the* Gawain-*poet*…, BREWER et GIBSON, 1997, 35-51.

—, *The* Gawain-*poet: A Critical Study*, Cambridge, Cambridge University Press, 1970.

STANBURY, Sarah, *Seeing the* Gawain-*poet: Description and the Act of Perception*, Philadelphia, Philadelphia University Press, 1991.

STROHM, Paul, "Storie, Spelle, Geste, Romaunce, Tragedie: Generic Distinctions in the Middle English Troy Narratives", *Speculum*, Vol. 46, No. 2 (avril 1971), 348-359.

WALTER, Philippe, *Gauvain, le chevalier solitaire*, Paris, Imago, 2013.

WEISKOTT, Eric, "Alliterative Metre and the Textual Criticism of the *Gawain* Group", *The Yearbook of Langland Studies*, Vol. 29 (2015), 151-175.

WEISS, Victoria L., "Gawain's First Failure: The Beheading Scene in *Sir Gawain and the Green Knight*", *The Chaucer Review*, Vol. 10, No. 4 (printemps 1976), 361-366.

Études et documents relatifs à la traduction de Simon Armitage

ARMITAGE, Simon, *A Vertical Art: Oxford Lectures*, Philadelphia, Philadelphia University Press, 2022 (ouvrage également paru chez Faber en 2021).

ROENSCH, Rob, et WEEDON, Quinn Carpenter, "'Swimming through Bricks': A Conversation with Simon Armitage", *World Literature Today*, Vol. 91, No. 5 (septembre/octobre 2017), 24-29.

SÁNCHEZ-MARTÍ, Jordi, "Sir Gawain and the Green Knight by Simon Armitage", *Arthuriana*, Vol. 20, No. 3 (automne 2010), 119-122.

THAIN, Marion, "'An uncomfortable intersection': The meeting of contemporary urban and rural environments in the poetry of Simon Armitage", *Worldviews*, Vol. 5, No. 1 (2001), 58-79.

Études sur d'autres œuvres médiévales en relation avec *SGGK*

BENSON, Larry, *Malory's* Morte Darthur, Cambridge, Harvard University Press, 1976.

BERTHELOT, Anne, "Merlin ou l'Homme sauvage chez les chevaliers", *Le nu et le vêtu au Moyen Âge (XIIe-XIIIe siècles)*, *Senefiance*, Vol. 47, 2001,17-28.

LECOUTEUX, Claude, "Merlin : éléments d'étude stratigraphique", *Iris* n°21, 2001.

NEIL, Thomas, "The Celtic Wild Man Tradition and Geoffrey of Monmouth's *Vita Merlini*: Madness or 'Contemptus Mundi ?'", *Arthuriana*, Vol. 10, No. 1 (printemps 2000), 27-42.

SILEC-PLESSIS, Tatjana, "Ipomedon and the elusive nature of blunders in the courtly literature of medieval England", dans *Manners, Norms and Transgression in the History of English*, JUCKER, Andreas H., et TAAVITSAINEN, Irma (éd.), Pragmatics and Beyond New Series, Vol. 312, Amsterdam/Philadelphia, John Benjamins Publishing Company, 2020, 25-49.

—, "'Not for a haliday honestly arayed': the duplicity of *Cleaness*", dans *Le vêtement : un signe complexe dans la littérature, la culture et la société de l'Angleterre médiévale*, YVERNAULT, Martine, et SILEC-PLESSIS, Tatjana, (dir), ÉMA 98, 2021-2022, 55-104.

OUVRAGES UTILES POUR LA COMPRÉHENSION DU MOYEN-ANGLAIS

FREEBORN, Denis, *From Old English to Standard English: a course book in language variation across time*, Basingstoke, Hampshire; New York, Palgrave Macmillan, 2006 (3e éd.).

HOGG, R. M. et al (éd.), *The Cambridge History of the English Language*, Vol. I, Cambridge, Cambridge University Press, 1992.

THE GREEN KNIGHT ET LE XXIE SIÈCLE

Études sur *The Green Knight* et l'œuvre de Lowery

ARONSTEIN, Susan, et DRUMMOND, Taran, "*The Green Knight* by David Lowery (review)", *Arthuriana, Scriptorium Press*, Vol. 31, n°3 (automne 2021), 90-92, doi:10.1353/art.2021.0030.

BAKER, Chrishaun, "*The Green Knight*: How Gawain's Race Change Updates & Improves The Story", *ScreenRant*, 29 septembre 2021, URL : screenrant.com/green-knight-movie-gawain-race-indian-change-good/.

BRETON, Justine, "'Remember, it is only a game'. Jeu et illusion dans *The Green Knight* (2021)", dans *Sire Gauvain et le Chevalier vert*, GORGIEVSKI, Sandra et YVERNAULT, Martine (éd.), Paris, Ellipses, 2023, 215-225.

BRETON, Justine, "*The Green Knight* or The Imagination of a Cyclic Time", dans *Sire Gauvain et le Chevalier vert*, FRUOCO, Jonathan (éd.), Paris, Presses universitaires de Paris Nanterre, 2023, à paraître.

CHHIBBER, Preeti, "Finally, a Seat at the Round Table", *Elle*, 25 août 2021, URL : www.elle.com/culture/movies-tv/a37385781/the-green-knight-representation-dev-patel.

DUNAI, Amber, "Adapting Ambiguity in David Lowery's *The Green Knight*", *Adaptation*, Vol. 15, n°3 (décembre 2022), 456-459, doi.org/10.1093/adaptation/apac005.

HARTY, Kevin J., "Spoiling the Sport, Upping the Ante, and Calling His Bluff: Why St. Winifred Appears in David Lowery's 2021 Film *The Green Knight*", dans *Studies in Medievalism XXXII: Medievalism in Play*, FUGELSO, Karl (éd.), Suffolk, Boydell & Brewer, 2023, 11-20.

HARTY, Kevin J., "Notes Towards a Close Reading of David Lowery's 2021 Film *The Green Knight*", *Journal of the International Arthurian Society*, Vol. 10, No. 1, 2022, 29-51, doi.org/10.1515/jias-2022-0004.

KAMČEVSKI, Danko, "Amplifying Gawain's Identity Crisis in *The Green Knight*", dans *Sire Gauvain et le Chevalier vert*, FRUOCO, Jonathan (éd.), Paris, Presses universitaires de Paris Nanterre, 2023, à paraître.

LOWERY, David, interview pour DALL'OMO, Amandine et PÉRILLON, Thomas, *Le bleu du miroir*, 2019, URL : www.lebleudumiroir.fr/interview-david-lowery.

RODRIGUEZ, Angeline, "*The Green Knight* doesn't have to discuss race to make its racial messages clear", *Polygon*, 20 août 2021, URL : www.polygon.com/22632726/green-knight-color-decoding-race.

SERCIA, "Lettre ouverte à l'intention du directoire du jury de l'agrégation externe d'anglais", Statement 2023, URL : http://www.sercia.net/index.php/fr/statements/54-statement-2023-agregation.

Amy de la Bretèque, François, *L'Imaginaire médiéval dans le cinéma occidental*, Paris, Honoré Champion, 2004.

Besson, Anne, Blanc, William et Ferré, Vincent (éd.), *Dictionnaire du Moyen Âge imaginaire. Le médiévalisme, hier et aujourd'hui*, Paris, Vendémiaire, 2022.

Besson, Florian, "Mais que fait la police ? Les polices d'écriture, entre recherche d'authenticité et clichés historiques", dans *Les langues anciennes et leurs imaginaires*, Breton, Justine et Tuaillon Demésy, Audrey (éd.), Autun, VIII éditions, 2024, à paraître.

Blanc, William, entrée "Authenticité", dans *Dictionnaire du Moyen Âge imaginaire. Le médiévalisme, hier et aujourd'hui*, Besson, Anne, Blanc, William et Ferré, Vincent (éd.), Paris, Vendémiaire, 2022, 51-53.

Blanc, William, entrée "Obscurantisme", dans *Dictionnaire du Moyen Âge imaginaire. Le médiévalisme, hier et aujourd'hui*, Besson, Anne, Blanc, William et Ferré, Vincent (éd.), Paris, Vendémiaire, 2022, 321-323.

Blanc, William, *Le Roi Arthur, un mythe contemporain*, Paris, Libertalia, 2016.

Blanch, Robert J., et Wasserman, Julian N., "Gawain on Film (The Remake): Thames Television Strikes Back", dans *Cinema Arthuriana. Twenty Essays* (revised edition), Harty, Kevin J., Jefferson, McFarland & Co., 2002, 185-198.

Breton, Justine, *Un Moyen Âge en clair-obscur. Le médiévalisme dans les séries télévisées*, Tours, Presses universitaires François-Rabelais, 2023.

Breton, Justine, *Le roi qui fut et qui sera. Représentations du pouvoir arthurien sur petit et grand écrans*, Paris, Classiques Garnier, 2019.

Caillois, Roger, *Les jeux et les hommes. Le masque et le vertige*, Paris, Gallimard, 2003.

Chandès, Gérard, "Réplicateurs visuels et sonores du monde néo-médiéval", *Itinéraires*, n°3, 2010, URL : journals.openedition.org/itineraires/1889.

CHANDLER, Erin, “Pendragons at the Chopping Block: Elements of Sir Gawain and the Green Knight in the BBC’s Merlin”, *Arthuriana* Vol. 25, n°1 (printemps 2015), 101-112.

CHANOIR, Yohann, “Le médiévalisme à l’écran. Panorama et enjeux historiographiques”, dans *Les médiévistes face aux médiévalismes*, AURELL, Martin, BESSON, Florian, BRETON, Justine et MALBOS, Lucie (éd.), Rennes, Presses universitaires de Rennes, 2023, 67-76.

COHEN, Daniel, *Homo Numericus. La “civilisation” qui vient*, Paris, Albin Michel, 2022.

DURANTON, Charlotte et MULLER-THOMA, Laura, “La place du chien psychopompe dans les littératures de l’imaginaire. L’exemple de Harry Potter”, dans *Amazing Beasts, Fantasy Art and Studies n°9*, BERGUE, Viviane (éd.), automne 2020, URL : https://fantasyartandstudies.wordpress.com/journalrevue/fantasy-art-and-studies-9-amazing-beasts-animaux-fabuleux/.

FERRÉ, Vincent, “Le médiévalisme a quarante ans, ou : ‘L’ouverture qu’il faudra bien pratiquer un jour’…”, *Médiévales* 78, 2020, 193-210.

FOX, Denton (éd.), *Twentieth-Century Interpretations of* Sir Gawain and the Green Knight, Hoboken, Prentice-Hall, 1968.

GUFFROY, Yohann, “Les runes, de l’écriture d’hier à la magie d’aujourd’hui”, dans *Vikings !*, DI FILIPPO, Laurent (éd.), Bordeaux, Les Moutons électriques, 2022, 167-189.

HARTY, Kevin J., *The Reel Middle Ages*, Jefferson, McFarland & Co., 1999.

HAYDOCK, Nickolas, *Movie Medievalism. The Imaginary Middle Ages*, Jefferson, McFarland & Co., 2008.

LOWERY, Brian, *Selfless. The Social Creation of “You”*, New York, HarperCollins Publishers, 2023.

MARSHALL, David W., “Holy Grail, Schlocky Grail”, dans *The Holy Grail on Film. Essays on the Cinematic Quest*, HARTY Kevin J. (éd.), Jefferson, McFarland & Co., 2015, 213-231.

PRUITT, John, “Lancelot Du Lac”, *Masters of Cinema*, article non daté, consulté le 22 mai 2012, site désormais indisponible, URL : www.mastersofcinema.org/bresson/Words/LancelotDuLac_pressbook.html.

SALIH, Sarah, “Cinematic Authenticity-Effects and Medieval Art: A Paradox”, dans *Medievali Film*, BERNAU, Anke et BILDHAUER, Bettina (éd.), Manchester, Manchester University Press, 2009, 20-39.

SHERMAN, Jon, “Hans-Jürgen Syberberg’s Parsifal: Remytstifying Kundry”, dans *The Holy Grail on Film. Essays on the Cinematic Quest*, HARTY Kevin J. (éd.), Jefferson, McFarland & Co., 2015, 67-80.

STURTEVANT, Paul, “Race, Racism, and the Middle Ages: Tearing Dow the ‘Whites Only’ Medieval World”, *The Public Medievalist*, 7 février 2017, URL : publicmedievalist.com/race-racism-middle-ages-tearing-whites-medieval-world.

STURTEVANT, Paul, “‘You don’t Learn It Deliberately, But You Just Know It from What You’ve Seen’ : British Understanding of the Medieval Past Gleaned from Disney’s Fairy Tales”, dans *The Disney Middle Ages*, PUGH, Tison et ARONSTEIN, Susan (éd.), New York, Palgrave Macmillan, 2012, 77-96, doi.org/10.1057/9781137066923_5.

TODOROV, Tzvetan, *Introduction à la littérature fantastique*, Paris, Éditions du Seuil, 1970.

TOLKIEN, J.R.R., *Du conte de fées*, trad. Christine Lafferière, Paris, Christian Bourgois, 2022.

TORRES, Marie-Emmanuelle, “Ça sonne médiéval ! Du fantasme à la reconstitution sonore dans les séries”, dans *Moyen Âge en séries, Médiévales 78*, GAUTIER, Alban et VISSIÈRE, Laurent (éd.), Saint-Denis, Presses universitaires de Vincennes, 2020, 29-42.

YOUNG, Helen, “Where Do the ‘White Middle Ages’ Come From ?”, *The Public Medievalist*, 21 mars 2017, URL : publicmedievalist.com/white-middle-ages-come.

DICTIONNAIRES ET ENCYCLOPÉDIES

Middle English Dictionary, Dictionnaire du moyen-anglais en ligne de la Bibliothèque de l'université du Michigan, URL : https://quod.lib.umich.edu/m/middle-english-dictionary/dictionary

BESSON, Anne (éd.), *Dictionnaire de la fantasy*, Paris, Vendémiaire, 2018.

KOCH, John T., *Celtic Culture. A Historical Encyclopedia*, Santa Barbara; Denver; Oxford, ABC-CLIO, 2006.

LACY, Norris J., *The New Arthurian Encyclopedia*, New York, Garland, 1991.

SANGSTER, Matthew, *An Introduction to Fantasy*, Cambridge, Cambridge University Press, 2023.

Éditions Atlande
F - 92200 Neuilly
www.Atlande.eu

Achevé d'imprimer sur les presses de Sepec Numérique
à Peronnas (Ain) en juillet 2024.
Numéro d'impression: N10017240603
Dépôt légal novembre 2023.

PEFC
10-31-3532